首都圏鉄道事情大研究 観光篇

川島令三

草思社

はじめに

本書は、『首都圏鉄道事情大研究』の「将来篇」「ライバル鉄道篇」に続く、シリーズ第3弾の「観光篇」である。

令和元年（2019）12月8日をもって、秩父《ちちぶ》鉄道の蒸機列車「SLパレオエクスプレス」は運転を当面終了した。牽引機のC58 363号機の「全般検査」をするためである。蒸気機関車はあまりにも古いためにボイラーをはじめ何か所も修理が必要で、全般検査は1年以上かかる見込みである。令和2年は運転せず令和3年から再開する。今後1年あまりは乗ることができない。「SLパレオエクスプレス」のラストランの車内は満員、沿線はカメラの放列でいっぱい、まさにお祭り騒ぎだった。

近年になって、各地の鉄道で一般列車や通常の特急列車とは異なる特別列車を走らせるようになった。秩父鉄道と線路がつながっている西武鉄道では、レストラン列車「52席の至福」を、特急に乗れば1時間18分しかかからないのに片道2時間半から3時間かけて池袋・西武新宿―西武秩父間を走らせ、車内でコース料理が提供される。

房総《ぼうそう》半島に路線があるいすみ鉄道でも、日曜日を中心にレストラン列車を走らせている。伊豆《いず》半島を走るJRの「伊豆クレイル」もそうである。

速く走る需要がある一方で、のんびり走らせて、ゆったり食事を楽しんだり、車窓を眺める列車が人気を博している。車窓を楽しませてくれる列車としては、わたらせ渓谷鐵道《けいこくてつどう》のトロッコ列車や東武鉄道のスカイツリートレインがある。

一方、クルマや高速バスとの競争が激しいJR中央線や新幹線が近くを通っていない常磐線《じょうばん》では、高速の特急を走らせている。

常磐線の特急「ひたち」の表定速度は上野—水戸《みと》間で111・8㌔にもなっている。中央線は高尾《たかお》以西が山岳線で急勾配、急カーブが多い。そのため高出力で、カーブでも速く走れる車体傾斜車両を使っており、新宿—甲府《こうふ》間で最速の「あずさ」の表定速度は90・6㌔にもなっている。

小田急《おだきゅう》電鉄では、新宿—小田原間の所要時間が1時間を切ることが、最初の高速ロマンスカーであるSE《エスイー》車を投入以来、念願だった。SE車は昭和32年（1957）に登場している。1時間を切ったのは平成30年（2018）だから61年もかかった。

しかし、近年の風潮として、〝1時間を切る意味はどこにあるのか、ロマンスカーは観光電車なのだから速く走る必要はない〟ということで、1時間を切るロマンスカーは土休日の下り3本しかない。大半は1時間10分以上かかり、新宿—小田原間をノンストップで走らず、途中の駅にも停まるようにして、沿線からのロマンスカー利用ができるようにしている。

東武の「けごん」と「きぬ」も、浅草—下今市《しもいまいち》間をノンストップで走っていたが、今では途中の駅にも停まっている。

第1章では、テーマ別総点検として、停車駅が増えだした特急列車や、昔は、「ロマンスカー」は小田急の専売特許ではなかったこと、首都圏では転換クロスシートがほとんど普及していないこと、トロッコ列車は控車《ひかえしゃ》が必要なことなどを取り上げた。

第2章では、首都圏を取り巻く観光地への鉄道のアクセス状況を取り上げた。伊豆箱根、富士山、秩父、日光《にっこう》・鬼怒川《きぬがわ》などは観光電車の充実に熱心だが、房総地区については充実どころか後退気味である。整備された高速道路に歯が立たない状況があるからである。

第3章では、特急列車や観光列車が走る路線を各線別に取り上げた。銚子《ちょうし》電鉄や上信《じょうしん》電鉄、上毛《じょうもう》電鉄、関東鉄道なども取り上げたかったが、観光列車が走っていないために割愛した。

とくに断りがない事項については、列車ダイヤは令和元年11月現在、混雑率関連のデータは平成30年度、終日の乗降客数、乗換客数などについては平成25年度（2013）、輸送密度と営業収支関係は平成28年度（2016）の数値である。

終日の乗降客数などについては一般財団法人運輸総合研究所発行の最新版である平成27年版『都市交通年報』のデータによっている。各数字は年間の延べ人数として記載されているので1日平均として計算している。

令和2年1月

目次

パート1 テーマ別総点検

パート2
観光地への交通事情

パート3
各線徹底分析

パート1

テーマ別総点検

私鉄の特急は停車駅を増やし、JR特急は減らす傾向にある

小田急《おだきゅう》ロマンスカーの箱根湯本《はこねゆもと》行「はこね」は、平成11年（1999）7月のダイヤ改正までは新宿—小田原間をノンストップで走っていた。しかも昼間時は30分毎の運転である。現在でも新宿から小田原までノンストップで走る「スーパーはこね」があるが、平日は下り2本、休日も下り4本だけで、上りは1本もない。

平成11年改正までは、箱根登山《はこねとざん》鉄道に乗入れないロマンスカーとして、区間特急と呼ばれていた「さがみ」、それに江ノ島《えのしま》線直通の「えのしま」があり、これらが小田急線内の主要駅に停車していた。しかし30分毎に走る「はこね」にくらべて運転本数は少なかった。ただし夕方下りは、箱根湯本直通も含めて、町田《まちだ》駅停車の「あしがら」が30分毎に運転されていた。

前面眺望が楽しめる展望席は、今は人気があってなかなか指定券を確保できないが、当時の夕方の「あしがら」は帰宅に利用する人々ばかりなので、展望席は希望する人向けに取っておいたのか、指定券購入時に頼むといつでも確保できていた。

現在の「はこね」は基本的に3種の停車パターンがある。停車する駅は合わせて新百合ヶ丘《しんゆりがおか》、町田、相模大野《さがみおおの》、海老名《えびな》、本厚木《ほんあつぎ》、秦野《はだの》と多い。

「さがみ」と「えのしま」も残ってはいる。「さがみ」はかつてのように向ヶ丘遊園《むこうがおかゆうえん》駅と新松田《しんまつだ》駅は通過するようになったが、新百合ヶ丘、町田、伊勢原《いせはら》、秦野にも停車する。「えのしま」は町田駅を

通過、新百合ヶ丘、相模大野、大和《やまと》に停車するようになった。

平成11年のダイヤ改正で、朝は通勤用に「モーニングウェイ」、夕方以降は「ホームウェイ」、そして後には地下鉄千代田線直通のロマンスカーも走るようになった。

かつては、小田急沿線に住む人がロマンスカーに乗る機会は少なく、ロマンスカーなんていらないとまで言う人々がいたが、現在は、いろいろな駅から乗れてロマンスカーの恩恵を受けており、そんなことを言う人は少なくなっている。

東武《とうぶ》の日光《にっこう》行の特急もかつてはノンストップだったが昭和61年時には朝上り3本だけがノンストップになっていた。残りの「けごん」と鬼怒川《きぬがわ》方面への「きぬ」は下今市《しもいまいち》駅に停車するが、これは同駅で日光または鬼怒川方面への連絡列車に接続するためだった。

東武も沿線の駅から日光・鬼怒川へ行くには快速を利用するしかなかった。しかし、浅草駅の鉄道アクセスが地下鉄銀座線と都営浅草線しかなく利用しにくいということから、常磐《じょうばん》線と地下鉄日比谷線、千代田線が集まる北千住《きたせんじゅ》駅に停車し、その後、通勤帰宅用に春日部《かすかべ》駅にも停まるようになり、現在は日光・鬼怒川系統の特急は、とうきょうスカイツリー、北千住、春日部、栃木、新鹿沼《しんかぬま》、下今市に停まるようになった。鬼怒川系統は新駅の東武ワールドスクウェアにも一部停車する。これでは昔の急行や快速の停車駅である。結局、急行は特急に格上げ、快速は廃止になった。

西武《せいぶ》の特急「ちちぶ」も当初は所沢《ところざわ》、飯能《はんのう》、芦ヶ久保《あしがくぼ》の3駅停車だったのが、入間市《いるまし》駅にも停車し、行楽客の利用が少なかった芦ヶ久保駅を通過、かわって秩父市内の人が利用しやすい横瀬《よこぜ》駅に停車するようになった。西武新宿線の特急は、かつての「むさし」の時代から高田馬場《たかだのばば》、所沢、狭山《さやま》市

令和２年１月時点						停車駅(昭和61年にくらべて令和2年において**太字**は停車するようになった駅、*斜体*は通過するようになった駅)
列車名	停車駅数	平均停車駅間距離	所要時分	表定速度	運転本数	
踊り子	14	11.1	166	60.4	4	品川、川崎、横浜、大船、小田原、真鶴、湯河原、熱海、来宮、伊東、伊豆高原、伊豆熱川、伊豆稲取、河津
スーパービュー踊り子	8	18.6	149	67.3	1	品川、横浜、熱海、伊東、伊豆高原、伊豆熱川、伊豆稲取、河津
スーパーはこね(休日)	0	82.5	59	83.9	4	
スーパーはこね(平日)	0	82.5	69	71.7	2	
						町田
さがみ	5	13.8	79	62.7		*向ヶ丘遊園*、**新百合ヶ丘**、**町田**、本厚木、**伊勢原**、**秦野**、*新松田*
はこね1	3	20.6	75	66		**新百合ヶ丘、相模大野、秦野**
はこね2	2	27.5	74	66.9		**町田、海老名**
はこね3	2	27.5	74	66.9	21	**町田、本厚木**
えのしま	4	10.9	70	46.7	2	**新百合ヶ丘**、*町田*、**相模大野**、**大和**、藤沢
最速あずさ	1	67.1	83	96.9		八王子
最遅あずさ	3	33.5	89	90.4		立川、八王子、大月、*塩山*、*山梨市*、*石和*
かいじ	6	19.2	93	86.5		**立川**、**八王子**、*上野原*、**大月**、**塩山**、**山梨市**、**石和温泉**
ちちぶ	4	15.4	78	59.1	16	所沢、**入間市**、飯能、*芦ヶ久保*、**横瀬**
草津	8	19.8	138	77.5	2	赤羽、浦和、大宮、*上尾*、熊谷、*深谷*、*本庄*、高崎、新前橋、渋川、中之条、*群馬原町*、*川原湯温泉*
特急りょうもう	10	18.5	114	60.5	12	**とうきょうスカイツリー**、**北千住**、**東武動物公園**、**久喜**、**館林**、足利市、太田、藪塚、新桐生、**相老**
けごん	6	19.4	106	76.7	12	**とうきょうスカイツリー**、**北千住**、**春日部**、**栃木**、**新鹿沼**、**下今市**(朝下り3本は通過)
きぬ	7	17.6	125	67.6	5	**とうきょうスカイツリー**、**北千住**、**春日部**、**栃木**、**新鹿沼**、下今市、**東武ワールドスクウェア**
ひたち	0	117.5	65	108.5	5	
ときわ	4	23.5	74	95.3	9	柏、*我孫子*、土浦、石岡、友部

路線名	区間	距離	昭和61年					
			列車名	停車駅数	平均停車駅間距離	所要時分	表定速度	運転本数
東海道本線・伊東線・伊豆急行線	東京―伊豆急下田	167.2	踊り子	14	11.1	167	60.1	6
小田急小田原線	新宿―小田原	82.5	はこね	0	82.5	69	71.7	13
			あしがら	1	41.3	73	67.8	5
			さがみ	3	20.6	77	64.3	6
小田急江ノ島線	新宿―片瀬江ノ島	59.9	えのしま	2	20	66	54.5	5
中央線	新宿→甲府間下り	134.1	最速あずさ	1	67.1	102	78.9	
			最遅あずさ	6	19.2	115	70	11
西武池袋・秩父線	池袋―西武秩父	76.8	ちちぶ	3	19.2	80	57.6	9
高崎線・上越線・吾妻線	上野―長野原草津口	178.3	新特急草津	13	12.7	154	69.5	3
東武鉄道	浅草―赤城	115	急行りょうもう	5	23	106	65.1	14
	浅草―東武日光	135.5	けごん	0	135.5	101	80.5	3
	浅草―鬼怒川公園	140.8	きぬ	1	70.4	113	74.8	12
常磐線	上野―水戸	117.5	最速ひたち	0	117.5	67	105.2	6
			最遅ひたち	4	23.5	85	82.9	8

に停車し、「小江戸《こえど》」となってもずっと変わっていない。

一方、JRは停車駅を減らす方向に進んでいる。特急「踊《おど》り子《こ》」は国鉄時代は停車駅が非常に多かった。徐々に削減し、「スーパービュー踊り子」はJR線内は品川、横浜、熱海の3駅のみになった。

中央線の「あずさ」は一部が塩山《えんざん》、山梨市《やまなしし》、石和《いさわ》（現石和温泉）に停車していたが皆無になった。大月《おおつき》停車も1往復しかない。なかには通過する前と通過した後の所要時間が同じという「あずさ」もある。

通過しても、加速するための電気代が浮く程度しかメリットはない。松本方面まで直通する乗客にとっては、途中で乗り降りする人々がないから落ち着くというものだが、所要時間が変わらないのならば停車したほうが乗客増につながる。

大月駅や塩山駅、山梨市駅などの利用者からの不満が続出して令和2年春のダイヤ改正で、一部の「あずさ」がこれらの駅に停車するようになる。

また、それまで走っていた通勤ライナーの多くを特急に格上げした。これら特急、いわば通勤特急は非常に停車駅が多く遅い。そして全車指定席になって、特急が来たから乗ろうかという気安い利用ができなくなってしまった。

内房線《うちぼう》ではこれら通勤特急しか走らなくなっている。また、中央線を走る「はちおうじ」はライナー料金の510円から特急料金の750円になった。実質値上げだと敬遠する人も出たが、今では結構利用されている。しかし、なぜか青梅発着の特急「おうめ」は空いている。座席未指定券も同額の750円だが、これは自由席みたいなものだから、500円にしてもらいたいものである。

スピードアップはしている

１４・１５ページの表は昭和61年（１９８６）と令和２年（２０２０）の優等列車の比較である。昭和61年にはＪＲはまだなく、国鉄の時代だった。それから30年以上たった令和２年までの間に、車両性能の向上などによってスピードアップがなされている。

たとえば中央線の最速「あずさ」の新宿―甲府《こうふ》間の所要時間は昭和61年が１時間42分だったのが、令和２年には１時間23分と19分短縮している。短縮率は23％にもなっている。

高尾《たかお》―塩山《えんざん》間は山岳線で急勾配と急カーブの連続である。にもかかわらず、最高速度を１２０キロから１３０キロに向上した。だが10キロ向上しただけではこれほど短縮しない。

まずは振り子電車のＥ３５１系を導入してカーブ通過速度の向上を図った。しかし、Ｅ３５１系の振り子機能はあまり良くなかった。そこでカント量の嵩上《こうじょう》をした。カント量とは左右のレールの高低差であり、これを狭軌で許されるぎりぎりの１０５ミリまで上げて、振り子と同様に機能させることにした。

最新のＥ３５３系は、台車の左右の空気バネを膨らませたりしぼませたりして車体を２度傾けさせる。振り子なら６度程度傾けられるが、重心移動があってＥ３５１系ではあまり機能しなかった。これに加速性能も向上したこともあって、最速「スーパーあずさ」と同じ１時間23分で走らせるようになった。

常磐線特急「ひたち」も同様に、最高速度を120㌔から130㌔に上げるとともに、車両性能も向上したE531系を使っている。にもかかわらず短縮率は3％にすぎない。120㌔走行区間は多数あっても130㌔走行区間が少ないことが要因である。昭和61年当時でも「ひたち」の表定速度は105・2㌔と100㌔を超えており、当時も高速運転をしていた。昭和61年の主要駅停車の最遅「ひたち」と現行「ときわ」での短縮率は13％になる。加速性能が向上したことによる。

東海道本線の「踊り子」は停車駅削減によるスピードアップであり、最高速度は上げていない。高崎線の昼間時運転の「草津《くさつ》」も同様に停車駅の削減である。

私鉄では停車駅が増えたためにスピードダウンしているが、小田急の休日運転の「スーパーはこね」はスピードアップをしている。しかも新宿―小田原間の所要時間を1時間以内にする目標を実現できた。

最高速度を上げたわけでもないし、かつて試作した車体傾斜装置を実現させたわけでもない。一番は代々木上原―登戸《のぼりと》間が複々線化されて、各停が邪魔をしなくなったことによる。複々線化前は同区間で各停の後追いをしてゆっくり走らざるをえなかったのが解消したのである。このため短縮率は17％にもなっている。

西武もスピードアップしている。これも練馬《ねりま》―石神井《しゃくじい》公園《こうえん》間の複々線化と、加速性能がよくなったためである。とくに池袋―所沢間は20分から19分になり、はじめて20分を切った。しかし、発車時分は同じなので、所沢駅で2分停車している。今後は全区間で短縮することを望みたいところである。

「ロマンスカー」を最初に名乗ったのは京阪電鉄

ロマンスカーといえば小田急、小田急といえばロマンスカーというイメージが付いてまわるし、事実、小田急電鉄はロマンスカーを商標登録している。

しかし、ロマンスカーという名称を最初に使ったのは小田急ではない。昭和2年（1927）8月に関西の京阪《けいはん》電鉄が、転換式クロスシートを採用した1550形をロマンスカーという名で登場させた。転換クロスシートとは、座席の背もたれを前後に移動させることによって向きを変えられるクロスシートのことである。このほかに向きを変える方法としては、座席ごと回転させる回転クロスシートがある。

京阪が転換クロスシートを採用開始した当時は、2人ずつが向かい合わせの4人掛けボックス式クロスシートが多かった。

転換クロスシートはアメリカのインターバン（都市間電車）に採用していたものを京阪が導入したのである。ボックス式の4人掛けにくらべ、2人ずつ座れることからロマンスカーといっていた。もちろん片方を転換して後ろ向きにすれば4人掛けにもできる。

京都の三条《さんじょう》と大阪の天満橋《てんまばし》の間を走る急行に使用し、当時の関西の人々にとって京阪の急行電車はロマンスカーというのが当たり前だった。

続いて神戸市電も転換クロスシートを採用した700形を登場させ、これもロマンスカーと称して宣伝をはじめた。

京阪は流線形の新車、1000形と1100形を昭和12年（1937）に登場させた。このうち1000形は転換クロスシート付のロマンスカーだった。そのかわりに600形（旧1550形）などはロングシート化された。

神戸市電のほうは戦時体制に突入すると、男女2人で座るロマンスカーは不謹慎とされたのかロングシート化されてしまった。しかし、京阪の1000形はクロスシートのままだった。ただし背もたれは板張りになっていた。戦後になって特急運転を開始するときに板張りをモケット張りに変更されて、その任にあたった。

そして1800形、1900形、3000系（初代）、8000系と転換クロスシートを引き続き造っていったが、ロマンスカーといわれていたのは1900形くらいまでである。1800形からはテレビを装備して「テレビカー」というようになり、昭和46年（1971）登場の初代3000系ではロマンスカーと呼ばれることはほとんどなくなってしまった。

一方、戦前の小田急は新宿―小田原・片瀬《かたせ》江《え》ノ島《しま》間運転の直通用と、新宿―稲田《いなだ》登戸《のぼりと》（現向ヶ丘遊園《むこうがおかゆうえん》）間運転の区間用とで使用車両が異なっていた。直通用はセミクロスシート車が多かったが、ボックス式の4人掛けだった。

これらの車両を使って急行が運転されていた。停車駅は稲田多摩川（現登戸）、新原町田《しんはらまちだ》（現町田）、士官学校前（現相武台前《そうぶだいまえ》）、相模厚木《さがみあつぎ》（現本厚木《ほんあつぎ》）、伊勢原、鶴巻温泉《つるまきおんせん》、新松田で、所要時間は90分だった。また、新宿―小田原間ノンストップの週末温泉列車も運転されていた。

戦後の昭和23年（1948）から土休日に1往復の特急の運転を開始し、翌24年には転換クロスシートで喫茶室がある1910形が登場した。ここに、晴れてロマンスカーといえるようになった。しかし、京阪だけでなく近鉄も転換クロスシート車を登場させていたので、ロマンスカーという名称を大々的に宣伝することはなかった。

名鉄《めいてつ》（名古屋鉄道）も5000系転換クロスシート車、続いて前面展望車の「パノラマカー」7000系を出した。もちろん転換クロスシートである。南海《なんかい》も転換クロスシートの本線用10000系と高野《こうや》線用「ズームカー」21001系を登場させている。

その後、特急車両の座席は回転クロスシートの時代になる。

私鉄でトップを切ったのは、昭和29年（1954）に登場した京成の1600形「開運」号である。回転リクライニングシートに加えて京阪同様にテレビも搭載した。しかしテレビ中継は短命に終わった。

昭和31年（1956）には東武がシートピッチ1000㎜の回転クロスシート、しかもリクライニング機能付の1700系特急車を登場させ、これをロマンスカーと呼んだ。東京―日光間で国鉄と激しく競争していたために、当時の国鉄の1等車（現グリーン車）並みの快適な車両にしないと勝てなかったのである。

一歩遅れて小田急は昭和32年に8車体連接式の3000系SE車《エスイーしゃ》（Super Express）を登場させた。連接式とは連結部分に台車を置く方式である。小田急としてははじめての回転クロスシートを採用した。ただしリクライニング機能はなかった。

昭和33年に近鉄《きんてつ》（近畿《きんき》日本《にっぽん》鉄道）も、回転クロスシートで一部連接式車体の2階建て車両１００００系を登場させた。ロマンスカーとは呼ばずに、眺望がいい2階車両を連結しているので「ビスタカー」と宣伝していた。また、南海も回転リクライニングシートの「こうや」号２００００系を出した。

そして、これら各社の代表車すべてを指す用語として、私鉄ロマンスカーと呼ばれるようになっていった。小田急は先頭展望席付のＮＳＥ車、近鉄は3車体連接の一部2階建て１０１００系新ビスタカー、東武では国鉄こだま形１５１系に準じたスタイルの１７２０系ＤＲＣが登場している。ＤＲＣとはデラックスロマンスカーの略であり、究極のロマンスカーとして宣伝していた。まさに私鉄ロマンスカーの黄金時代だった。

近鉄は、看板電車のビスタカーの後継車を今でも運行している。ビスタカーに続いてエースカーやスナックカー、そしてアーバンライナー、伊勢志摩ライナー、「しまかぜ」といった車両を出して、ロマンスカーとは言わなくなっている。

東武もスペーシアや近年になってリバティが登場し、ロマンスカーという言葉を使わなくなった。西武の初代レッドアローが登場したとき、少しの間ロマンスカーと呼んでいたことがあったが、すぐに呼ばなくなってしまった。西武のほかに南海や名鉄、京成なども私鉄ロマンスカーと呼ばれる特急車を出したものの、ロマンスカーとは称しなかった。

結局、ロマンスカーと呼び続けていた小田急だけが独占する形になって商標登録もし、〝ロマンスカーといえば小田急〟とされるようになった。とはいえ、小田急以外にもロマンスカーと言われていたことは書き留めておきたい。

観光電車の相互直通運転を

土休日に横浜高速鉄道みなとみらい線元町《もとまち》・中華街《ちゅうかがい》駅から西武《せいぶ》秩父《ちちぶ》駅まで「S—TRAIN《エストレイン》」が運転されている。所要時間は2時間14分（夜の反対方向は2時間33分）、走行距離は113・6キロにもなる。この列車によって、みなとみらい線や東横線沿線から秩父観光がしやすくなった。

車両は西武の「L《エル》／C《シー》カー」40000系である。L／Cカーとはロングシートにもクロスシートにもなる座席を搭載した車両である。この構造のために、クロスシート時にもリクライニングはできない。この座席に2時間も座り続けるのはつらい。ただし10号車にフリースペースのパートナーゾーンがあり、4号車にはトイレが備えられている。

トイレは他社のL／Cカーにはない。西武にはすでにトイレ付のレッドアローがあったため車両基地に屎尿《しにょう》処理設備があり、L／Cカーにも設置できた。

座席が通常の特急車よりもよくない、どっちつかずのL／Cカーではなく、地下鉄直通が可能な専用の特急車を造って走らせるのが、追加料金を払って乗る人のためのサービスである。

それをしないのなら、4扉のうちの中央側2扉の踊り場スペースにラウンジシートを設置して、指定席に座り飽きた乗客のためのくつろぎ場所にすればいい。家の応接間にあるようなソファーを置くのがいいが、固定できないとなにかあったときに安全ではない。扉の上部に固定器具を収納し、クロスシート時に下降させてこれにソファーを密着させればロングシートのラウンジ席ができる。

とにかく、無駄になる踊り場スペースをラウンジスペースにできる工夫がほしいところである。

小田急ＭＳＥ６００００形のような専用の特急車、あるいはＬ／Ｃカーの改良版ができれば、重宝される路線はある。たとえば東急田園都市線の中央林間《ちゅうおうりんかん》駅から東武日光《にっこう》・鬼怒川《きぬがわ》方面である。

今後、東武伊勢崎線と東京メトロ日比谷線との直通電車にＬ／Ｃカーを使った座席指定列車を走らせる予定になっている。これを使って横浜や元町・中華街駅から日光や伊勢崎への直通観光電車を走らせてもいい。東急多摩川線が羽田空港まで行けるようになれば羽田空港発も設定できる。

もう一つ、直通して活性化する路線として千葉県の小湊《こみなと》鉄道といすみ鉄道との直通運転がある。レールはつながっているから、やろうと思えばやれるが、問題は小湊鉄道の里見《さとみ》―上総中野《かずさなかの》間がスタフ閉塞であることである。

スタフ閉塞は通票《つうひょう》が一つしかなく、その通票を搭載していない列車は走ることができない。上総牛久《かずさうしく》―上総中野間は里見駅を境に2区間の閉塞区間になっている。里見駅で行違いをするときに、通票の交換をしている。通票を交換するから、行違い駅のことを交換駅という。

里見駅で通票交換をしているが、上総中野駅は終端駅なのでそのまま折返している。いすみ鉄道と直通するときには、いすみ鉄道側からの直通列車に里見―上総中野間の通票を渡さなければならないが、上総中野駅は行違いができる配線にはなっていない。

直通運転は上総中野駅で行違いができる配線に変更するとともに、駅助役を配置して通票交換を助役経由でする必要がある。そのためには上総中野駅を有人駅にしなくてはならない。それでも、それなりに人気が出る車両によって直通列車を走らせることで、両線とも活性化できると思われる。

首都圏で転換クロスシート車がある路線はわずかしかない

首都圏で転換クロスシートを採用している路線は富士急行、伊豆箱根《いずはこね》鉄道の駿豆《すんず》線と大雄山《だいゆうざん》線、箱根登山鉄道の１０００形、そして京急《けいきゅう》しかない。

富士急行では１２００形４両がある。扉間に２人掛け３脚が置かれ、中央１脚が転換クロスシート、両端が固定クロスシートになっている。駿豆線は３０００系の一部車両と７０００系、大雄山線は５０００系の一部である。このうち５０００系の転換クロスシートは固定されている。京急の転換クロスシート車両は快特用２１００形だが、乗務員の操作による自動転換式で、乗客が背もたれを倒すことはできない。

まもなく引退するＪＲの１８５系特急電車は、国鉄時代に登場したときは転換クロスシートだった。有料特急車両に転換クロスシートはふさわしくないということで、のちに回転リクライニングシートに取り換えられている。

しかし、名古屋地区のＪＲ東海や名鉄、関西地区の南海を除く大手私鉄、それにＪＲ西日本の各地区の路線、ＪＲ九州や西鉄《にしてつ》（西日本《にしにっぽん》鉄道）、ＪＲ北海道の札幌都市圏では転換クロスシート車が当たり前のように走っている。

不思議なのは、御殿場《ごてんば》線・身延《みのぶ》線などに走っているＪＲ東海の３１３系がボックス式セミクロスシートになっていたことである。ローカル線ではボックス式のほうがなじみがあるということだろう。

つまり転換クロスシートはその構造を知っている人しか背もたれを転換しないから、折返時に転換しないで座る人が多くいる。それならばいっそボックス式のほうがいいということだろう。ただし、今はロングシート車しか走っていない。

観光地京都を走るJR山陰《さんいん》線や奈良《なら》線では、折返時にシートを転換する人が少ない。全国各地から訪れる観光客が多いだけでなく、海外の人も転換クロスシートを知らないからである。アメリカで考案されたという転換クロスシートだが、現在のアメリカには電鉄はなくなってしまっているから、その構造を知っているアメリカ人はほとんどいない。

ヨーロッパでは転換クロスシートがないどころか、回転クロスシートもない。ヨーロッパのターミナル駅の多くは頭端《とうたん》折返式なので、頻繁にスイッチバックして進行方向を変える。転換クロスシートや回転クロスシートではその都度、座席の向きを変えなくてはならない。そのため、車両の中心方向へ向いている座席、これを集団見合い式といい、その反対を集団離反式というが、これらを混在させたり、ボックス式にしたり、あるいは半個室のコンパートメント式にしたりしている。

首都圏では西武の特急「ちちぶ」が飯能《はんのう》駅で進行方向を変えるが、近ごろは座席の向きを乗客が変えないどころか、変えてくださいという案内放送もしない。北陸線の特急「しらさぎ」は米原《まいばら》駅で進行方向が変わるが、名古屋発は、距離の長い米原—金沢間で進行方向を向くように座席を後ろ向きにして発車する。金沢発は米原駅で座席の向きを変えてくださいと案内放送する。

首都圏では進行方向が変わる列車はほとんどないのに、いつまでもボックス式に固執している。転換クロスシートの普及を望みたいところである。

都電荒川線に観光トラムを走らせる

都電荒川《とでんあらかわ》線の正式名称は東京都交通局荒川線である。都電荒川線の名も愛称だが、近年、「東京さくらトラム」なる新しい愛称が付いた。春になると沿線のあちこちに桜が咲き乱れる。桜だけでなくバラやアジサイも咲いている。

沿線にはいろいろな名所や史跡がある。荒川二丁目電停には国の重要文化財に指定されている「旧三河島《みかわしま》汚水処分場喞筒《ポンプ》場施設」、荒川七丁目電停には「荒川自然公園」、賑わっている町屋駅前《まちやえきまえ》電停、町屋二丁目電停には「ぬりえ美術館」、宮ノ前《みやのまえ》電停には「尾久《おぐ》八幡《はちまん》神社」、子供たちが楽しみにしている「あらかわ遊園」（休園中）の最寄りの荒川遊園地前電停、「都電おもいで広場」もある荒川車庫前電停、王子《おうじ》駅前電停からは飛鳥山《あすかやま》公園への無料モノレール「アスカルゴ」、王子駅前―飛鳥山間は首都圏ではあまり見かけない長い併用軌道区間になっている。

飛鳥山電停近くには渋沢栄一《しぶさわえいいち》の人となりを紹介・展示する「渋沢史料館」「庚申塚《こうしんづか》」と「とげぬき地蔵」の最寄りの庚申塚電停、「サンシャインシティ」に近い向原《むこうはら》と東池袋四丁目電停、「雑司ヶ谷《ぞうしがや》霊園」が隣接する都電雑司ヶ谷電停、「鬼子母神堂《きしもじんどう》」に近い鬼子母神前《きしぼじんまえ》電停、桜並木がある神田川を渡る「面影橋《おもかげばし》」がそのまま電停名になった面影橋電停、早稲田《わせだ》大学をはじめ「甘泉園《かんせんえん》公園」や「肥後細《ひごほそ》川《かわ》庭園」がある早稲田電停などである。

これらを巡るには一日乗車券によって一般の電車で巡ることになるが、その前に、どの電停にどんな名所旧跡があるかを知るには地図やパンフレット、インターネットだけではリアルにはわからない。そこで、それらを案内する専用の観光トラムを走らせるのがいい。専用の車両は車窓をたっぷり楽しめるクロスシートにする必要がある。

オーストリアのウィーン市電では、旧市街地を取り囲む環状線に観光トラムを走らせている。ウィーン・リングトラムと呼ばれ、旧式車両を黄色く塗って改造した車両を使っている。1周25分で、30分毎の運行である。

通常のトラムの運賃は2ユーロなのに、リングトラムの料金は9ユーロと高いが、持ち帰りができるイヤホーンをきっぷ代わりに受け取り、座席にあるイヤホーンジャックに差し込むと日本語を含む10か国語で案内放送される。専用のリングトラム乗り場で乗車時に9ユーロを支払う。

さしずめ荒川線では、早稲田電停は乗車ホームの奥に専用の観光トラム乗降ホームを設置、三ノ輪《みのわ》橋《ばし》電停では乗車ホームの向かい側に観光トラム乗降ホームを置くことになろう。荒川線の所要時間は50分なので、早稲田と三ノ輪橋の乗降ホームでそれぞれ10分停車すれば1時間で一巡する。30分毎に走らせるとすれば4両の専用車両が必要である。

リングトラムのように旧式車両を使うのもいいが、最新の2車体連接2階電車にするのもいい。リングトラム同様に車内ではイヤホーンによって数か国語で案内、さらにディスプレイによる案内もすればいい。各駅での乗降はしないのでじっくりと案内放送ができる。2階電車なら階下をラウンジにしてもいい。きっぷは一日券付で2000円ほどがいいだろう。まずは片道を観光トラムで楽しみ、降車後には一日券によって各名所旧跡を散策するのである。

専用の乗り場から発車するリングトラム

リング区間を1周するリングトラム。ループ式で方向転換しないので
後ろにトレーラーカーを連結している

リングトラム車内

トロッコ風列車には控車が必要

首都圏から離れるが、富山県の宇奈月《うなづき》駅から欅平《けやきだいら》までを走る黒部峡谷《くろべきょうこく》鉄道は、そこを走る列車を「トロッコ電車」と呼んでいる。

しかし、この呼び方は二重に変である。屋根はあっても側面が吹きっさらしのオープン客車などを機関車が牽引しているから、電車というのはおかしい。正しくは列車である。

そしてトロッコというのも正式には変である。トロッコとは鉱山鉄道や森林鉄道などで荷物や人を載せる客貨車のことである。黒部峡谷鉄道は国交省から許可を受けて旅客営業をしているので、事故を起こさない保安基準にしたがって運営されている。だから本来のトロッコではない。言うならばトロッコ風である。

つまり、厳密には「トロッコ風列車」である。まあ、黒部峡谷鉄道がトロッコ電車と言っているから仕方がないが、やはり変である。

さて、首都圏でトロッコ風列車を走らせているのは、千葉県の小湊《こみなと》鉄道の「里山《さとやま》トロッコ」と、群馬・栃木県のわたらせ渓谷鐵道《けいこくてつどう》の「トロッコわたらせ渓谷」「トロッコわっしー」がある。「里山トロッコ」と「トロッコわたらせ渓谷」は4両編成で、中央2両の側面がオープン窓になっており、両端は窓ガラス付の通常の客車である。「トロッコわっしー」は2両編成の気動車のうち1両がオープン窓で、もう1両は通常車両である。

試運転中の「トロッコわたらせ渓谷」号。機関車の後ろが控車

福島県の会津《あいづ》鉄道のＡＴ—３５０形もオープン窓になっており、必ず通常車両と連結して走るために運転室は片方しかない。

いずれも通常窓の車両とセットで走らせている。そして通常窓の車両のことを控車《ひかえしゃ》と呼んでいる。

なぜ控車とセットで走らせているかというと、荒天時にオープン窓の車両に乗っていると風雨にさらされてしまう。このときの乗客の待避のために連結しているのが控車である。そんなときは運転をやめればいいと思われるが、走行中に急に天候が荒れだしてもいいように、必ず控車を連結することになっているのである。

ただし先述の黒部峡谷鉄道には控車はない。しかし、ほとんどの列車は密閉客車のリラックス客車を連結しており、春秋の寒い時季はリラックス客車のみで走るときもある。リラックス客車乗車にはプラス５３０円の別料金が必要である。

パート
2

観光地への交通事情

行楽期には通勤ラッシュ並みの混雑になる江の島・鎌倉地区

鎌倉《かまくら》や江《え》の島《しま》は、首都圏のなかでも屈指の人気観光地である。鎌倉と江の島、藤沢《ふじさわ》を結んでいるのが江《え》ノ島《のしま》電鉄、通称、江《え》ノ電《のでん》。鎌倉へはJR横須賀《よこすか》線が通っている。小田急江ノ島線は、陸繋島《りくけいとう》である江の島に一番近い片瀬《かたせ》江ノ島駅まで乗入れている。さらに、大船《おおふな》と湘南《しょうなん》江の島駅を結ぶ湘南モノレールがある。

江ノ島電鉄沿線には観光名所が多数ある。長谷《はせ》駅は長谷寺《はせでら》や鎌倉大仏の最寄駅。寺そのものが駅名になっている極楽寺《ごくらくじ》駅周辺は、6月になるとアジサイが咲き乱れる。近くの成就院《じょうじゅいん》から海を眺めるのもいい。稲村ヶ崎《いなむらがさき》駅から鎌倉高校前駅まで海沿いを走る。腰越《こしごえ》駅から江ノ島駅にかけては唯一の路面区間がある。江ノ島駅やモノレールの湘南江の島駅からは、すばな（洲鼻）通りを歩いて江の島に行ける。すばな通りを散策するのもいい。

さらに最近は海外からの観光客が、アニメに登場する〝聖地〟として、鎌倉高校前駅の東側にある踏切を目指して江ノ電に乗る。平日でもこの踏切に外国人観光客が押し寄せている。

こうしたことから、行楽シーズンになると江ノ電の混雑率は250％を超えるほど混みあっている。しかし単線であり、各行違い駅や信号場は4両編成ぶんしかなく、これ以上増結ができない。行違い駅や信号場がかぎられており、12分間隔が精いっぱいである。

行楽客が殺到すると各駅で乗降に手間取って停車時間が延びてしまう。その結果運転間隔が延びてしまい、混雑にさらに拍車をかけてしまう。

湘南モノレールもあるが、江の島へ行くには便利だとしても、沿線にあるのは住宅や三菱電機の工場などで、観光名所は少ない。もともとは懸垂《けんすい》モノレールの試験的実用路線として、住宅街を貫通していた京急の有料道路を走る京急バスの混雑緩和の目的で、道路の直上に建設されたものである。

このため朝ラッシュ時の混雑率がかつては２００％にもなっていた。湘南モノレールも単線であり、行違い駅の線路長の関係で増発も増結もできない。最小運転間隔は7分30秒、編成両数は今の３両が限度である。

乗降客でごった返している鎌倉駅

幸か不幸か、沿線の少子高齢化によって朝ラッシュ時の混雑率は１４０％以下に下がってきている。行楽期でも昼間時は、観光地が少ないこともあって行楽客が殺到して混みあうこともない。しかし、江ノ電の救済路線にはなっていない。
湘南モノレールは湘南江の島からさらに延ばして、小田急の片瀬江ノ島駅の近く、境川対岸の片瀬海岸駅まで延ばす予定だった。ここまで延ばせなかったのはルート予定地の1区画での買収ができなかったためである。これができていれば行楽客のモノレール利用ももっと多かっただろう。そのぶん、江ノ電の混雑も緩和されたことだろう。

老舗《しにせ》の観光地、箱根への足は結構多い

箱根へ行くには、小田急のロマンスカーに乗って箱根湯本駅で箱根登山鉄道の電車に乗り継ぐのが定番だが、台風被害によって令和2年秋まで登山鉄道の箱根湯本駅から先は運休している。

そこでほかのルートが必要だが、結構たくさんある。まずは新幹線で行く方法。通常は小田原駅で降りて箱根登山鉄道に乗換えが一般的だが、それができないので箱根登山バスに乗換えることになる。名古屋、関西方面からだと熱海駅から伊豆箱根バス、三島駅から東海バスがある。

JR御殿場《ごてんば》駅まで新宿発の小田急ロマンスカー「ふじさん」で行き、ここから箱根登山バスで行く方法もある。ただし直通バスは午前中しかない。

運休になる前、行楽期の箱根湯本駅は、小田急ロマンスカーから乗換える客で箱根登山鉄道のホームがいっぱいになる。小田急ロマンスカーの定員は358〜588人と幅があるものの、そのうちの多数が箱根登山鉄道に乗換える。

受ける箱根登山鉄道は最大3両編成である。こちらも車種によって定員は異なるが、3両編成でおおむね231人、うち座席は126人しかない。小田急からの乗換客だけではなく、箱根湯本駅からの乗車客もいる。400人くらいが殺到してくると都会のラッシュ時並みの混雑になる。

せっかくの休日の行楽が台無しになってしまう。そういうことでバスルートや他のルートが設定されているのである。それでも箱根観光の黄金ルートは箱根登山鉄道を経て強羅《ごうら》からケーブルカー、早《そう》

雲山《うんざん》のロープウェイ、そして芦ノ湖《あしのこ》の海賊船である。芦ノ湖までの間でばらけていくものの、ピーク期は各乗換えポイントで長蛇の列になる。

たとえ箱根登山鉄道を4両編成に増結したとしても、その先の強羅ケーブルの輸送力が追い付かない。強羅ケーブルを2両編成から3両にしたとしても、次は早雲山ロープウェイが追い付かない。それでも4両編成化がほしいところなので災害復旧時にこれをしてもいいだろう。

根本的に黄金ルートに匹敵する魅力ある交通機関が必要だが、たとえば第2の登山鉄道を造るにしても莫大な費用がかかる。一番は、御殿場からのルートをもっと宣伝して、分散させることが必要である。今でも御殿場ルートは空いている。行きを御殿場ルート、帰りは黄金ルート、あるいはその逆に行きは黄金ルート、帰りは御殿場ルートを通れば運賃が安くなるように誘導する。そうすれば黄金ルートの混雑は解消されよう。そのためには特急「ふじさん」の頻繁運転が必要である。

東京から迅速に箱根に行く方法は新幹線である。東京→小田原間の「こだま」による所要時間は34分である。しかし、小田原から強羅まで各駅停車は直通していない。小田原―箱根湯本間は狭軌、箱根湯本―強羅間は標準軌だから、どうしても箱根湯本駅で乗換えが必要である。

小田急ロマンスカーなら箱根湯本駅までは行ってくれる。乗換えが面倒ならロマンスカーである。ただし、新宿―小田原間をノンストップ59分で走る「スーパーはこね」は、土休日の午前中の下り3本しかない。多くは70分程度かかっている。速く行きたいなら新幹線、ゆったり行きたいならロマンスカーである。

JRからの直通が頼りの伊豆の鉄道

伊豆《いず》半島には伊豆急行と伊豆箱根鉄道駿豆《すんず》線の2つの私鉄がある。伊豆急行は東海岸沿いを南下、駿豆線は内陸部のやや西寄りを南下している。両方とも国鉄時代から東京発着の直通電車が走っている。

両社は今でこそ協調関係にあるが、昭和20~30年代に起こった〝箱根山戦争〟でのライバル同士だった。伊豆急行は東急・小田急系、伊豆箱根鉄道は西武系である。伊豆での覇権争いはさほどではなかったが、箱根地区では西側から伊豆箱根鉄道が、東側から小田急系の箱根登山鉄道が箱根観光の整備を開始していった。伊豆箱根鉄道は十国峠《じっこくとうげ》ケーブルと駒ヶ岳《こまがたけ》ケーブルを開業し、バス路線も整備した。小田急系の箱根登山鉄道も、強羅《ごうら》―早雲山《そううんざん》間のケーブルにつながる箱根ロープウェイ(早雲山―桃源台《とうげんだい》間)を整備したりした。

とはいえ、駿豆線に関しては主戦場の外だったこともあり、一部バス路線で競合した程度だった。

西伊豆と東伊豆とは行楽地の質が異なる。

東伊豆には大室山《おおむろやま》や伊豆高原のリゾート地、伊豆稲取《いなとり》などの温泉地、下田《しもだ》のロープウェイなどがあり、行楽客が多数押し寄せている。だが、西伊豆は修善寺《しゅぜんじ》をはじめとする温泉地、葛城山《かつらぎやま》へのゴンドラ(伊豆の国パノラマパーク)、そして英国製のミニSLが走るロムニー鉄道のある「修善寺虹《にじ》の郷《さと》」などがあるものの、駅から近い修善寺温泉は別にして、バスに乗換えて行くかマイカー利用である。

そのため、伊豆急はＪＲ特急「踊り子」や「スーパービュー踊り子」、自社車両を使った「リゾート踊り子」など多数の特急が東京―伊豆急下田間で運転され、自社車両による普通列車も伊東線に乗入れて熱海まで走っている。一方の伊豆箱根鉄道では、ＪＲ特急「踊り子」の付属編成の5両が線内へ直通するだけで、普通列車のＪＲ直通はないし、伊豆急のような特急料金の設定はなく、駿豆線内は快速扱いである。しかも平日は2往復しか走らない。

大正11年（１９２２）に公布された改正鉄道敷設法の別表61には「静岡県熱海ヨリ下田、松崎ヲ経テ大仁《おおひと》ニ至ル鉄道」が取り上げられている。熱海から先、下田から西海岸の松崎を経て、駿豆線の当時の終点・大仁駅までの伊豆循環線の計画である。

この循環線が早期に建設されていれば、伊豆の鉄道はもっと違ったものになっていただろう。

しかし、別表61に基づいて国鉄伊東線熱海―伊東間が建設されたものの、以遠はずっと予定線のままで、建設線にさえ昇格しなかった。そして東急が伊豆急行線を昭和36年（１９６１）に開業したが、伊豆急下田駅までで、その先、伊豆箱根鉄道につなぐことは〝箱根山戦争〟時代の開通だったこともあり夢想だにしなかった。このとき西武側が下田まで延伸して、東急に対抗したり、あるいは逆に東急と手をつないでいたら、伊豆の鉄道も全く変わった様相になっていただろうが、それはかなわなかった。

秩父へは西武池袋線経由と秩父鉄道経由がある

半世紀前の昭和44年（1969）10月に西武《せいぶ》秩父線《ちちぶ》吾野《あがの》―西武秩父間が開通した。それまで秩父へは寄居《よりい》や熊谷《くまがや》から秩父鉄道利用で行くしかなかったのが2ルートになった。

西武秩父線が開通した当初から特急「レッドアロー」の運転を開始した。平日は2往復、休日は4往復、休前日は3往復半だった。停車駅は平日が所沢《ところざわ》と飯能《はんのう》、休日が飯能とし、最速の所要時間は1時間23分だった。

だが、西武秩父線の開通で、旅客だけでなくセメントや石灰の貨物輸送も取られた秩父鉄道は、今のように連携することはなかった。

秩父鉄道には西武秩父線が開通する前から、行楽シーズンに熊谷駅経由の国鉄電車による上野―三《み》峰《ね》口《ぐち》間2往復、国鉄気動車による八高《はちこう》線経由の高崎―三峰口間1往復、東武電車による東上《とうじょう》線経由の池袋―三峰口間と池袋―長瀞《ながとろ》間各1往復の臨時電車が乗入れてきていた。

上野―三峰口間と池袋―三峰口間の列車は「みつみね」、池袋―長瀞間は「ながとろ」の愛称が付けられた時期もあった。

秩父鉄道は上野―秩父間を2時間20分で結ぶ急行を昭和25年（1950）から運転開始し、昭和44年からは指定席を設定した。

時は流れて、平成元年（1989）になると、西武秩父線と秩父鉄道との連絡線が完成して西武電車による秩父鉄道乗入れが開始され、東武東上線などとの直通は中止になった。

西武からは、西武秩父駅に寄らずに同駅の手前で連絡線を通って御花畑《おはなばたけ》駅から長瀞方面に向かう直通電車と、一度西武秩父駅に停車してスイッチバックして三峰口に向かう直通電車とが走る。

現在、平日は早朝に長瀞発と三峰口発があって、西武秩父線横瀬《よこぜ》駅で連結して各停で飯能駅まで走る。夜間には飯能駅を出て横瀬駅で分割して三峰口駅と長瀞駅に向かう。休日は午前中に池袋発の快速急行が2本直通する。もちろん横瀬駅で分割する。夕方に池袋行急行が走る。

朝夕1往復でいいから特急の直通もやってもらいたいものである。この場合、特急車は分割できないから長瀞発着にするのがいいといえる。長い貨物列車が走る秩父鉄道だから、新型車両「ラビュー」の8両編成でも、行違いに困らない。

秩父鉄道は羽生《はにゅう》・熊谷—三峰口間に1日5往復の急行を走らせている。急行料金210円が必要である。また、C58形363号機牽引によるSL列車「パレオエクスプレス」を1往復走らせている。指定席料金は740円、このほか自由席のSL整理券520円がある。ただし令和2年はC58の全般検査のためずっと運休する。このため、電気機関車（EL）牽引で運転されるかもしれない。

秩父観光は行きか帰りに西武鉄道、その帰りか行きは秩父鉄道で熊谷駅や羽生駅経由で東京に戻ると、変化のある鉄道の旅が楽しめる。

2 次交通はバスしかない日光・鬼怒川

著名な観光地、日光《にっこう》・鬼怒川《きぬがわ》への鉄道アクセスは、今や東武鉄道しかなくなっている。だがJR日光線も、国鉄当時の昭和30年代には上野─日光間にデラックスな優等列車が走っていた。

それが当時最新の157系電車を使った準急「日光」である。昭和34年（1959）に運転を開始した。東海道本線を走る151系特急「こだま」と同じく、2等車（現グリーン車）はリクライニングシート、3等車（現普通車）は回転クロスシートとなっている。低重心の151系と異なり153系急行形電車と同じ通常車体になっているが、先頭車は非貫通の流線形デザインである。冷房はないものの、東京─日光間は宇都宮《うつのみや》に停車するのみ、所要時間は1時間57分と2時間を切った。

しかし、昭和35年（1960）になると、東武は特急「けごん」「きぬ」にデラックスロマンスカー（DRC）1720系を登場させた。座席はリクライニングシートで国鉄の「特別2等車」並みの広いシートピッチ、もちろん冷房が付いている。しかも浅草─東武日光間を1時間41分で結ぶようになると、準急「日光」は旗色が悪くなってしまった。

その後、急行に格上げされたものの、今市《いまいち》駅にも停車したために所要時間は1時間59分と2分遅くなってしまった。昭和44年（1969）には使用車両がすべて通常の急行形165系となった。そして昭和57年（1982）に東北新幹線が開通すると急行「日光」は廃止になってしまい、以後、東武鉄道の独壇場になってしまった。

地元からは、日光線を標準軌化してミニ新幹線を直通させる案などがあったが、JRが選んだのは新宿発東武日光行きだった。東北本線の栗橋《くりはし》駅にJR―東武間の連絡線を設置して、同駅以北は東武線を走る相互直通運転である。

東武鉄道は浅草起点では利便性が劣る。まずは特急を北千住駅に停車させて少しアクセスを良くした。大宮発野田《のだ》線経由の特急も考えたが、もうひとつアピール性がない。そこで新宿始発をJRに申し出て合意になったのである。

それが平成18年(2006)から運転開始した特急「日光」と「きぬがわ」「スペーシアきぬがわ」である。

とはいえ、日光・鬼怒川は、箱根にくらべると2次的交通機関はバスのみである。その昔には東武の日光軌道線があったものの今はない。バスを乗り継げば明智平《あけちだいら》ロープウェイがあるものの、それに乗って中禅寺湖《ちゅうぜんじ》へ行けるものでもない。乗りたくなるようなバスを走らせれば人気もでるだろう。

鬼怒川方面では野岩《やがん》鉄道、さらに続いて会津《あいづ》鉄道があるが、こちらは先が長すぎる。鬼怒川温泉ロープウェイはただ登るだけである。鬼怒川ライン下りは下るだけで、再び乗船場まで戻る。これらは2次交通機関といえない。そこで下今市―鬼怒川公園間に蒸機列車「SL大樹《たいじゅ》」を走らせている。

欲を言えば、C11形は東武にも1両だけあったが、鬼怒川線を走ったことはない。走らせるのなら東武博物館に保存されている創業時の5号蒸機が望ましい。しかし、動態に戻したとしてもパワーがないから2両程度の客車しか牽引できないだろう。C11で我慢するしかないが、煙突だけでも長いものにすれば、かつての東武の蒸気機関車に似てくるというものである。

近くて遠い房総地区

ＪＲ京葉《けいよう》線が開通していなかったころ、房総方面は総武《そうぶ》快速線の東京駅から発着していた。そのころの特急は、毎時０分発が外房《そとぼう》線を走る「わかしお」、毎時30分発が内房《うちぼう》線を走る「さざなみ」、毎時45分発が銚子《ちょうし》行の「しおさい」または鹿島神宮《かしまじんぐう》行の「あやめ」だった。

昭和50年（１９７５）時点で定期運転の「わかしお」と「さざなみ」は各６往復、「しおさい」は５往復、「あやめ」は４往復だった。

京葉線ができて「わかしお」と「さざなみ」は京葉線の東京駅を発着するようになった。現在は「わかしお」は12往復と増えたものの、２往復は上総一ノ宮《かずさいちのみや》または茂原《もばら》発着の快適通勤用、勝浦《かつうら》発着も４往復あるので安房鴨川《あわかもがわ》まで行くのは６往復と、昭和50年と変わらない。

「さざなみ」になると君津《きみつ》折返しかなくなり、館山《たてやま》発着は１本もない。しかも朝と夕方しか走らないだけでなく土休日は運転されない。「しおさい」は総武快速線東京駅発着で東京―銚子間は６往復、これに東京―成東《なるとう》間運転が１往復ある。しかし、「あやめ」は廃止になった。

「しおさい」の東京―銚子間の最速の所要時間は昭和50年で１時間56分、現在は１時間47分と９分速くなったものの、もともとが遅いので、速くなった感じにはならない。

「わかしお」が走る蘇我《そが》―勝浦間は平成７年（１９９５）に軌道強化をして最高速度１２０キロになった。それまで東京―勝浦間１時間36分だったのが、１時間20分と16分も短縮した。しかし、現在は１

猿田駅に進入する特急「しおさい」東京行

時間26分とスピードダウンしている。外房線も内房線も線内運転の快速はほとんどない。総武線の快速も千葉以遠でほとんどは東千葉駅を通過するだけである。

高速道路が整備されて、鉄道は改良しても利用されないとあきらめているふしがあるが、高速化と頻繁運転を図るなど改良すれば、それなりに乗客は戻ってくる。

いすみ鉄道が連絡する大原《おおはら》は遠いイメージが付きまとっている。五井《ごい》駅から小湊《こみなと》鉄道に観光で乗ろうと思っても特急に乗って行くことはできない。銚子電鉄へ行くにも時間がかかる。

クルマで行こうと思っても京葉道路や首都高速湾岸線は渋滞している。東京湾横断道路（アクアライン）も川崎側で渋滞する。

房総地区は観光名所が多いけれども、近くて遠い不便な場所というイメージがある。

パート3

各線徹底分析

JR東海道本線（東京―沼津間）

「踊り子」「スーパービュー踊り子」車両がようやく代替わり

東海道本線は東京―神戸間589・5㌔の路線である。本書では東京―沼津《ぬまづ》間126・2㌔を取り上げる。このうち、東京―品川間には複線の列車線のほかに、複々線の電車線、複線の地下別線がある。複々線は山手《やまのて》線と京浜東北線の電車、地下別線は横須賀線の電車が走るが、列車線について述べる。品川以遠でも電車線や貨物支線、横須賀線電車用線路などが並行するが、基本的に列車線のみを取り上げる。

東京から大船《おおふな》までの間で列車線にある駅は、新橋、品川、川崎、横浜、戸塚である。大船―小田原間は列車線と貨物線による複々線になっているが、藤沢《ふじさわ》駅と茅ケ崎《ちがさき》駅には貨物線にも旅客ホームがある。

茅ケ崎駅の熱海《あたみ》寄りには旅客線から貨物線への渡り線があって、多くの「湘南ライナー」と「おはようライナー新宿」が旅客線から貨物線に転線する。横浜駅の東京寄りには横須賀線から東海道本線への渡り線もあり、新宿・池袋発着の特急「スーパービュー踊り子」が転線している。また、横浜駅は島式ホーム2面4線で、待避追越ができるほか、朝ラッシュ時には上りホームの両側に交互発着をして運転間隔を詰めている。

列車線にホームがない鶴見《つるみ》駅には貨物線から列車線への渡り線があり、武蔵野南《むさしのなん》線（貨物線）を通る臨時旅客列車が東海道列車線に転線している。

これらの渡り線は、本線を横断することから頻繁には運転できない。そこで戸塚駅は横須賀線と方向別ホームにするとともに、駅の前後で立体交差して、東海道本線と横須賀線の双方間で本線横断せずに転線ができるようにしている。

大船駅は島式ホーム2面4線で、外側が副本線、内側が本線である。平塚駅も島式ホーム2面4線だが、こちらは内側が副本線、外側が本線である。東京寄りに引上線、ホームと並行した南側に電留線があり、平塚始発・終着が設定されている。

JR東海道本線(東京—品川)

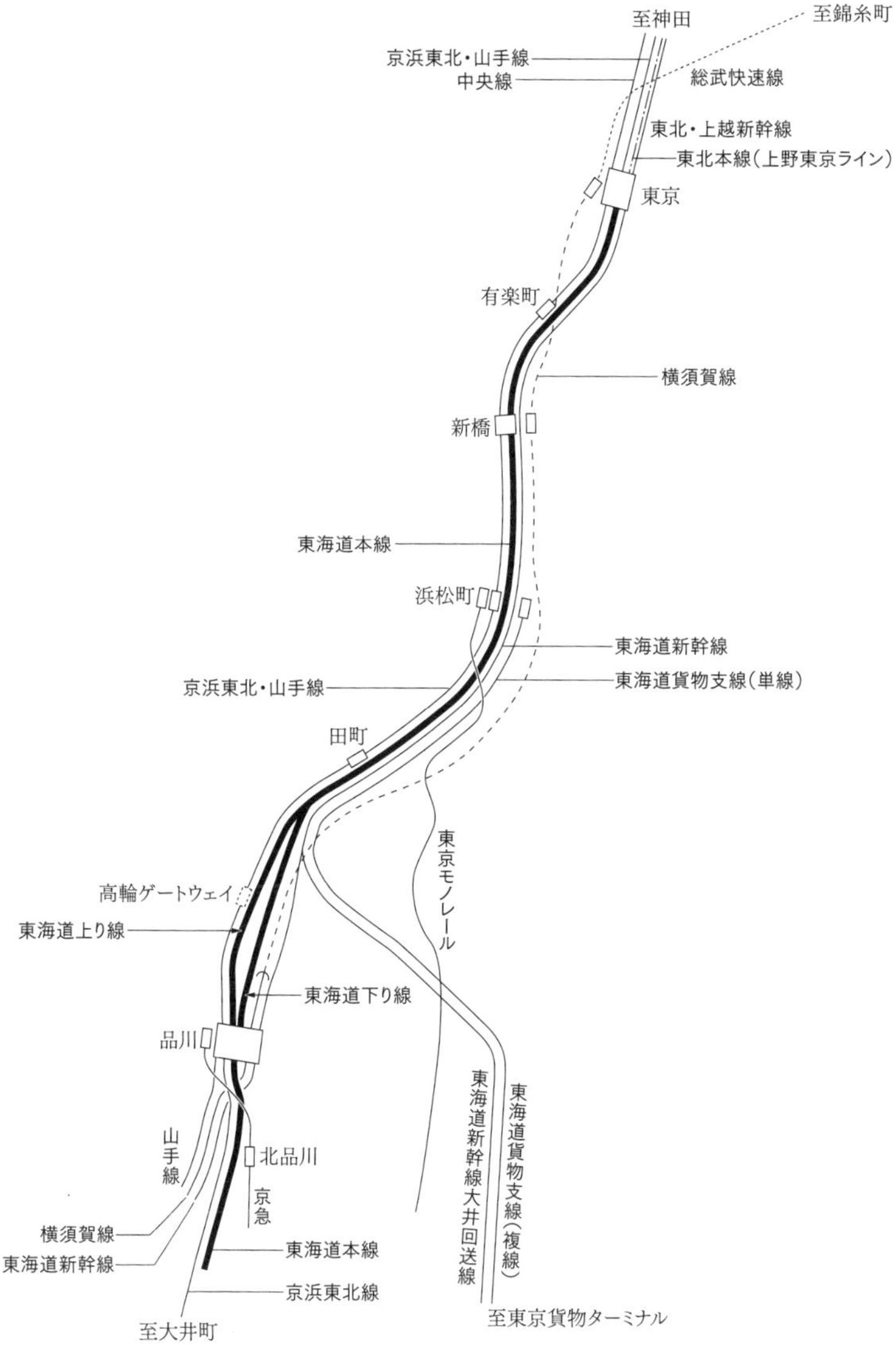
至神田
至錦糸町
京浜東北・山手線
中央線
総武快速線
東北・上越新幹線
東北本線(上野東京ライン)
東京
有楽町
横須賀線
新橋
東海道本線
浜松町
東海道新幹線
京浜東北・山手線
東海道貨物支線(単線)
田町
東京モノレール
高輪ゲートウェイ
東海道上り線
東海道下り線
品川
北品川
山手線
京急
横須賀線
東海道新幹線
東海道本線
京浜東北線
至大井町
東海道新幹線大井回送線
東海道貨物支線(複線)
至東京貨物ターミナル

JR東海道本線・京浜東北線
(品川—横浜)

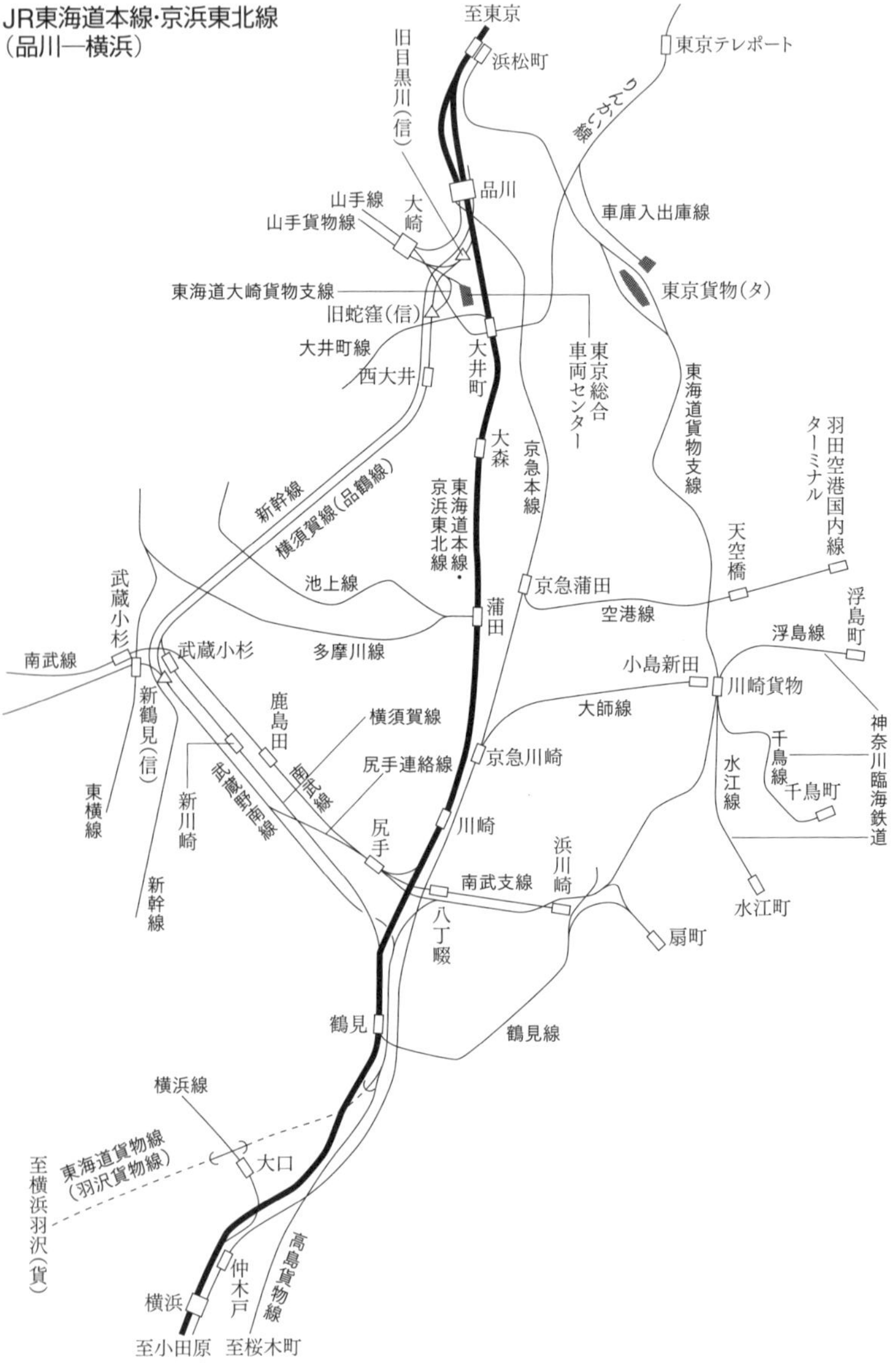
至東京
浜松町
旧目黒川(信)
東京テレポート
りんかい線
品川
山手線
大崎
山手貨物線
車庫入出庫線
東京貨物(タ)
東海道大崎貨物支線
旧蛇窪(信)
大井町線
西大井
大井町
東京総合車両センター
東海道貨物支線
大森
京急本線
羽田空港国内線ターミナル
新幹線
横須賀線(品鶴線)
東海道本線・京浜東北線
天空橋
池上線
京急蒲田
蒲田
空港線
浮島町
浮島線
武蔵小杉
南武線
武蔵小杉
多摩川線
小島新田
川崎貨物
新鶴見(信)
大師線
鹿島田
横須賀線
神奈川臨海鉄道
京急川崎
千鳥線
千鳥町
水江線
東横線
新川崎
武蔵野南線
南武線
尻手連絡線
尻手
川崎
浜川崎
南武支線
新幹線
八丁畷
水江町
扇町
鶴見
鶴見線
横浜線
東海道貨物線(羽沢貨物線)
大口
至横浜羽沢(貨)
高島貨物線
仲木戸
横浜
至小田原
至桜木町

JR東海道本線(横浜—大船)

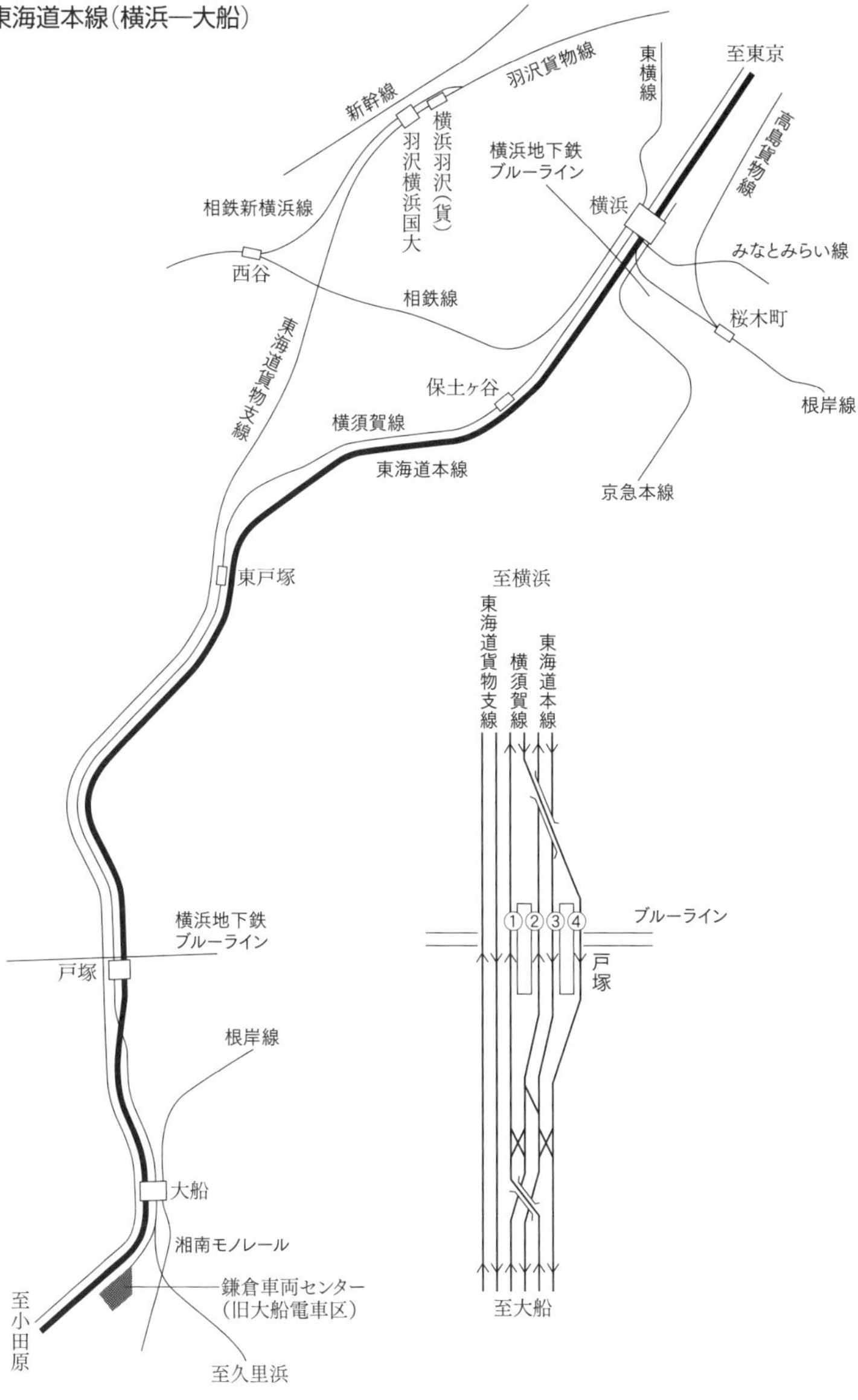
新幹線
羽沢貨物線
横浜羽沢(貨)
羽沢横浜国大
東横線
至東京
高島貨物線
横浜地下鉄
ブルーライン
相鉄新横浜線
横浜
みなとみらい線
西谷
相鉄線
桜木町
東海道貨物支線
保土ヶ谷
根岸線
横須賀線
東海道本線
京急本線
東戸塚
至横浜
東海道貨物支線
横須賀線
東海道本線
横浜地下鉄
ブルーライン
ブルーライン
①②③④
戸塚
戸塚
根岸線
大船
湘南モノレール
鎌倉車両センター
(旧大船電車区)
至小田原
至久里浜
至大船

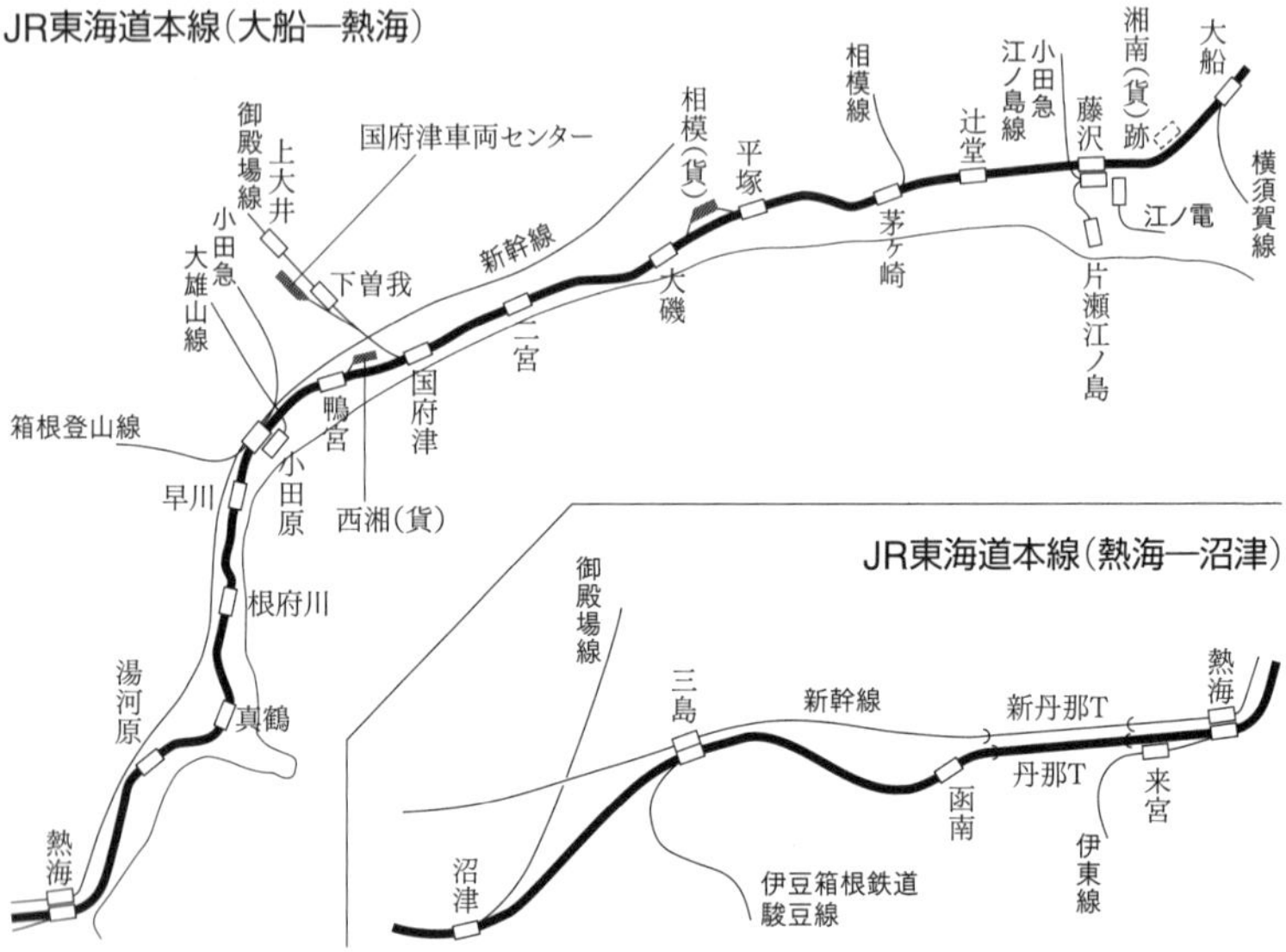

国府津《こうづ》駅で御殿場《ごてんば》線と接続している。片面ホーム1面、島式ホーム2面の3面5線で、南側の片面ホームが1番線になっている。3番線に御殿場線電車が発着している。御殿場線はJR東海の路線だが、国府津駅はJR東日本の所属である。駅を出た先からがJR東海の所属線路になる。御殿場線に並行してJR東日本の国府津車両センター（旧国府津電車区）があるが、専用の入出庫線が国府津駅まで御殿場線と並行しており、御殿場線のダイヤに遠慮せずに入出庫の回送電車を走らせることができる（国府津駅の配線は82頁）。

小田原駅の東京寄りで貨物線の下り線が旅客線を斜めに立体交差で横断している。これによって線路別複々線から方向別複々線になる。駅の東京寄りに貨物線と旅客線の渡り線があり、上り「湘南ライナー」の一部は小田原駅を出てすぐに貨物線に入る。

小田原駅からは列車線と貨物線が合流して複線になる。根府川《ねぶかわ》駅は海側の下り線が片面ホームに面した2面3線のJR形配線になっている。

熱海駅は南側に片面ホームの1番線、そして島式ホーム2面4線がある。1番線は伊東線の熱海折返の普通が発着する。島式ホーム2面4線の内側の3、4番線が副本線で、普通列車が待避するとともに、熱海始発東京行、熱海始発静岡方面行が発着する。熱海駅から静岡寄りがJR東海の路線である。東京方面からの直通はめっきり減り、ほとんどが熱海駅で乗換えである（熱海駅の配線は87頁）。

東京方面からの普通は15両編成もしくは10両編成、熱海から先、静岡方面の普通は3〜6両編成であり、別ホームでの乗換えもある。同じホームでの乗換えだったとしても、東京方面からの長い電車の前寄り車両に乗っているとかなり歩くことになる。

熱海駅からJR東海の路線になるといっても、境界は、並行する伊東線の来宮《きのみや》駅を過ぎた丹那《たんな》トンネル手前にある。来宮駅付近にJR東日本の電留線3線があるためである。

函南《かんなみ》駅は島式ホーム1面だが、旅客線の両外側に貨物列車待避用の副本線がある4線になっている。

三島《みしま》駅は島式ホーム2面4線のほかに、上り線の山側に副本線の貨物待避線がある。また、海側には伊豆箱根鉄道駿豆《すんず》線の頭端櫛形《とうたんくしがた》ホームがあり、JRの1番線のホーム中ほどから駿豆線への連絡線が分かれている（三島駅の配線は92頁）。

沼津駅は東海道本線の島式ホーム2面4線のほかに、御殿場線の島式ホームがある。静岡寄りに貨物ホームと貨物着発線があり、御殿場線に並行して電留線がある（沼津駅の配線は82頁）。

●乗客の流れは大磯駅から

平成25年度（2013）の大磯《おおいそ》→平塚間の1日当たりの乗車客数は、定期外が2万7270人、定期が3万5117人、定期比率は56％である。定期比率が低いのは、特急などに乗車する行楽客が多いためである。

平塚駅で定期外客は3627人が降りて1万5408人が乗る。定期客の降車は6259人、乗車は3万6256人である。結果、平塚→茅ヶ崎間の乗車客は定期外が3万9051人、定期客が6万4742人、定期比率は62％に増加する。平塚駅始発があるのはこのためである。

バブル終焉期の平成7年度（1995）の大磯→平塚間の乗車客は、定期外が2万8836人、定期が3

万4912人、定期比率は55%であった。定期外客の降車は3976人、乗車は1万5923人、定期客の降車は7055人、乗車は3万5087人である。平塚→茅ヶ崎間の乗車客は定期外が4万7783人、定期が6万2934人、定期比率は61%と、平成25年度と大差ない。少子高齢化の影響はさほどなく、むしろ平塚駅周辺の人口が増えて定期客が増加している。

茅ヶ崎駅でJR相模線《さがみ》への乗換客は定期外が1277人、定期が5784人、相模線からの乗換客は定期外が2997人、定期が7931人である。茅ヶ崎駅降車は定期外が3245人、定期が4448人、乗車は定期外が1万2394人、定期が3万6722人である。茅ヶ崎→辻堂《つじどう》間の乗車客は定期外が4万9920人、定期が9万6548人、定期比率は66%である。

同駅の平成7年度の相模線への乗換客は定期外が826人、定期が1984人、相模線からの乗換客は定期外が1799人、定期が7451人である。このことから、相模線沿線から東京方面への定期の乗換客はさほど増えておらず、平塚方面への結びつきが強まったことがわかる。

茅ヶ崎駅降車は定期外が4584人、定期が4873人、乗車は定期外が1万1217人、定期が3万1966人なので、茅ヶ崎→辻堂間の乗車客は定期外が4万8389人、定期が9万5494人と若干少なかった。定期比率は66%のままなので、少子高齢化現象もみられない。

藤沢駅では小田急と江ノ島電鉄（江ノ電《えのでん》）が連絡している。スイカやパスモの普及で連絡きっぷを買う定期外客はめっきり減っている。定期外の小田急への乗換客は301人、江ノ電へは3人にすぎない。これが平成7年度となると小田急へは1135人、江ノ電へは21人とそれなりにいた。

定期外の小田急からの乗換客は355人、江ノ電からの乗換客は14人と少ない。平成7年度では小田急からは2824人、江ノ電からは1799人もいた。

定期客になると連絡スイカ等の利用がカウントされる。小田急へは1万9042人、江ノ電へは1356人、小田急からは1万3785人、江ノ電からは815人いる。小田急沿線から東京方面に向かう人よりも東海道本線平塚方面から小田急に乗換えて新宿に向かう人のほうが多い。
藤沢駅降車は定期外が１万４５８１人、定期が１万４６３人、乗車は定期外が１万４５８１人、定期が２万５２４３人である。藤沢→大船間の乗車客は定期外が６万４５９８人、定期が14万３２６４人、定期比率は69％になる。

大船駅では根岸《ねぎし》線、横須賀線、湘南モノレールと連絡している。定期外客で平塚方面から大船駅下車客は７７５３人（44％）、湘南モノレールへの乗換客は０というより１年間で１人しかいない。横須賀線へは５２０２人（30％）、根岸線へは４６６４人（26％）である（カッコ内は降車比率）。

定期客では駅下車が１万２８０４人（40％）、湘南モノレールへは38人（０・１％）、横須賀線へは８９１７人（28％）、根岸線へは１万５１１０人（32％）である。

定期外での駅乗車客は１万５６９６人（43％）、湘南モノレールからは６人（０・02％）、横須賀線からは１万９４０６人（54％）、根岸線からは１１６０人（３％）である。

定期での駅乗車客は３万４６６２人（48％）、湘南モノレールからは２３５人（０・３％）、横須賀線からは３万３１０４人（46％）、根岸線からは４５２８人（６％）である。横須賀線流入客よりも駅からの乗車客のほうが多い。その多くは周辺の路線バスからの乗換客である。

大船→戸塚間は定期外が８万３２４６人、定期が18万３５２３人、定期比率は69％になる。大船駅から横須賀線の線路が加わるので、これだけの人数を運ぶことができる。

戸塚駅で横浜市営地下鉄ブルーラインと連絡する。定期外客の連絡運輸はしていない。定期客で地下鉄への乗換客は４９８４人、地下鉄からの乗換客は１万８３３人である。ビジネス街の関内《かんない》方面へは地下鉄のほうが便利だが、さほど乗換えない。関内地区の地盤沈下が要因だと思われる。

戸塚→東戸塚間は定期外が９万４７５９人、定期が22万７４３６人に増え、定期比率は71％に上がる。

統計では、横須賀線電車だけが停車する東戸塚駅や保土ヶ谷《ほどがや》駅もカウントされている。これらの駅からも漸増する。保土ヶ谷→戸塚間の乗車客は定期外が10万5530人、定期が26万4648人、定期比率は71％である。

横浜駅での降車と乗換客の人数と比率は、定期外で降車が3万6991人（85％）、東急へ381人（0・9％）、京急へ432人（1％）、相鉄《そうてつ》（相模鉄道）へ177人（0・4％）、横浜高速鉄道みなとみらい線へ126人（0・3％）、根岸線へ5327人（12％）で計4万3434人である。

定期では降車が2万8079人（35％）、東急へ1万2360人（15％）、京急へ9309人（12％）、相鉄へ5817人（7％）、横浜地下鉄へ4255人（5％）、みなとみらい線へ3901人（5％）、根岸線へ1万6682人（21％）、計8万4003人である。

定期外で横浜駅乗車は8万2865人（92％）、東急からは541人（0・6％）、京急からは924人（1％）、相鉄からは177人（0・2％）、みなとみらい線からは126人（0・1％）、根岸線からは5353人（6％）、計8万9986人である。スイカ等の普及で、他社線との乗換客については連絡きっぷ利用客だけのカウントなので、減ってしまっている。

定期では乗車が6万7377人（27％）、東急から3671人（2％）、京急から2万2998人（9％）、相鉄から5万4417人（22％）、横浜地下鉄から9451人（4％）、みなとみらい線から3176人（1％）、根岸線から8万5477人（35％）、計22万8297人である。他社線では相鉄からの乗換客がダントツで多い。令和元年（2019）に相鉄がJRに乗入れて新宿方面への直通ルートを確保したのは、この理由からである。

横浜→東神奈川間の乗車客は定期外が18万5534人、定期が41万2544人、計59万8078人にもなる。しかし、電車線である京浜東北線の複線が加わり、線路が6線（3複線）になっているから充分運べる。定期比率は69％と少し下がる。

東神奈川駅で横浜線と接続する。横浜線へは横浜方面から定期外で3万2980人、定期で4万2188人が乗換える。横浜線から東京方面へは定期外で1万670人、定期で2万7218人が乗換えてくる。このため東神奈川→新子安《しんこやす》間は定期外で16万2625

人、定期で39万５５１２人に減る。定期比率は71％と再び上がる。

　鶴見駅では東海道本線の品鶴《ひんかく》支線、つまり横須賀線電車と湘南新宿ラインの電車が分かれる。人数は定期外で１万１７９４人、定期で２万５１８６人である。意外に少ないのは、品鶴支線に乗っていても品川以北への乗客は東海道本線経由に算入されるためである。

　鶴見駅降車は定期外で９５９８人、定期で１万７２６４人、乗車は定期外で１万２８８６人、定期で３万２４３０人である。

　横浜方面から鶴見線乗換えは定期外が１１７５人、定期が９２７６人、鶴見線から東京方面は定期外が１０２５人、定期が６２４４人である。

　品鶴支線が分かれるので鶴見→川崎間は定期外で15万４０００人、定期で38万２７７１人に減る。定期比率は71％と変わらない。

　川崎駅での横浜方面から南武《なんぶ》線への乗換えは定期外が１８８２人、定期が１万６２８３人、南武線から東京方面へは定期外が４４４５人、定期が２万２２５３人と意外に少ない。

　川崎→蒲田《かまた》間は定期外で16万７６７５人、定期で40万１２７０人、定期比率は71％のままである。

　蒲田、大森、大井町の各駅で漸増し、京浜東北線北行も東海道本線も大森→品川間（東海道本線は川崎→品川間）が最混雑区間になる。１日平均の同区間の人数は定期外が20万５５１８人、定期が56万50人、計76万５５６８人である。定期比率は73％になる。

　品川駅の下車客は、定期外が１万７７８２人（24％）、京急線へ８００１人（１％）、東海道新幹線へ５３０人（０・７％）、山手線へ５万４３３７人（74％）、品鶴支線へ３２８人（０・４％）である。定期は下車が４万１７７５人（29％）、京急へ３００３人（２％）、山手線へ10万８３６人（69％）、品鶴支線へ５３８人（０・４％）である。

　一方、乗車は定期外が５万９０４４人（44％）、京急からは３０７０人（２％）、東海道新幹線からは８２５人（０・６％）、山手線からは５万４３３７人（41％）、品鶴支線からは１万６１２５人（12％）である。

　定期の乗車は４万９８８２人（24％）、京急からは３万99人（14％）、東海道新幹線から４７７４人（０・２

%)、山手線からは9万8109人(46%)、品鶴支線から3万3107人(16%)である。

品川→田町間は定期外で26万8788人、定期で53万5971人にもなるが、これは東海道本線、横須賀線、京浜東北線、山手線の4線を合計した人数である。定期比率は67%に下がる。

この先も漸増し、有楽町→東京間で定期外は30万6235人、定期で59万4897人、定期比率は66%になる。

東京駅の定期外での降車は5万2223人(17%)、東海道新幹線へは1万4774人(5%)、東北新幹線へは6247人(2%)、上越新幹線へは2992人(1%)、北陸新幹線へは1346人(0・4%)、中央線へは4万7611人(16%)、東北本線へは13万2892人(43%)、総武快速線へは3万8898人(13%)、京葉《けいよう》線へは9252人(3%)である。

定期での降車は8万3170人(14%)、東京メトロ丸ノ《まるの》内《うち》線へは1万9575人(3%)、東海道新幹線へは2520人(0・5%)、東北新幹線へは2102人(0・4%)、上越新幹線へは2611人(0・4%)、北陸新幹線へは190人(0・03%)、中央線へは4万4936人(8%)、東北本線へは34万3458人(58%)、総武快速線へは7万7187人(13%)、京葉線へは2万1668人(4%)である。

東海道本線の最混雑区間は川崎→品川間で、輸送人員は6万6780人、混雑率は191%と相当に混んでいる。1時間に19本、247両が走り、輸送力は3万5036人である。

基本編成10両+付属編成5両の15両編成だが、基本編成には2両の2階建てグリーン車が連結されている。グリーン車は輸送力に含まないことになっているので13両編成として247両が走り、輸送力は3万5036人にしている。1両の平均定員は141・8人になる。

東海道本線の車両は、国府津車両センター所属のE233系・E231系のほか、東北本線・高崎線の車両が所属する小山《おやま》車両センターの同系車両も乗入れてくる。以前は配属のセンターによってクロスシート車の連結位置が異なっていたが、現在は基本編成は両端2両、計4両がセミクロスシート車、付属編成は東京寄り2両がセミクロスシート車に統一されている。

ロングシート車は、座席部分を含む有効床面積を0・35m^2で割った数値のうち小数点以下を切り捨てて定員にする。セミクロスシート車は0・4m^2で割った数値である。

しかし、E233系やE231系のボックスシートは非常にコンパクトに造られている。0・4m^2で割るのは正確ではない。有効床面積からボックスの面積を引いたものを0・35m^2で割り、これにボックスシートの座席定員を足した数値を定員にするのが理にかなっている。これで計算すると平均定員は144・9人に、輸送力は3万5790人になり、混雑率は187%と4ポイント下がる。

混雑時間帯は7時39分から1時間である。この時間の上りは沼津発が3本、熱海発が2本、小田原発が4本、国府津発が5本、二宮《にのみや》発が2本、平塚発が2本、藤沢発が1本の計19本である。二宮始発や藤沢始発はこれらの途中駅から座れるようにするためのサービスである。

沼津発は基本編成の10両で発車し、1本は熱海駅、もう1本は平塚駅、残りの1本は国府津駅で付属編成を連結して15両編成になる。

東京止まりは1本もなく、すべて上野以遠の東北本線か高崎線に直通する。また品川発着の常磐線直通普通は東海道本線の混雑ピーク時には1本も走らない。

小田原発6時23分から国府津発7時38分の間には新宿方面への湘南新宿ラインの小田原発が2本、国府津発が1本運転される。

さらに通勤ライナーが走る。座席指定でライナー料金は520円である。「おはようライナー新宿」22号は小田原発新宿行で、特急「踊り子」用185系10両編成を使う。小田原駅発車時点で貨物線を走り、茅ヶ崎、藤沢に停車、鶴見駅で品鶴線に転線して渋谷に停車する。

小田原発品川行「湘南ライナー」4号と10号も185系10両編成を使う。この列車も貨物線を走り、茅ヶ崎、藤沢に停車、鶴見駅で品鶴線に転線して、品川駅では横須賀線ホームに滑り込む。「湘南ライナー」6号も貨物線と品鶴線を通り東京駅まで走るが、使用車両はオール2階電車の215系10両編成である。品川駅、新橋駅、東京駅は地下の横須賀線ホームである。

「湘南ライナー」8号も215系10両編成を使い、国府津、二宮、平塚に停車、茅ヶ崎駅の手前で貨物線に転線して茅ヶ崎、藤沢に停車、横須賀線（地下）の品川、新橋、東京ホームに滑り込む。

朝ラッシュのピーク前に走る「湘南ライナー」2号は185系15両編成で、全区間旅客線を走る。このため平塚―大船間は各駅に停車し、前を走る普通の後追いをするのでノロノロと走る。

ピーク後の「おはようライナー新宿」26号は「スーパービュー踊り子」用251系10両編成、「湘南ライナー」12号は185系10両編成で、ともに貨物線を走る。

「湘南ライナー」14号は185系15両編成で旅客線を走る。このため国府津駅と大船駅で前を走る普通2本を追い抜いている。貨物線と品鶴線（横須賀線）を走って遠回りする12号が小田原―東京間を83分かかっているのに対して77分と6分速い。

特急は「踊り子」号と「スーパービュー踊り子」「マリンエクスプレス踊り子」「リゾート踊り子」がある。定期運転は「踊り子」が3往復、「スーパービュー踊り子」が2往復である。

「踊り子」のうち2往復は、東京―熱海間で伊豆急下田発着と修善寺《しゅぜんじ》発着を併結する。185系10＋5の15両編成で、5両編成が修善寺発着である。

「スーパービュー踊り子」用251系は、伊豆急下田《いずきゅうしもだ》寄り1、2号車の2両と東京寄り先頭車10号車が2階建てで、1号車には前面展望グリーン席があり、1階はグリーン客専用のサロン室である。2号車の2階はグリーン席、1階はグリーン個室である。10号車の先頭部分は普通車展望席、後方の2階は普通席、1階はこども室になっている。

「スーパービュー踊り子」の停車駅は横浜、熱海、伊東、伊豆高原、伊豆熱川《あたがわ》、伊豆稲取、河津《かわづ》と、JR線内の停車駅は少ない。「踊り子」は「スーパービュー踊り子」の停車駅に加えて品川、川崎、大船、小田原、湯河原《ゆがわら》、網代《あじろ》にも停まる。

これに新宿発着の「スーパービュー踊り子」1往復が加わる。品鶴線内の武蔵小杉にも停車する。土休日は池袋発着になる。

土休日には池袋・新宿─伊豆急下田間「スーパービュー踊り子」もしくは「踊り子」が朝下りに運転される。昼と夕に「踊り子」が3往復設定されている。

不定期列車の「リゾート踊り子」は伊豆急行の「リゾート21」2100系を、「マリンエクスプレス踊り子」は「成田エクスプレス」用259系を使用する。

長年使用してきた185系を、中央線の「あずさ」「かいじ」や内・外房線の「さざなみ」「わかしお」などに使用していた257系に置き換える。令和2年春には新形のE261系「サフィール踊り子」が登場する。

これによって185系と251系は廃止される。215系もなくなる可能性があり、ライナーはすべて特急となるかもしれない。

昼間時の普通列車は、東京発でみて毎時7、17、27、37、47、57分の10分毎に運転される。このうち37分は快速「アクティー」熱海行である。停車駅は藤沢まで各駅、茅ヶ崎、平塚、国府津、小田原以遠各駅である。東京─小田原間の所要時間は71分、表定速度70・9キロである。

平塚駅で先行の普通を追越し、小田原駅ではその先を走る小田原止まりの普通と接続する。快速は平塚までの通過駅は辻堂だけだから、10分先を走る普通に追い付けないと思えるが、普通が流して走るので、川崎到着時点で快速のほうが1分速くなっている。そして先行普通は横浜駅で特急待避をするために5分停車する。そのために平塚駅で追越せるのである。

47分発と57分発は熱海行、残りは小田原行である。快速「アクティー」を含め、すべて上野東京ラインを通って東北本線・高崎線と直通している。7分発は高崎線籠原《かごはら》始発、17分発は高崎線高崎始発、27分発は東北本線宇都宮始発、37分発は東北本線小金井始発、47分発は高崎線高崎始発、57分発は東北本線宇都宮始発である。

戸塚駅から南には横須賀線直通以外の湘南新宿ラインが乗入れる。新宿を毎時0分と30分に発車している。0分発は高崎線高崎始発で小田原行の特別快速である。停車駅は渋谷、大崎、武蔵小杉、横浜（横須賀線ホームに停車）、戸塚、大船、藤沢、茅ヶ崎、平塚、国府津で、平塚駅で東京57分発の普通を追越す。

30分発は高崎線籠原始発で平塚行の普通である。

1時間当たりの普通の本数は東京―戸塚間で5本、戸塚―平塚間で7本、平塚―小田原間で6本、小田原―熱海間で3本である。東京―戸塚間では快速も各駅に停車するから6本の運転ということになる。

東京57分発は横浜駅で特急を、平塚駅で特快、根府川駅で特急を待避する。特急が運転されていないときでも特急待避と同じ時間停車している。

夕ラッシュ時下りは東京発18時台でみて8本、湘南新宿ラインは2本、それに「湘南ライナー」が1本運転される。ライナー以外は東北本線・高崎線からの直通である。

以後、「湘南ライナー」は21時30分まで30分毎に運転される。平日の東京発19時50分、20時50分、21時50分には東京始発の特快が運転される。停車駅は新橋、品川、大船、藤沢、茅ヶ崎、平塚、国府津で、横浜駅も通過する。今や唯一(3本だが)の東京始発で、東京駅から乗っても座れる電車として重宝されている。土休日は快速「アクティー」となり横浜駅にも停車する。

新宿発21時30分には「ホームライナー小田原」23号が走る。「スーパービュー踊り子」用251系を使用する。「湘南ライナー」は185系か215系である。

JR東海区間となる熱海―沼津間は、313系が主に使用されるが、211系も走る。これらはすべてロングシートである。ただし、東京発着はJR東日本のE231系かE233系の10両編成で、一部車両はセミクロスシート車である。

熱海―三島間は20~30分毎、三島―沼津間は区間運転があったり、熱海―沼津間と沼津―静岡・島田・豊橋間等が運転され、6~16分毎と運転頻度は高い。

東京発22時0分には、定期列車として唯一残った寝台特急の「サンライズ出雲《いずも》」「サンライズ瀬戸」出雲市・高松行が走る。特急券だけで乗れる指定席「ノビノビ座席」以外はすべて個室寝台である。

東海道本線内の停車駅は下りが横浜、熱海、沼津、富士、静岡、浜松で、浜松から先は姫路《ひめじ》まで客扱いをしない就寝タイムになる。姫路着は5時25分である。上りが大阪駅を0時54分に発車して就寝タイムになり、静岡、富士、沼津、熱海、横浜と停まる。東京着は7時8分と通勤のピーク前である。

他の寝台特急が走っていた時代には寝台券や座席指定券は楽に買えたが、最近は取りづらくなっている。とくに「サンライズ出雲」のほうは〝縁結びの神様〟といわれる出雲大社に詣でる女性に人気があって、すぐに満室になることが多い。

「サンライズ」用285系電車は平成9年（1997）に登場し、令和2年現在で23年目になる。そろそろ新形が必要だろう。その際には交直両用電車にして、九州地区まで乗入れてもらいたいものである。

「スーパービュー踊り子」号に代わる「サフィール踊り子」号用のE261系は8両編成で、伊豆急下田寄り1号車は山側に通路を置き海側に2人掛けの豪華な座席のプレミアムグリーン車、2、3号車が4人または6人室のグリーン個室、4号車がカフェテリア、5〜8号車がグリーン車になった豪華編成である。

大衆特急車の185系「踊り子」号に代わる中央線から転用改造されたE257系は1〜9号車の9両編成13本と10〜14号車の5両編成4本の2種があり、9両編成にグリーン車1両が連結されている。5両編成は伊豆箱根鉄道駿豆線に乗入れる。

戸塚駅付近で東海道本線と横須賀線は立体交差する。左は東海道本線電車、右は横須賀線電車

京急大師線

おしゃれな路線に変貌をとげつつある

京浜急行電鉄大師《だいし》線は京急川崎―小島新田《こじましんでん》間４・５キロの路線で、正月は川崎大師詣での客で大混雑する。

京急の前身、大師電気鉄道が明治32年（１８９９）1月に、関東初の電鉄として開通させた。最初に開通した区間は六郷橋《ろくごうばし》―大師間２・８キロ、標準軌１４３５mm軌間の路面電車線だった。ルートは六郷橋南詰を起点にして今の港町《みなとちょう》駅入口に達し、国道４０９号上を通って川崎大師駅前広場に達していた。途中に久根崎、池端停留場があった。当初は単線だったが、すぐに複線化された。

開通時から六郷橋と大師の駅はループ式になっていて、方向転換をする必要はなかった。

官鉄（のちの国鉄）川崎駅と六郷橋の間は人力車か徒歩連絡だったが、大師詣での客に大いに利用されていた。初期の電気鉄道はこのように寺社への参拝客を運ぶ目的で造られた路線が多い。京成金町《かなまち》線などもそうである。その先駆けが大師電気鉄道だった。

同年4月に京浜電気鉄道に改称、明治34年に六郷橋―大森間が開通したとき木造の仮橋の専用橋で六郷橋を渡ったが、その先は国道を走る併用軌道（路面線）だった。

明治35年（１９０２）に川崎―六郷橋間が開通した。六郷橋を出て少しの間は併用軌道だったが、その先は専用軌道だった。また川崎駅もループ線だった。38年には川崎―神奈川間が開通して、京浜間が一応全通する。

六郷橋を複線の本橋にするとともに、川崎―雑色《ぞうしき》間を専用軌道化した。このため川崎―六郷橋間は本線から切り離されて大師線の線路となった。このとき川崎駅のループ線はそのままにしていたために、本線の品川・八ツ山橋《やつやまばし》方向から大師への直通運転がスイッチバックなしで可能だった。

大正14年（１９２５）に京浜の子会社の海岸電気軌道が総持寺《そうじじ》―川崎大師間を開通して大師線と連絡し

京急大師線

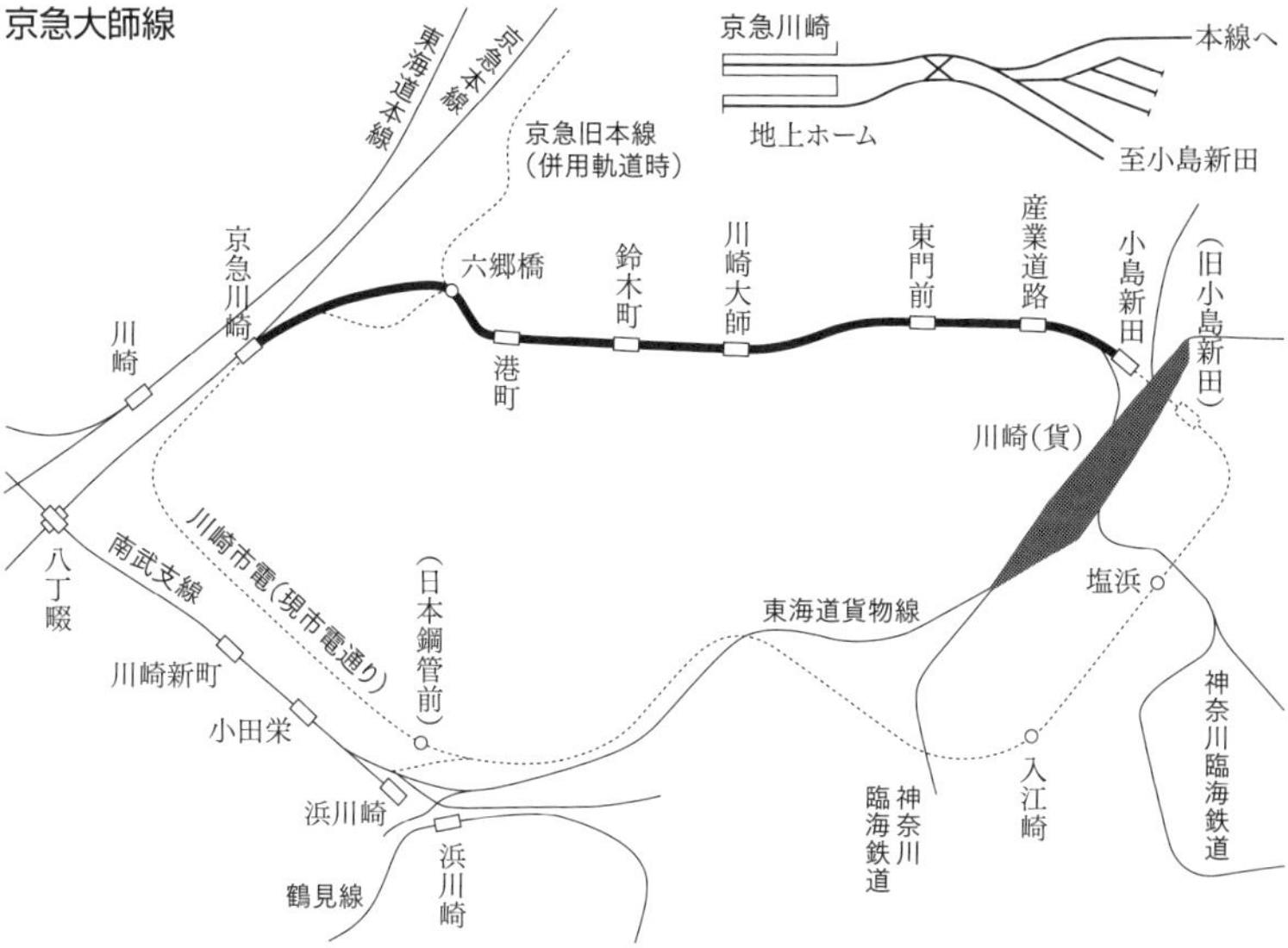

た。

昭和4年（1929）に国道409号の路面区間を解消するために、六郷橋―大師間をショートカットのルートに変更して専用軌道化した。このときコロムビア前と味《あじ》の素《もと》前の2駅が開設された。

昭和12年（1937）に産業道路の拡幅改良のために鶴見臨港鉄道軌道線（元海岸電気軌道）は廃止された。しかし、工場への従業員輸送のため川崎大師―桜《さくら》本《もと》間を大師線の延長線として復活するとともに、国鉄からの貨物列車が走れるように狭軌併設の3線軌にしていた。戦後の昭和21年（1946）に浜川崎《はまかわさき》駅から日本鋼管の専用線を経て桜本付近で大師線に入って、小島新田近くの日本冶金の工場までの貨物列車を電車運転終了後に走らせていた。さらに22年には味の素の工場まで3線軌化して貨物列車を走らせた。

その後、日本鋼管専用線は鉱滓《こうさい》運搬の邪魔であり危険なので川崎市電ルートに変更し、さらに昭和27年に桜本―塩浜《しおはま》間は川崎市電に譲渡、39年に国鉄塩浜操車場が開設されたために小島新田―塩浜間は休止、のちに廃止した。

最初に大師線として開業した路線はまったく残っていない。すべてルートを変更している。また3線区間も、味の素の製品の貨物列車による輸送が中止になって平成9年（1997）に標準軌線のみになった。

平成31年3月に産業道路駅とその前後が地下化され、令和2年春に大師橋《だいしばし》駅に改称予定である。現在、川崎大師―東門前《ひがしもんぜん》間の地下化工事が始まっている。

当初の計画では、大師線は小島新田駅を除いてすべて地下化し、京急川崎―川崎大師間は大幅にルートを変更、とくに港町―川崎大師間は国道409号の地下を通ることにしていた。これが実現すると開業時のルートにほぼ戻ることになる。

また、京急川崎―港町間はもっと大幅にルートを変更、京急川崎駅の大師線ホームは本線ホームの南側の地下で東西に広がり、JR川崎駅に近くなって乗換えが便利になる。ここから西に進んで川崎市役所付近に宮前《みやまえ》駅を設置、川崎競馬場の地下を斜めに横切って、国道409号の地下に移設された港町《みなとちょう》駅に接続する予定だった。

しかし、京急川崎―川崎大師間の連続立体交差事業による地下化は平成29年に中止となった。京急川崎―港町間を踏切で横切っている国道409号の渋滞対策については単独立体交差を検討している。

川崎大師以外に観光施設はないが、味の素は別にして大師線の多摩川寄りの工場の多くが移転し、リバーサイド地区としてマンションや商業複合施設、研究機関ができたりして、かつての工場地帯の中を走るイメージはなくなってきている。

京急川崎駅の大師線ホームは地平にあり、頭端櫛形《とうたんくしがた》ホーム2面2線になっている。本線寄りの発着線は両側にホームがあり、西側の発着線は片側しかないが頭端側に向かって扇状に広がっている。

ホームの先にシーサスポイントがあり、その先で本線への連絡線が直進、大師線は右に大きくカーブする。左手に3線の留置線がある。

少し直進するが、再び右カーブしながら掘割になる。左手は多摩川（六郷川）の堤防の法面《のりめん》になっている。国道15号第一京浜国道をくぐる。その先で右に、次いで左に曲がるS字カーブで六郷川から離れて港町駅になる。

かつての港町駅は簡素な相対式ホームだったが、現在は立派な橋上駅になっている。開設時はコロムビア前という駅名だった。六郷川寄りの日本コロムビアの工場は移転して高層マンションが建ち並んでいる。反対側の国道409号の向こう側は川崎競馬場である。川崎競馬場もリニューアルされ、かつての正面入口にはニトリや飲食店が入る商業施設ができ、ファミリー相手の川崎競馬場パークもできている。

409号の川崎駅方向は〝おけら街道〟といわれ、競馬終了後、持ち金を全部すってしまったために大師線に乗らず徒歩で川崎駅に向かう人の光景が見られる。現在でもこれは変わらないが、ファミリー層も増えて、殺伐とした雰囲気はなくなっている。

左手は味の素の工場が続く。かつては味の素を濃くしたにおいが漂い、電車の中にも入ってきたが、空気清浄と密閉技術の向上で、そんなにおいは出なくなっている。

相対式ホームで味の素前駅だった鈴木町《すずきちょう》駅を過ぎた先で、味の素の工場は途切れる。このあたりで味の素の専用線が合流してきて下り線は標準軌・狭軌の3線軌になっていたが、現在はその痕跡はわからなくなっている。

川崎大師駅は相対式ホームで、上下ホームは跨線橋もなく別々に改札口がある。上りホームの南側に駅前広場があり、その向こうに川崎大師への参道がある。その間を国道409号が横切っている。さらに同国道は左に斜めに曲がっていて大師線と平面交差している。年末年始などでは人であふれて危険な状態になっている。

川崎大師駅は東門前駅とともに地下化工事が始まっている。地下化されると参拝客は国道409号に悩まされずに、スムーズに参道に出られるようになる。

東門前駅の先で地下に潜り産業道路駅になる。ここから東側の浮島《うきしま》地区への路線バスが連絡している。

再び地上に出て地平になるとすぐにシーサスポイントがあって、少し進んで終点、小島新田駅となる。頭端島式ホーム1面2線で改札口は頭端側にある。駅を出ると歩行者専用の陸橋があり、その向こうに広がるJR川崎貨物駅のヤードを越えて浮島地区に向かうことができる。

駅周囲は駅名とは全く異なる住宅街である。江戸時代に小島六郎左衛門が干拓して新田を開いたことによる。川崎貨物駅を陸橋で渡った北側に小島新田公園があり、これが唯一の名残といえる。

通勤の流れは上下両方向にある。大師線沿線から京急本線やJR線に向かう流れと、その反対に京急本線やJR線から大師線沿線への流れである。しかし、定期は終日の乗車人員なので把握はできない。

定期外客は上下で分けられている。定期外の本線からの大師線乗換客は5657人、川崎駅乗車は6725人である。大師線から本線への乗換客は5658人、川崎駅降車は6875人となっている。

定期は京急本線と大師線間の乗換客が1万3972人、JRとは4073人、川崎駅乗降は3536人である。定期客は1往復していることから総乗降客数はこの2倍である。

京急川崎―港町間は定期外客の下りが1万2382人、上りは1万2533人、定期客は2万1581人である。定期比率は下りが64%、上りが63%である。

平成7年度の定期外の下りは1万1529人、上りは1万1196人、定期が2万5778人、定期比率は下りが69%、上りが70%だった。工場への通勤客が減り、高層マンションから品川、横浜方面へのショッピング客などが増えたことが考えられる。

港町駅の定期外は、京急川崎方面からの降車が1235人、乗車が1201人である。乗降客の差は34人と、顕著には表れていないが、1日平均で34人ということは年間で1万2410人の差になっている。この差が、競馬場ですって電車に乗らずに〝おけら街道〟を歩いて川崎駅に向かう人数といっていいだろう。

川崎大師駅の定期外の京急川崎方面からの降車客は4018人、乗車客は4116人である。100人ほどの差があるのは川崎大師への参拝で行きはバス、帰りは電車という人が多いと思われる。

川崎大師駅から各方面へのバスが出ている。このため定期の川崎方面からの乗降客は4044人と多い。

産業道路駅は3720人である。定期客が一番多いのは小島新田駅で7841人である。

小島新田駅の定期外の降車は2594人、乗車は2662人である。定期外は川崎大師駅が一番多く、次が小島新田駅である。小島新田駅の定期比率は乗降とも75％である。平成7年度は、定期外は乗降とも２６０４人、定期が１万２５００人、定期比率は83％もあった。各工場とも合理化が進んで通勤客が減ったといえる。

朝夕ラッシュ時5分、昼間時10分の運転間隔である。初詣時期は終日5分毎となり、終夜運転も行われる。競馬開催時にも5分毎に運転される。

輸送密度は5万２２１３人、輸送密度での定期比率は通勤が61％、通学が5％、定期外が34％と圧倒的な通勤路線だが、定期外のうち川崎大師への参詣客と競馬場への乗客が多くを占めている。

小島新田駅の東北方の六郷川右岸は、約40ヘクタールの「殿町《とのまち》国際戦略拠点キングスカイフロント」としてさらに再開発が進んでいく。

羽田空港関連施設でもあることから、スカイフロントを経て羽田空港への延伸も考えられる。

その場合は京急川崎駅大師線ホームを高架にして、横浜方面と羽田空港を結ぶエアポート急行・エアポート快特は大師線経由になろう。

小島新田駅に停車中の京急川崎行

湘南モノレール

行楽客にも楽しめる〝まるでジェットコースター〟

湘南《しょうなん》モノレールは大船《おおふな》―湘南江《え》の島《しま》間6・6キロの単線懸垂《けんすい》式モノレールである。かつては京急所有の有料道路だった「京浜急行線」（道路の名称）に沿って建設された。道路上にモノレールを含む「軌道」を敷設するのに必要な条件として「道路幅26m」があるが、京浜急行線は片側1車線の狭い道幅の道路である。そのため軌道、すなわち路面電車の扱いにできないことから、特別に通常の鉄道と同じ扱いで認可された。

江の島に行くには小田急江ノ島線と江ノ島電鉄があるが、東海道本線品川・横浜方面からだと、大船駅からショートカットする湘南モノレールに乗換えるのが一番便利である。

JR大船駅の2階コンコースの南口から駅ビル「ルミネウィング」横のペデストリアンデッキを進むと、湘南モノレールの大船駅に達する。櫛形ホーム2面1線で、改札口から見て左手が乗車ホームの1番ホーム、右手が降車ホームの2番ホームになっている。

ホームといっても、モノレールの軌道下の床から40cm程度の高さである。懸垂式なので駆動装置や機器類は屋根上にあり、床下は浮いている状態でなにもないから、転落しても轢《ひ》かれることはない。といっても床と車体の間はそんなに隙間はないから、伏せなければ車体に当たってしまう。

大船駅を出ると地上はバス乗り場になっている。懸垂式なので、ロープウェイに乗っているように、地上まで視界をふさぐものはない。大船行に乗ると左手の山腹に大船観音《かんのん》が見える。

S字カーブを切ってから直線になる。狭い道路の上を建物に囲まれて進む。右カーブして横須賀線を乗越して少し進むと、JR大船工場（のちの鎌倉総合車両センター）への入出庫線跡を乗越す。大船工場は平成18年に廃止されている。

その先に行違い駅の富士見町《ふじみちょう》駅がある。唯一の相対式ホームで、前後とも両側分岐になっている。

次の湘南町屋《まちや》駅は片面ホームである。三菱電機鎌倉製作所が隣接している。市街地だが緑も多い。富士山も眺望できる。

閑静な住宅地などを見下ろしながら進む。右手に大船工場跡地が広がっている。跡地は一部スポーツ広場になっているが、ほとんどは更地になっている。今後、鎌倉市役所が移転してくる予定である。

湘南深沢《ふかさわ》駅は島式ホームで、上下線とも進入側が直線になっている。駅付近はちょっとした商店街になっている。駅の先で湘南モノレール深沢車庫への入出庫線が分かれる。

道路が高くなって盛土を進み、丘に取り付いてさらに上り勾配になるのでモノレールも上り勾配になる。丘はますます高くなっていく。モノレールは道路の北側に移り、地面が高くなって、モノレールの床下まで50cmほどまで迫ってくる。

車両の下はなにもないから浮いているよ

片瀬山トンネルを抜けて目白山下駅に進入する大船行

うな気分になる。そして451mの鎌倉山トンネルに入る。天井のほうは軌道桁があるが、床下はなにもない。浮いたような状態でトンネルを抜ける。

再び、道路の上を通るようになって島式ホームの西鎌倉駅がある。駅の前後はカーブしている。

閑静な住宅街を抜ける。右側は丘になっていてモノレールと同じ高さに住宅がある。地面がせり上がってくるので、モノレールは道路の横をほぼ同じ高さで進む。片面ホームの片瀬山《かたせやま》駅はそんなところにあるので、歩道からホームへの階段の段数はわずかしかない。車椅子用のスロープも、歩行者道が高くなっているところが入口なのでさほどの傾斜はない。

駅の先では道路のほうが若干高くなるが、モノレールは急勾配で上って通常の高さになって、再び道路の上を走るようになる。

地形とともにやや下がっていき、しばらくすると道路と分かれる。そこに島式ホームの目白山下《めじろやました》駅がある。

駅の先に205mの片瀬山トンネルがあり、トンネルの上は片瀬山公園がある。トンネルを抜け、道路と直交すると終点、湘南江の島駅である。5階建て駅ビルの5階にホームがあり、改札口は4階にある。駅を降りて国道467号を渡った先に江ノ電の江ノ島駅があり、踏切を渡った先には土産物店やレストランなどが並んでいる。それを抜けると江ノ島が見えてくる。

湘南モノレールは懸垂式で、地形に沿ってアップダウンし、結構なスピードで走るので、前方や後方を眺めるとジェットコースターのようなスリルが楽しめる。のんびり走る江ノ電もいいが、行き帰りのどちらかは湘南モノレールに乗ることをお勧めする。

湘南江の島駅の乗車人員は定期外が1301人、定期が543人、定期比率は29％と低い。大船駅に向かって漸増していく。統計では定期外は下りと上りを分けて掲載している。下りは湘南江の島に向かって漸減するのは当然だが、湘南江の島の降車客は1666人と多い。行きは湘南モノレール、帰りは江ノ電か小田急利用という行楽客が結構多いと考えられる。

ともあれ、上りでみると途中駅で乗車客が多いのは、定期外は湘南町屋駅の2070人だが、定期客では西鎌倉駅の1244人である。といっても片瀬山—湘南町屋間の各駅も同程度の乗車客がある。

大船駅降車客は定期外が6652人、定期が5412人、定期比率は45％になっている。定期外の乗車客は7559人だから900人程度多い。行きは大船駅から乗って湘南江の島駅以外の中間駅で降りても、帰りはバスなどを利用する人が多いことを示している。

輸送密度は1万7357人と、1万人を超えている。輸送密度での定期比率は47％、うち通勤が35％、通学が12％である。平均乗車キロは3・5キロなので、全線乗り通す行楽客はまだまだ少ないといえる。平成20年度（2008）の輸送密度は1万4677人だったから増えている。定期比率は54％、うち通勤は34％、通学は20％だった。まさに少子化が進んでいる。

最混雑時間帯は7時11分から8時11分までと早い時間帯になっている。東京都心から遠いためである。

最混雑区間は富士見町→大船間で、輸送人員は2709人である。小形車体の3両編成が1時間に8本走る。平均定員を74人にしているので輸送力は1776人となり、混雑率は153％となっている。

しかし、湘南モノレールはクロスシート車である。クロスシート車は座席数イコール定員にすると国交省は定めている。それではあまりにも現実に合わない。

湘南モノレールの車端部は1人掛けにして立席面積を増やしている。クロスシート部分を除く有効床面積を0・35㎡で割ったものを立席定員にし、これに座席定員を足したものが、より正確な定員の計算である。そうすると先頭車の立席定員は38人、座席定員は26人なので総定員は64人になる。中間車の立席定員は53人、座席定員は36人で総定員は89人になる。3両編成の総定員は195人、平均定員は65人である。輸送力は1560人に減り、混雑率は174%と21ポイントも上がる。

朝ラッシュ時は非常に混んでいる。平成17年度の輸送人員は2854人もあり、混雑率は公表で195%もあった。このときの輸送力は1464人にしている。当時はセミクロスシートの500系を使用し、同年に立席面積が広い5000系が登場しているが、そんなに広くなったわけではない。通過両数はずっと変わらないのに混雑率は毎年変動している。

輸送力は平成22年度が1546人、23年度が1628人、24年度が1546人、25年度が1587人、28年度以降が1776人である。使用車両、編成両数、運転本数はずっと同じなのに輸送力は増えている。

平成17年度の輸送人員は2854人あったが、25年には2567人に減った。しかし、28年度は2653人、30年度は2709人と増加に転じている。深沢地区の再開発によるものと思われる。

ほぼ終日7分30秒毎の運転である。単線なので増発は難しい。増結するための行違い線の延伸も懸垂式なので難しい。行違駅を増やすというのも無理がある。今後、湘南深沢駅付近の再開発が進むとパンクする恐れがある。やるとするなら大船―湘南深沢間の複線化だろう。

営業収支は減価償却前が69・0%、償却後は104・9%と、設備投資の償却が終わっていないのでやや赤字になっている。

1日1㌔当たりの営業収入は71万6895円、営業支出は75万1193円で3万4298円の赤字である。全線6・6㌔での1日当たりの赤字額は22万6367円である。観光客が少し増えれば黒字になる数字である。

江ノ島電鉄

人気がありすぎて、行楽シーズンは都心のラッシュ並みの混雑

江ノ島《えのしま》電鉄は藤沢─鎌倉間10・0キロの単線路線である。江ノ島─腰越《こしごえ》間に道路併用区間があるものの、「軌道」ではなく「鉄道」に分類されている。途中、13の駅と1か所の信号場がある。信号場を含めた平均駅間距離は0・67キロと短い。信号場も含め行違い駅は5か所、平均行違い駅間隔は1・67キロである。

藤沢駅はJRと小田急の南口広場の向かいにある江ノ電第1ビルを通り抜けた高架にある。江ノ電第1ビルの2階は、ペデストリアンデッキでJR・小田急の2階コンコースと結ばれている。

櫛形ホーム2面1線で、改札口を背にして左側が乗車用、右側が降車用ホームになっている。1線しかないから到着して3分で折返している。

駅を出るとS字カーブを切って、西側を走る道路の中央を走るようになって35‰の急勾配で地上に降りる。次の石上《いしがみ》駅の先まで道路の中央を江ノ電の線路が通っている。かつては路面電車だったのを専用軌道にしたためである。周囲は閑静な住宅街である。

石上駅を出ても、ところどころ途切れるが基本的に両側に道路がある。片面ホームの柳小路《やなぎこうじ》駅の次の鵠沼《くげぬま》駅までずっとそうである。

鵠沼駅は島式ホームで、駅の先で左に急カーブして複線のまま境川《さかい》を渡る。以前は単線の橋梁《きょうりょう》だったが、境川の河川改修で昭和59年（1984）に駅も含め嵩《かさ》上げされて複線橋梁になった。対岸にかかる前に線路は単線になるが、橋梁自体は複線路盤になっている。複線化も視野に入れているようである。

境川を渡っても少しの間高架で進み、地面が上がってきて地平を進むようになる。湘南海岸公園駅は新江ノ島水族館や片瀬西浜海岸に近い。

線路ぎりぎりまで迫っている民家の間を抜け、視界が広がって踏切を過ぎると江ノ島駅である。相対式ホームで鎌倉寄りに3線の留置線がある。

江ノ島駅を出ると左カーブしながら併用軌道区間に

鎌倉高校前の踏切で写真を撮る中国人観光客

峰ヶ原信号場で行違い待ちをしている藤沢行

入る。今度はすぐに右カーブする。このカーブが江ノ電で一番きつい半径28mになっている。

線路の両側は、クルマが駐車してしまうと他のクルマは線路に入らない限り通り抜けができないほど狭い。500mほど併用軌道区間を走る。神戸《ごうど》川を道路とともに神戸橋で渡った先で道路を斜めに横切って専用軌道区間に戻る。

そこに片面ホームの腰越駅がある。鎌倉寄りに踏切があるためにホームの長さは3両編成ぶんしかない。藤沢寄り1両を締切りにすると併用軌道部分にはみ出してしまうから、4両編成の鎌倉寄り1両はドアを締切って停車する。

その先は、また民家が線路に迫る狭いところを走る。左に曲がると急に視野が開け、右手の国道134号越しに海が見える。国道とともに海岸沿いに進む。途中に片面ホームの鎌倉高校前駅がある。海岸沿いをなおも進む。後方遠くに富士山が見えるようになる。

やや左に曲がったところに行違い用の峰《みね》ヶ《が》原《はら》信号場がある。この先は数軒の建物にさえぎられて海が見えなくなる。その先一瞬だけ海岸べりに出るが、すぐに海岸沿いに通っている国道134号と斜めに進む小道と並走するようになる。峰ヶ原信号場―稲村《いなむら》ヶ《が》崎《さき》間は複線だったが、太平洋戦争中に鉄の供出のために単線化された。並行する小道が元の線路跡である。

片面ホームの七里《しちり》ヶ《が》浜《はま》駅があり、同駅の鎌倉寄りで行合《ゆきあい》川を渡る。大きく右カーブして、再び国道134号と並行する。陸側には七里ヶ浜高校があるので、七里ヶ浜駅は登下校時に生徒で混みあう。七里ヶ浜高校の東側に鎌倉プリンスホテルがある。海岸側には江ノ電の資材置き場がある。ここが行合駅跡である。

それを過ぎると、また国道と離れて斜めに進む小道と並行するようになり、海が見えなくなってしまう。この小道も線路跡である。

稲村ヶ崎駅は島式ホームの行違い駅である。上り藤沢行の1番線は鎌倉から来て同駅で折返ができるように鎌倉寄りにも出発信号機がある。海は見えなくなったが、100mほど歩けば海岸に行ける。駅名の由来になった稲村ヶ崎は海岸に沿って東に少し行ったところにある。

江ノ電は海から完全に離れて住宅街の中を進む。左手から引上線が並行してから極楽寺検車区《ごくらくじ》がある。鎌倉方面から来た電車はそのまま引上線に入ってスイッチバックして車庫に入る。藤沢駅からは一度極楽寺駅に停車してからバックして引上線に入る。

極楽寺駅は片面ホームだが、藤沢寄りに出発信号機があって、先述したように藤沢方面から来て車庫に入る電車はここでバックする。

駅の東側は地面が上がっているために掘割になっている。駅名になった極楽寺は駅の山側にあり、海側にはアジサイで有名な普明山法立寺成就院がある。同寺からは由比ヶ浜《ゆいがはま》など鎌倉の海が眺められる。

江ノ電は唯一のトンネルである209mの極楽寺トンネルに入る。抜けると37%の下り勾配で進む。通称権五郎《ごんごろう》神社と呼ばれる御霊《ごりょう》神社への参道と交差する踏切がある。山側の神社側に鳥居がある。

長谷《はせ》駅は相対式ホームで上り1番線が直線になっている。鎌倉大仏がある高徳院《こうとくいん》は山側に700m行ったところにある。

鎌倉の市街地を進む。由比ヶ浜駅と和田塚《わだづか》駅は片面ホームである。JR横須賀線が見えてきて、突き当たりの手前で左カーブすると江ノ電の鎌倉駅である。

頭端櫛形ホーム2面2線で、横須賀線と連番の3〜5番ホームになっている。通常は3、4番ホームに挟まれた1番線線路で発着する。このとき4番ホームは降車用、3番ホームが乗車用である。

藤沢駅乗車は定期外が6218人、定期が4379人で定期比率は41%である。観光路線であるとともに〝町内電車〟として利用されている。沿線の道路は狭く、国道134号は万年渋滞だから、沿線内での移動は電車のほうが便利なのである。

藤沢駅から漸減していく。定期外は鎌倉高校前—七里ヶ浜間、定期は七里ヶ浜—稲村ヶ崎間が乗車客数が一番少なく、再び漸増していく。

鎌倉駅の降車客は定期外が7986人、定期が3000人で、定期比率は27%と藤沢駅よりももっと低くなっている。〝町内電車〟としての利用度が藤沢駅よりも大きいからである。

平成28年度の輸送密度は1万9364人と2万人近い。輸送密度での定期比率は34%、うち通勤が19%、通学が15%である。通学生が多いと思われがちだが通勤客も多い。

平均乗車キロは3・7㌔と短い。〝町内電車〟として足がわりに利用されているのである。

平成30年度の朝ラッシュ時の最混雑区間は藤沢→石上間である。石上駅付近に学校や大きな商業施設はないが、平成25年度のデータを見ると定期客の藤沢駅から石上駅降車は40人、藤沢方面乗車は24人なので、石上→柳小路間の乗車客が16人減ることで最混雑区間になっている。

定期客のうち降車で一番多いのは七里ヶ浜駅の809人、次いで鎌倉高校前駅の616人で、両駅とも高校の通学生のためである。藤沢駅から朝ラッシュ時に空くのは七里ヶ浜駅から先ということである。

鎌倉駅からの降車で一番多いのは稲村ヶ崎駅の676人、次いで江ノ島駅の621人である。七里ヶ浜駅は3位の518人、4位は長谷駅の495人、鎌倉高校前駅は249人である。鎌倉からの定期運賃は七里ヶ浜駅で降りるよりも稲村ヶ崎駅までのほうが安くなるから稲村ヶ崎駅までの通学定期を持つ生徒もいるということである。鎌倉高校の通学生利用は鎌倉駅方面からは少ないことがわかる。

ともあれ朝ラッシュ時の藤沢→石上間の輸送人員は1375人である。小形車体の4両編成が1時間に5本走り、輸送力は1500人としているので、平均定員は75人、混雑率は92%となっている。

しかし、厳密に有効床面積を算出して0・35㎡で割った平均定員は65人である。輸送力は1300人に減り、混雑率は106%と100%を超える。

最混雑時間帯は7時10分から8時10分と早い。

ほぼ終日にわたって12分毎の運転である。朝ラッシュ時は充分足りているが、行楽期の土休日は観光客が殺到して超満員になる。しかしこれ以上の増発、増結はできない。かつて2両編成が最大だったとき、そのすぐ後ろを単行（1両）電車が続行運転していた。これは朝ラッシュ時の片方向だけで行っていた手法なので、閑散時の全区間で混んでいるときには使えない。

藤沢―江ノ島間と長谷―鎌倉間を複線化することも考えられるが、これは簡単にできるものではない。

10分毎にするためには石上駅と鎌倉高校前、極楽寺、由比ヶ浜を行違い駅にするほかに、七里ヶ浜―稲村ヶ崎間にある行合駅跡を行違い用信号場にする必要がある。石上駅は藤沢駅から連続する高架にすれば可能である。鎌倉高校前も国道を浜側に移設すれば用地は確保できる。極楽寺駅は車庫線を下り線として流用することで可能である。由比ヶ浜駅は用地買収が必要である。

快速の設定もいい。20分サイクルに普通と快速を各1本走らせる。快速を走らせる目的は行違いタイミングをよくすることである。各駅に停車していてはどうしても行違いができないのを、通過することによって20分間に快速と普通を走らせるようにする。

この場合は極楽寺検車区の車庫線を行違い線にする必要がある。快速の停車駅は長谷、稲村ヶ崎、七里ヶ浜、鎌倉高校前、江ノ島、鵠沼にすればいい。これによって輸送力が増強できる。平日はともかく、行楽期の土休日は快速と普通による20分サイクルがいい。

営業収支は償却前で73・3%、償却後で87・8%である。１日１キロ当たりの営業収入は92万６５１０円、営業経費は81万３１８６円で、11万３３２４円の黒字である。全線では１１１３万３２４０円の黒字になる。

江ノ島—腰越間の路面区間を走る藤沢行

JR御殿場線

快速の運転を望みたい

JR東海の御殿場《ごてんば》線は国府津《こうづ》—沼津《ぬまづ》間60・2キロの単線電化路線である。国府津駅で東海道本線と接続するが、国鉄分割民営化後も走っていた東京—山北《やまきた》間と沼津—小田原間の直通電車は平成24年になくなってしまった。

松田《まつだ》駅で小田急小田原線からの連絡線が接続し、小田急の特急「ふじさん」が御殿場駅まで乗入れている。平成3年に急行「あさぎり」（小田急線内は特急）を特急に格上げして、JR東海も専用の371系電車を登場させて、新宿—沼津間で相互直通運転を開始した。これも平成24年で終了し、以後は小田急の60000形MSE車による片乗入れになった。しかも運転区間は新宿—御殿場間に縮小した。そして平成30年に「ふじさん」に改称した。

沼津駅でも東海道本線と接続する。こちらは同じJR東海区間なので直通運転は頻繁に行われている。

多くの駅で行違いができる。できない駅は相模金《さがみかね》子、東山北《ひがしやまきた》、南御殿場、長泉《ながいずみ》なめり、大岡《おおおか》の5駅だけである。現東海道本線の国府津—沼津間が開通する前は御殿場経由が東海道本線だったので、複線用地がある。

国府津駅は3番線が御殿場線の発着線になっている。大きく右カーブしてから相模金子駅までずっと直線で進む。平均勾配は10‰である。JR東日本の国府津車両センターまで入出庫線が並行するので、あたかも複線のように見えるが別々である。

左側は車両基地、反対の右側は梅林になっている。基地をはずれると住宅地と梅林が混在する。春になると梅の花が咲き乱れる。

相模金子駅の先で右に緩く曲がる。川音川を渡り、小田急線を越えると右手から小田急連絡線が合流してきて松田駅となる。

松田駅はJR形配線だが、片面ホームの1番線は小田急連絡線につながっており、上下の特急「ふじさ

JR御殿場線

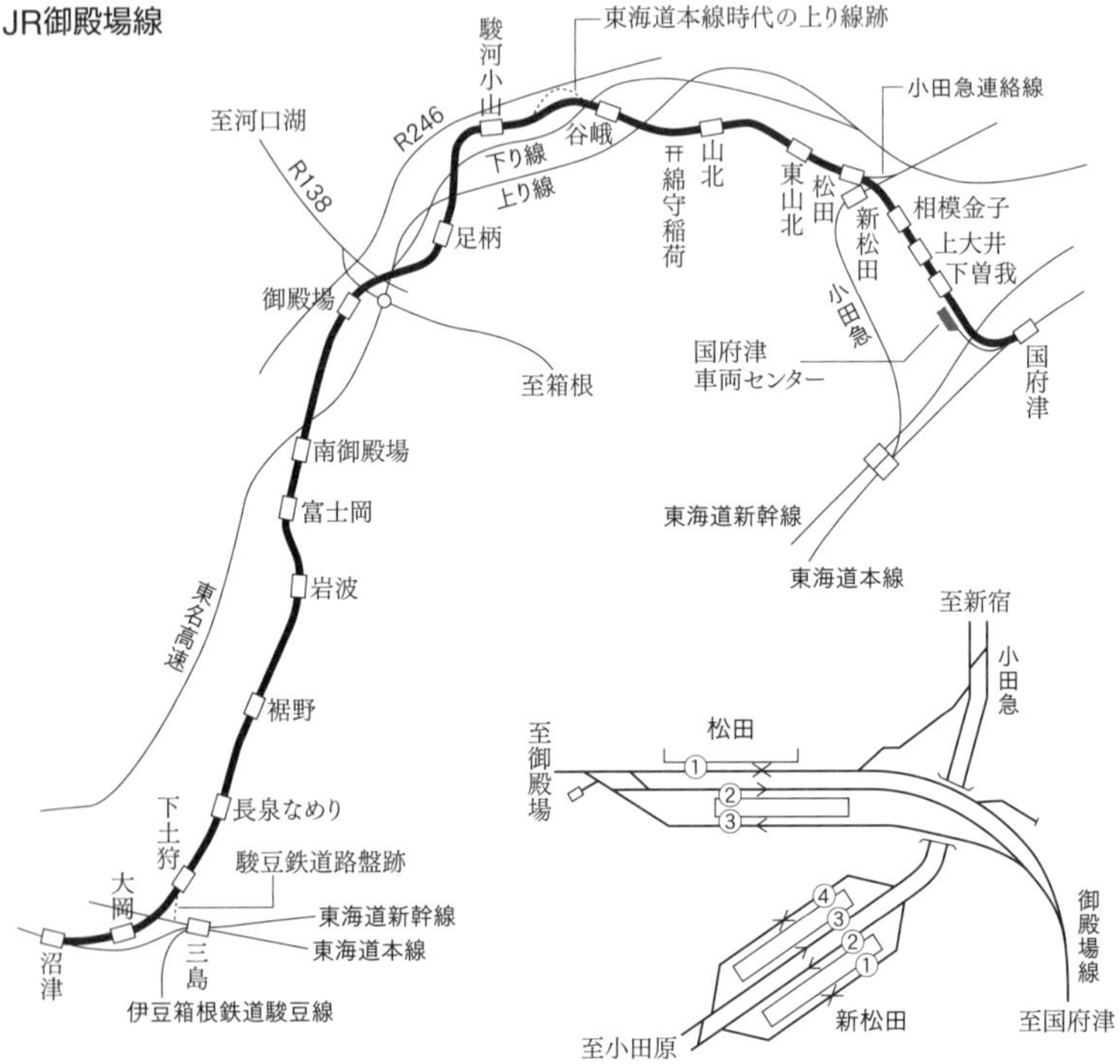
東海道本線時代の上り線跡
駿河小山
至河口湖
R246
R138
下り線
上り線
谷峨
山北
开綿守稲荷
東山北
松田
小田急連絡線
相模金子
新松田
上大井
下曽我
足柄
御殿場
至箱根
小田急
国府津車両センター
国府津
南御殿場
富士岡
岩波
東海道新幹線
東海道本線
東名高速
裾野
長泉なめり
下土狩
駿豆鉄道路盤跡
大岡
東海道新幹線
東海道本線
沼津
三島
伊豆箱根鉄道駿豆線
至新宿
小田急
至御殿場
松田
①
②
③
④
③
②
①
御殿場線
至国府津
新松田
至小田原

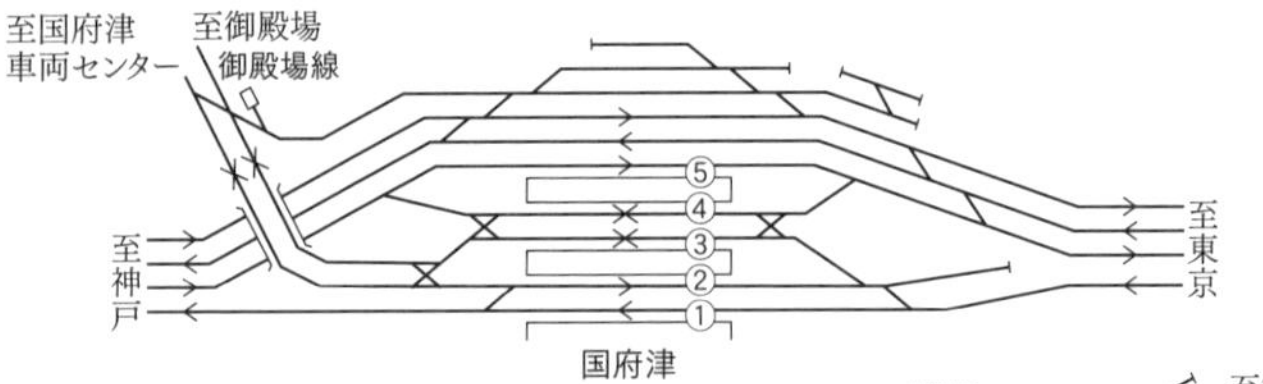
至国府津車両センター
至御殿場
御殿場線
⑤
④
③
②
①
至神戸
至東京
国府津

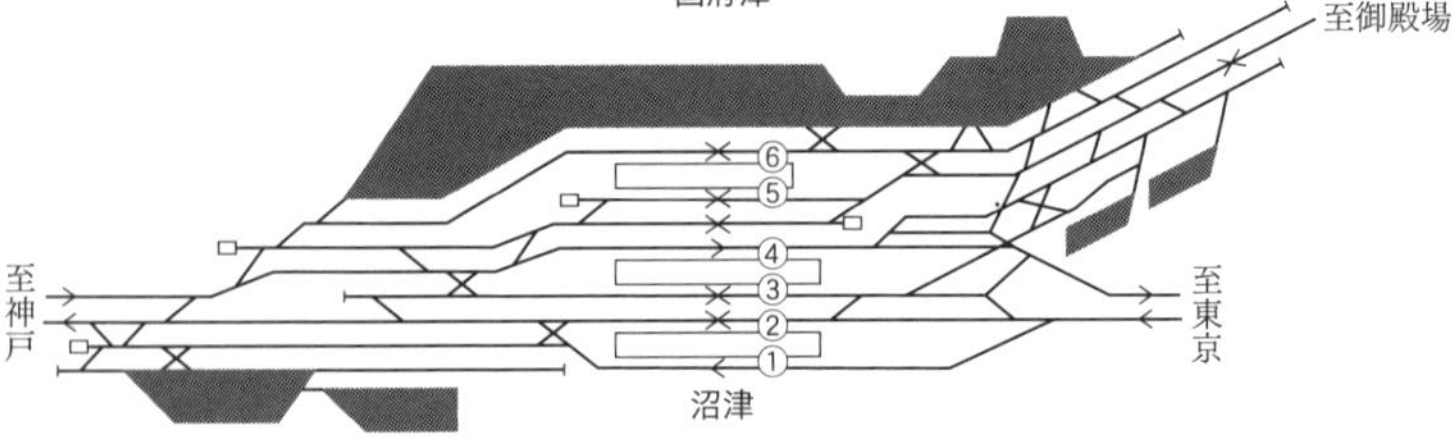
至御殿場
⑥
⑤
④
③
②
①
至神戸
至東京
沼津

東山北―山北間を走る沼津行

ん」の発着線になっている。普通列車は2、3番線に停車する。国府津寄りは盛土、沼津寄りは地平であり、片面ホームの1番線の沼津寄り端は地平にある。島式ホームの2、3番は国府津寄りにずれている。盛土になっている国府津寄りにある地上への階段を降りると南口があってロマンス通りに出られる。その向かいに小田急新松田駅がある。

酒匂《さかわ》川と国道246号に挟まれて進む。勾配はまだ平均10‰と緩い。東山北駅付近で酒匂川と分かれ、山北の市街地を進む。

山北駅を過ぎると、酒匂川が刻んだ谷あいを進むようになる。酒匂川を3回渡り、トンネルを三つくぐる。勾配は最大25‰となり、最小半径360mの急カーブが連続する。谷峨《やが》駅の先から25‰の連続急勾配になる。酒匂川の支流を渡り、トンネルを四つくぐる。駿河《するが》小山《おやま》駅の先で大きく左に曲がると富士山の姿が見えだす。

山が遠くなり、高原の雰囲気になってほっとする。しかし、25‰の連続勾配、最小曲線半径400mのカーブの連続で進んでいる。御殿場の市街地に入ると勾配は10‰に緩み直線になる。

御殿場駅はJR形配線で、すべての発着線から両方向に出発できる。同駅の標高は455・4mである。

御殿場駅を峠にして、今度は最大25‰の下り勾配になる。カーブもきついが富士山の裾野を進んでいるのでそんな感じはしない。富士山が見え隠れし、国道246号や東名高速道路、新東名を右手に見ながら進む。こちらは高原という雰囲気ではなく、市街地と林が混在する。246号沿いは有名チェーン店が林立している。

岩波《いわなみ》駅を最寄駅とする大規模レジャー施設「御殿場高原時之栖《ときのすみか》」へはタクシーで5分である。無料シャトルバスは御殿場駅と三島駅から出ている。

市街地に入り、下土狩《しもとがり》駅から勾配が緩み、東海道新幹線、国道1号をくぐる。両側を電留線に囲まれると沼津駅である。

沼津駅では島式ホームの5、6番線が御殿場線専用の発着線である。東海道本線の3番線から御殿場線に直通できる。御殿場線からは3番線のほかに2番線からも直通できる。

御殿場駅は富士山への南の玄関駅であり、箱根への北の玄関駅でもある。また、東側に「御殿場プレミアム・アウトレット」がある。観光客は多いが、それを運ぶ目的で運転されているのは小田急ロマンスカーによる特急「ふじさん」しかない。

快速電車は1本もないし、走っているのは全車ロングシート車である。これは、朝夕ラッシュ時に国府津・沼津の両方向で高校生の通学輸送と通勤輸送で混んでいるためである。

そうはいっても、行楽客が乗るにはクロスシートである。313系2両編成と3両編成のせめて各1両はクロスシートにしてほしいものである。

特急「ふじさん」は平日3往復、休日4往復、それに不定期1往復が運転され、御殿場線内の停車駅は休平日の1往復と不定期1往復がノンストップ、その他は駿河小山駅に停車する。最速の所要時間は24分、表定速度63・3キロである。

朝ラッシュ時の沼津方向は16～20分毎に運転され、313系と211系を連結する4、5両編成が使用されている。国府津方向はおおむね30分毎で3～5両編成が走っている。

昼間時は国府津―御殿場間はおおむね1時間毎、御殿場―沼津間はおおむね30分毎である。

夕ラッシュ時は30～50分毎に3～5両編成が走る。夜間には翌日の朝ラッシュ時に備えて、313系と211系による5両編成を御殿場駅に向かって走らせている。

沼津側から御殿場への快速電車が欲しいところである。快速電車は新幹線と連絡するのがいい。そのためには静岡駅発着ということになるが、これでは時間がかかりすぎる。

「ひかり」の一部が停まる三島駅発着にする。上下「ひかり」と接続して沼津駅でスイッチバックして御殿場に向かい、沼津―御殿場間の停車駅は「御殿場高原時之栖」の最寄駅の岩波駅とし、使用車両は3扉転換クロスシートの313系がいい。

国府津側にも313系転換クロスシート車を使った快速も欲しいところである。停車駅は松田、山北、駿河小山とするが、梅の花の季節には下曽我《しもそが》駅にも停車させればいい。

谷峨付近の20.0‰勾配区間を走る313系

ＪＲ伊東線・伊豆急行

さほど豪華でなくても、新しいリゾート列車がほしい

ＪＲ伊東《いとう》線は熱海―伊東間16・9キロの路線で、熱海―来宮《きのみや》間が複線、他は単線である。伊豆急行《いずきゅうこう》は伊東―伊豆急下田《いずきゅうしもだ》間45・7キロの単線路線である。

基本的に両線は一体運行されている。東京―伊豆急下田間の定期特急はすべてＪＲの車両、熱海―伊豆急下田間の普通は伊豆急車両を使用する。不定期特急のなかには伊豆急の車両を使うものもある。また、東京―伊東間の直通普通はＪＲ車両である。

伊豆急行を走るＪＲ車両の延べ走行キロは平成28年度で２６０万１０００キロ、伊豆急行車両のＪＲ線走行キロは延べ２１５万４０００キロである。

熱海駅では伊東線の普通電車は1番線で発着する。特急と東京発着の普通は、下りは2、3番線、上りは4番線から発着する。

熱海駅を出ると野中山トンネルに入る。もともとは東海道本線用だったが伊東線に転用して、東海道本線には新たに新野中山トンネルを掘った。野中山トンネルを出ると島式ホームの来宮駅がある。東海道本線も並行しているがホームはなく来宮駅を通過する。しかし東海道本線の電留線が置かれている。

単線になり左に半径４００ｍで大きくカーブして９５２ｍの大口トンネル、続いて１１９５ｍの不動トンネルを抜ける。左手に網代《あじろ》湾を見下ろし、右手にみかん山を見ながら最急勾配25‰で下っていく。

伊豆多賀《たが》駅は相対式ホーム2面2線の行違い駅である。駅の先で短い多賀トンネルを抜け、線路が下っていくので、見下ろしていた網代湾が目の高さに近寄ってくる。短い新小山トンネルを抜ける。左手には使用されていない小山トンネルがある。

トンネルを出てすぐに島式ホームの網代駅がある。標高は11・1ｍ、ホームは大きく右カーブしている。駅を出てすぐに新宇佐美トンネルに入る。やはり左手に使用されていない（旧）宇佐美トンネルがある。

新宇佐美トンネルは２９１９ｍの長さがあり、当初

JR伊東線・伊豆急行

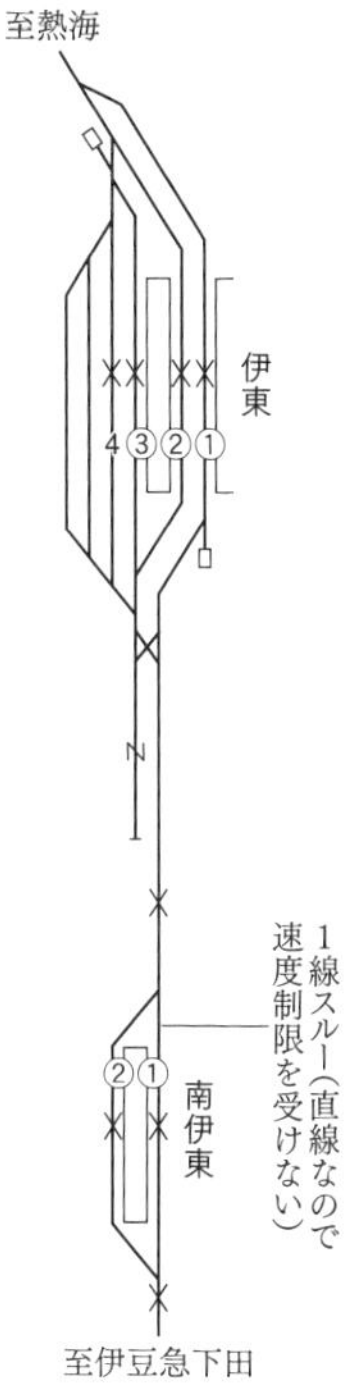
至熱海
伊東
4 ③ ② ①
1線スルー（直線なので速度制限を受けない）
② ①
南伊東
至伊豆急下田

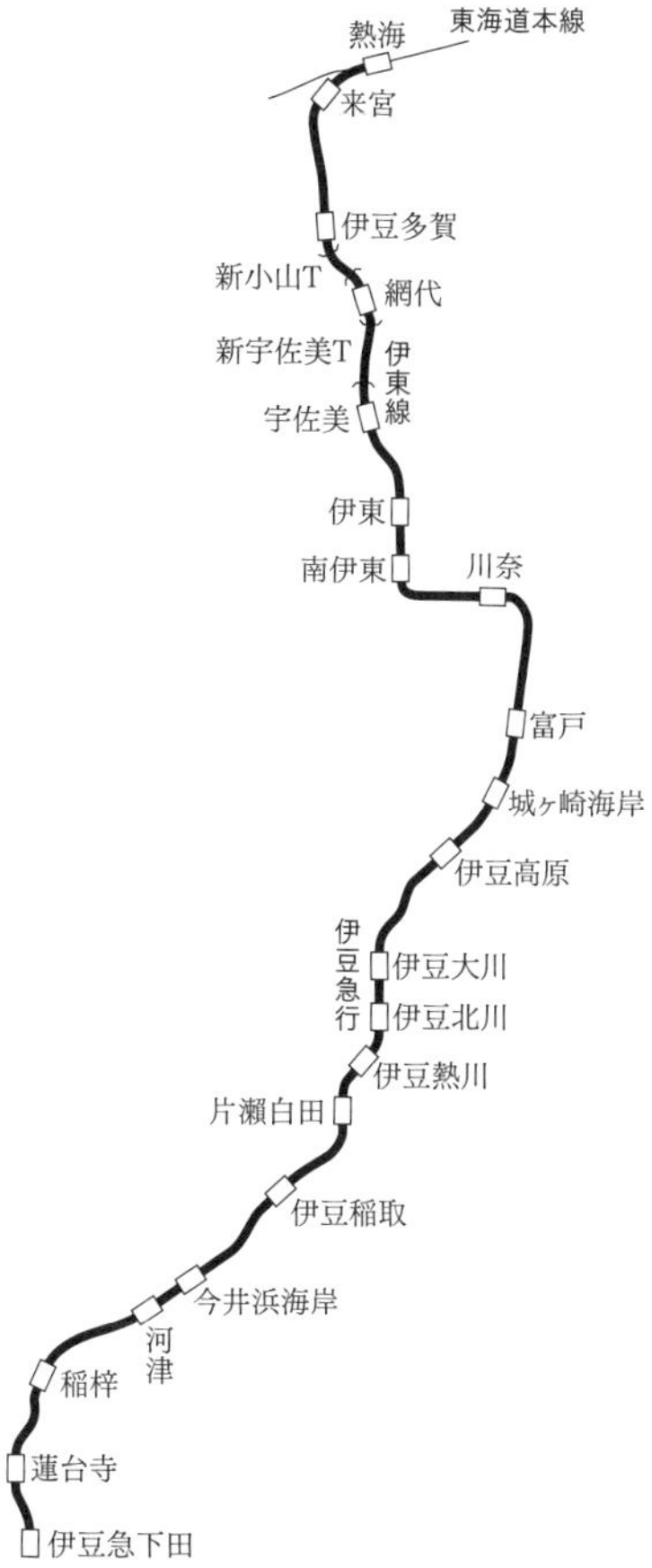
熱海
東海道本線
来宮
伊豆多賀
新小山T
網代
新宇佐美T
伊東線
宇佐美
伊東
南伊東
川奈
富戸
城ヶ崎海岸
伊豆高原
伊豆急行
伊豆大川
伊豆北川
伊豆熱川
片瀬白田
伊豆稲取
今井浜海岸
河津
稲梓
蓮台寺
伊豆急下田

至伊東
③ ② ①
伊豆急下田

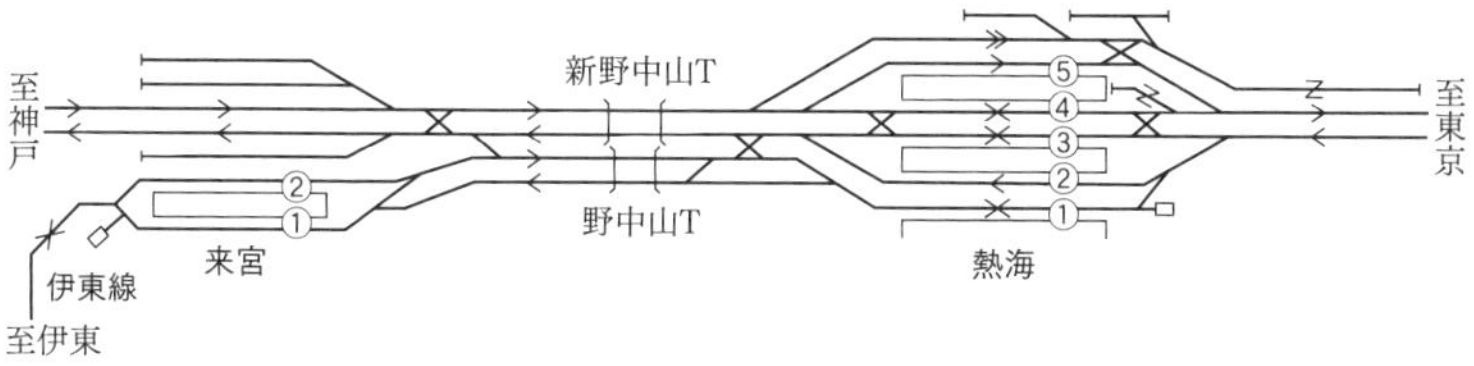
至神戸
新野中山T
⑤
④
③
②
①
至東京
② ①
野中山T
来宮
熱海
伊東線
至伊東

14‰の上り勾配で進み、３分の2ほど進むと３‰の下り勾配になっている、いわゆる拝み勾配である。拝み勾配とは両手の指先を合わせたような上下勾配になっているものを指しており、トンネル内の水はけをよくするための構造である。

トンネルを出ると25‰で下って相対式ホームの宇佐美駅となる。直線なので見通しがいい。標高は12・2ｍである。

海岸に沿って走る国道１３５号から少し離れた盛土を並行して南下する。このためカーブが多いが、国道を走るクルマよりも海岸の眺めはいい。

伊東駅はＪＲ形配線に着発留置線が1線、留置線が2線、そして伊豆急下田寄りに引上線がある。

伊豆急行線に入ってすぐに１６３ｍの松原トンネル、続いて４０５ｍの水道山トンネルを抜け、盛土になって島式ホームの南伊東駅となる。下り線が直線の一線スルー駅である。特急などが直線側を通過して、速度を落とさずにすむ構造を一線スルー駅という。

高架で左に大きくカーブする。南伊東駅の先からずっと25‰の上り勾配で進む。市街地を抜け、伊東大川を松川橋梁で渡る。その先、泉川橋梁を渡った先で１１２ｍの万畑トンネルに入る。

トンネルの前後を含むトンネルの上の山は住宅地になっている。相対式ホームで1線スルーの川奈《かわな》駅はそんな住宅街の中にある。

駅を過ぎると林の中を走るようになる。57ｍの川奈第1、17ｍの川奈第2、１７４ｍの川奈第3の三つのトンネルを抜ける。木々の間の遠くに海がちらっと見える。1線スルーで相対式ホームの富戸《ふと》駅、その先で１２０６ｍの富戸トンネルをくぐる。城ヶ崎《じょうがさき》海岸駅には、ログハウス風の駅舎と「城ヶ崎海岸ぽっぽの湯」と呼ばれる足湯が置かれている。

別荘や民家が多くなると、ＪＲ形配線の伊豆《いず》高原《こうげん》駅となる。伊豆急の要《かなめ》の駅で車庫が隣接している。

この先でようやく海岸べりを走るようになり、海に大きく浮かぶ伊豆大島やや小さめの新島《にいじま》、もっと小さい利島《としま》などが見えるようになる。しかし、トンネルも多い。

伊豆大川駅は相対式ホームの1線スルー駅、伊豆北《ほっ》川《かわ》駅は片面ホームである。次の伊豆熱川《あたがわ》駅はトンネル

伊豆熱川駅で行違いをするリゾート21（手前）とスーパービュー踊り子（奥）

の間にある高架駅で、特急も停まるため1線スルーにする必要がないから、前後とも両側分岐の島式ホームである。「熱川バナナワニ園」がすぐ近くにある。海岸までは急な坂道を下る。

1277mの熱川トンネルを抜け、白田《しらた》川を渡ると高架の相対式ホームで1線スルーの片瀬《かたせ》白田《しらた》駅がある。ここからは海岸べりを走る。

伊豆稲取《いなとり》駅はやや内陸に入ったところにある。同駅も特急が停まるために両側分岐の相対式ホームになっている。

トンネルを抜けると少し海岸べりを通るが再びトンネルの連続になる。今井《いまい》浜《はま》海岸駅は片面ホームで、海を見下ろせる。

次の河津《かわづ》駅も両側分岐の相対式ホームで、伊豆急下田寄りにある河津川畔に早咲きの河津桜が植えられている。

伊豆急で一番長い2796mの谷津トンネルを抜ける。稲梓《いなずさ》駅は内陸の高台にあり、伊豆急下田寄りは左にカーブしているものの上り線がスルー線になっている。伊東寄りは両側分岐である。

高い橋梁で谷を渡り、山すそを進む。蓮台寺《れんだいじ》駅は島式ホームの1線スルー駅である。

下り勾配になって街中に入ると伊豆急下田駅である。頭端櫛形ホーム2面3線のほかに3線の留置線がある。

熱海—伊豆急下田間で特急の停車駅は「スーパービュー踊り子」が伊東、伊豆高原、伊豆熱川、伊豆稲取、河津、「踊り子」はこれに網代が加わる。

特急はさほど速くない。単線で運転本数が多くて各駅で行違いをするからである。唯一、「踊り子」107号が伊豆高原駅で普通を追越しているだけで、他の特急は普通を追越さない。

前述のように、東海道本線直通以外の普通は伊豆急車両を使う。8000系と2100系「リゾート21」がある。「リゾート21」は7両編成でオールクロスシート、先頭車は展望車になっている。

うち1編成は「アルファ・リゾート21」として、より豪華に改造しており、ロイヤルボックス車を連結した8両編成で不定期特急「リゾート踊り子」として走る。他の「リゾート21」2本もロイヤルボックス車を連結して特急「リゾート踊り子」に使用されることもある。ロイヤルボックス車乗車にはグリーン料金が必要である。

8000系は東急田園都市線から移籍してきた車両で3両編成15本がある。各車両とも海側がクロスシート、山側がロングシートに改造されている。海側がクロスシートなのは、観光客が海の景色を楽しめるようにしたためである。

伊東線を走る普通は8000系の6両編成かリゾート21の7両編成を使用する。3両編成は伊東線で走らないので、伊東駅で接続するか、伊豆高原以南は3両編成とし伊豆高原駅で3両を増解結する。

伊豆急行の輸送密度は6199人、輸送密度での定期比率は通勤が10％、通学が7％の計17％である。平均乗車キロは21・1㌔と長い。観光客が大半を占めている。

営業収支は償却前で70・3％、償却後で89・4％である。1日1㌔当たり営業経費は21万5704円、営業収入は24万1228円、収益は2万5524円の黒字、全線で116万6447円の黒字である。

伊豆箱根鉄道駿豆線

観光客を呼べる車両がほしいところ

伊豆箱根鉄道駿豆《すんず》線は三島《みしま》―修善寺《しゅぜんじ》間19・8キロの単線路線で、三島駅で東海道本線と接続して東京発着の特急「踊り子」が直通している。

三島駅はJRの南側に頭端櫛形ホーム2面3線がある。発着線番号は、南側から始まるJRの1〜4番線と連番になっているが、なぜか南側から7番線が始まって、9番線がJR側になっている。

JRの1番線の中央付近から、駿豆線との間にある下り1番線と平面交差して下り2番線につながっている。そして下り2番線は駿豆線の9番線との間に渡り線がある。特急「踊り子」はここを通って駿豆線へ直通運転をする。

三島駅を出ると3・5‰の下り勾配を左に大きく曲がりながら進む。周囲は三島の市街地である。今度は右カーブして南北方向になったところに片面ホームの三島広小路《みしまひろこうじ》駅がある。改札口は南側の修善寺寄りにあり、ここから三島大社まで旧街道で三島のメインストリートである。

三島田町《たまち》駅は緩い右カーブにあるJR形配線になっている。1番線が片面ホームになっており、3線とも三島と修善寺の両方向に出発できる。上下電車の大半は同駅で行違いをする。行違いをしない上り電車は下り本線の1番線に停車する。

三島二日町《ふつかまち》駅は片面ホームで市街地の中にある。西側には横浜ゴムや森永製菓の工場があり、通勤客が乗り降りしている。特急「踊り子」は最高速度の85キロで通過する。

緩いカーブがあって、その先はずっと直線になる。右手に大場《だいば》工場（電車庫）が見え、その先に大場駅がある。下り1番線は片面ホームに面しており、上り2番線は修善寺方面が行き止まりになっている3番線とで島式ホームに面している。2番線は両方向に出発でき、3番線は三島方向に出発できる。

宿敵といえる伊豆中央道につながる伊豆縦貫自動車

伊豆箱根鉄道駿豆線

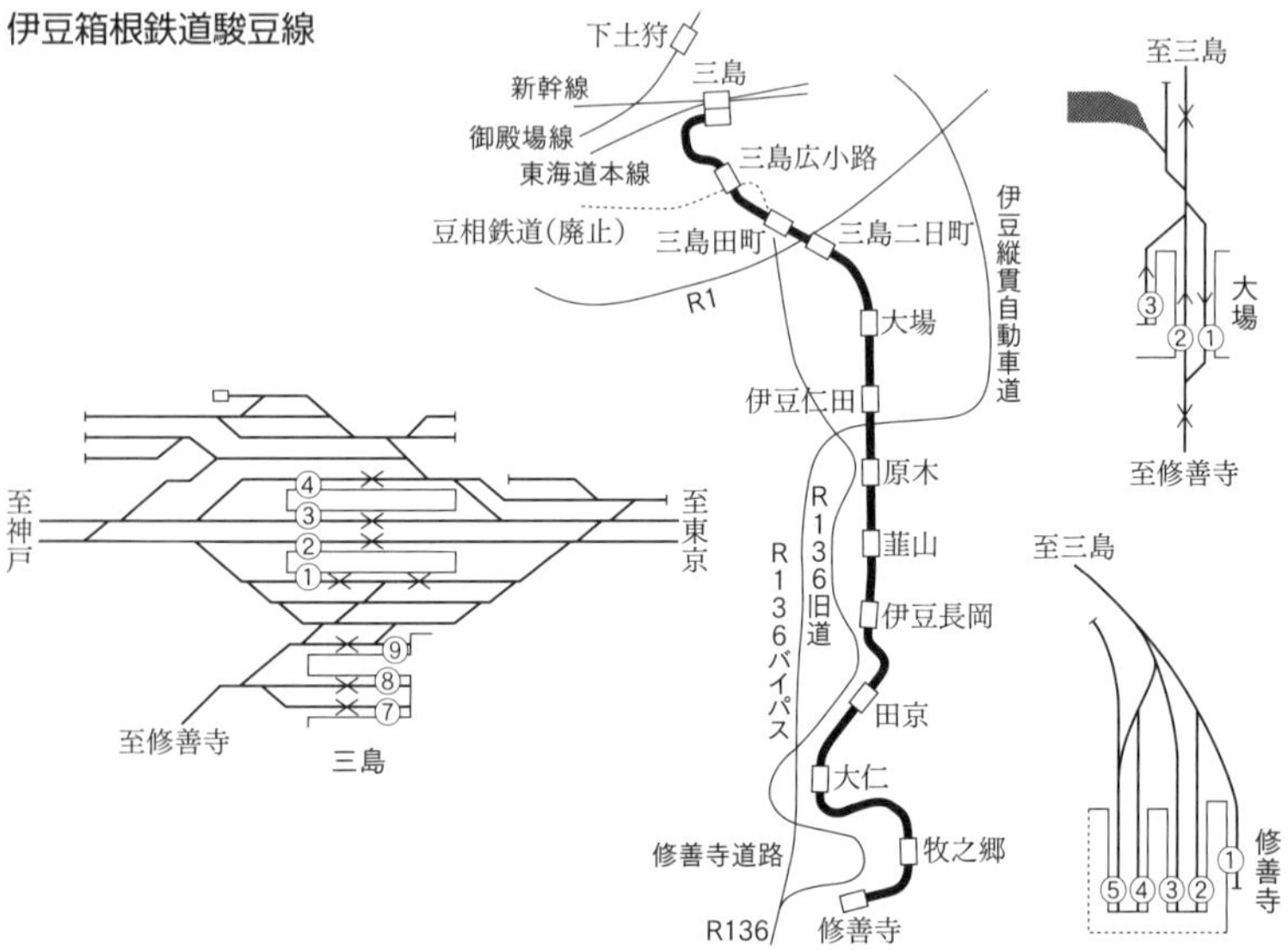

道をくぐった先に相対式ホームの伊豆《いず》仁田《にった》駅がある。1線スルー駅だが下り普通が待避側の上り線には入れない。上り普通と下り通過電車による行違いか、通過電車が行違いをせずにスルー線を走り抜けるかである。伊豆仁田駅から緩い上り勾配基調で進む。

その先で柿沢川《かきさわがわ》と来光川《らいこうがわ》を渡る。両河川はすぐに合流する。それまでずっと市街地だったが、このあたりからは田園地帯が多くなる。さえぎるものが少なくなるので後方にそびえ立つ富士山がよく見えるようになる。

原木《ばらき》駅はJR形配線だが、島式ホームの外側の下り1番線は側線になっており営業電車は通れない。行違いをしない下り普通電車は、元来上り線である2番線で発着する。西側が市街地で東側が田園地帯になっており、改札口が西側にある。

韮山《にらやま》駅は相対式ホームで伊豆仁田駅とは反対に上り線が直線の1線スルー駅になっている。待避線側になっている下り線に上り電車は入れない。

伊豆長岡駅はJR形配線になっており、3番上り線が片面ホームに面している。島式ホームの内側の2番線が下り線、下り1番副本線の3番線と1番線は両方向に出発できる。西側にしか改札口がないために、行違いをしない下り電車も3番線に停車する。1番線の東側に貨物側線と貨物ホームが残っている。伊豆長岡駅の標高は13ｍである。

伊豆長岡駅から西側の温泉街は少し離れているために温泉街を循環するバス、それに水族館「伊豆・三津《みと》シーパラダイス」行と沼津行のバスが出ている。

田京《たきょう》駅はＪＲ形配線だが、上り1番線は側線になっており営業電車は入れない。実質相対式ホームであり、下り線側が直線の1線スルー駅である。上下線ともいずれの方向にも出発できる。

右手車窓に葛城山《かつらぎやま》が見え、そこを行く1・7キロと長いゴンドラリフト「伊豆の国パノラマパークロープウエイ」も見える。このゴンドラリフトは、道の駅ともいえる伊豆の国パノラマパークが起点で、国道136号を乗越して行く。ゴンドラから伊豆箱根鉄道を見ることもできる。

大仁《おおひと》駅は大きく左カーブしたところにある。島式ホーム1面2線だが、下り線の反対側にも使われていないホームがある。同駅も上下線ともに両方向に出発できる。大仁駅の標高は31ｍである。大仁温泉は左手の山麓にある。

右側を流れている狩野川に沿って大きく左カーブしてから右カーブする。左手に山が迫っているためである。再びなだらかになり、もう一度右カーブすると牧《まき》之《の》郷《こう》駅である。相対式ホームで上り線が直線になっているが1線スルーにはなっておらず、上下列車はともに左側通行をする。同駅の標高も31ｍである。

南下して進み左カーブすると終点修善寺駅である。頭端櫛形ホーム3面5線で、三島寄りに引上線がある。頭端側に西口、1番線側に南口がある。新設の北側にも車返しができている。同駅から多方面に路線バスが出ている。

特急「踊り子」定期2往復と土休日1往復、土曜日下り1本、日曜日上り1本が運転されている。駿豆線内は快速で、通学定期での乗車はできない。停車駅は三島田町、大場、伊豆長岡、大仁で、最速でも所要時間は28分、表定速度42・4キロとあまり速くはない。

普通電車は朝ラッシュ時1時間に5、6本、10～12分毎、以後、ほぼ終日1時間に3、4本、12～25分毎

修善寺駅に進入する7000系

になっている。快速となる「踊り子」が走るときにその前後を走る普通の運転間隔が延びるが、行違う反対方向の普通も運転間隔を空けている。

普通電車用はすべて3両固定編成で、３０００系が6本、７０００系が2本、１３００系が2本の計10本30両がある。３０００系はセミクロスシートで、一部転換クロスシートになっている。

７０００系は先頭車が3扉、中間車が2扉の転換クロスシートになっている。ＪＲ東海道本線に乗入れ可能な車両でＪＲとの機器統一が図られている。中間車が2扉になっているのは快速を運転するとき指定席車になるためである。しかし、東海道本線への乗入れは一度も実現しておらず、一部指定席の快速運行も現在は行っていない。

輸送密度は1万１２２６人、輸送密度での定期比率は通勤が30%、通学が27%の計57%、平均乗車キロは8・3キロと短い。観光路線というよりも通勤・通学路線である。

平成8年度（１９９６）の輸送密度は1万７０４１人だったので６０００人ほど減っている。同年度の定期比率は通勤が24%、通学が27%だった。まさに少子化で高校生の通学客が減っている。今後は観光客の誘致に力を入れる必要があり、展望車などそれなりに人気が出る車両の導入をする必要があろう。

営業収益は償却前で86・4%、償却後で95・2%、１日1キロ当たりの収入は23万６６３３円、支出は21万９５１０円、1万１１２３円の黒字、全線で22万２３５円の黒字である。

伊豆箱根鉄道大雄山線

関東では珍しい転換クロスシートを装備

伊豆箱根鉄道大雄山《だいゆうざん》線は小田原―大雄山間9・5㌔の単線路線である。小田原駅でJR東海道本線と接続、小田急小田原線と連絡している。

沿線には富士フイルムやアサヒビール、パナソニックの工場があって通勤路線のイメージがあるが、大雄山最乗寺《さいじょうじ》や「足柄《あしがら》森林公園丸太の森」へのアクセス路線でもある。

行違い駅は五百羅漢《ごひゃくらかん》、相模沼田《さがみぬまた》、和田河原《わだがはら》の3駅、車庫は大雄山駅に隣接している。

小田原駅は頭端櫛形ホームで、1番線は両側にホームがあって乗降分離がなされている。2番線はJRの貨物本線とつながっている。大雄山線には車両工場がないために、全般検査などのときは小田原駅から三島駅を経て駿豆《すんず》線の大場《だいば》工場に甲種輸送される。

400m進むと緑町《みどりちょう》駅になる。半径100mという急カーブで左に大きく曲がって東海道本線と新幹線をくぐる。井細田《いさいだ》駅と島式ホームの五百羅漢駅は900mしか離れていない。同区間では小田急小田原線と並行し、両駅とも小田急の足柄駅と500mも離れていない。

五百羅漢駅の先で小田急をくぐって同線と離れ、狩《かり》川《かわ》に沿って進む。相対式ホームの相模沼田駅には西念寺や沼田城址が、次の岩原《いわはら》駅は岩原城址や岩原八幡神社が近い。塚原駅は明神ヶ岳《みょうじんがたけ》ハイキングコースの最寄駅である。この先で狩川を渡る。和田河原駅は島式ホームである。

次の富士フイルム前駅から、名前の由来になった富士フイルムの工場へは狩川を渡った先にある。そして大雄山駅となる。隣接して「ホテルとざんコンフォート大雄山」がある。

18m車の5000系電車3両編成7本があり、うち3本は転換クロスシートになっている。

全列車普通で運転されて優等列車はない。車庫が終点の大雄山駅にあるために区間運転もない。

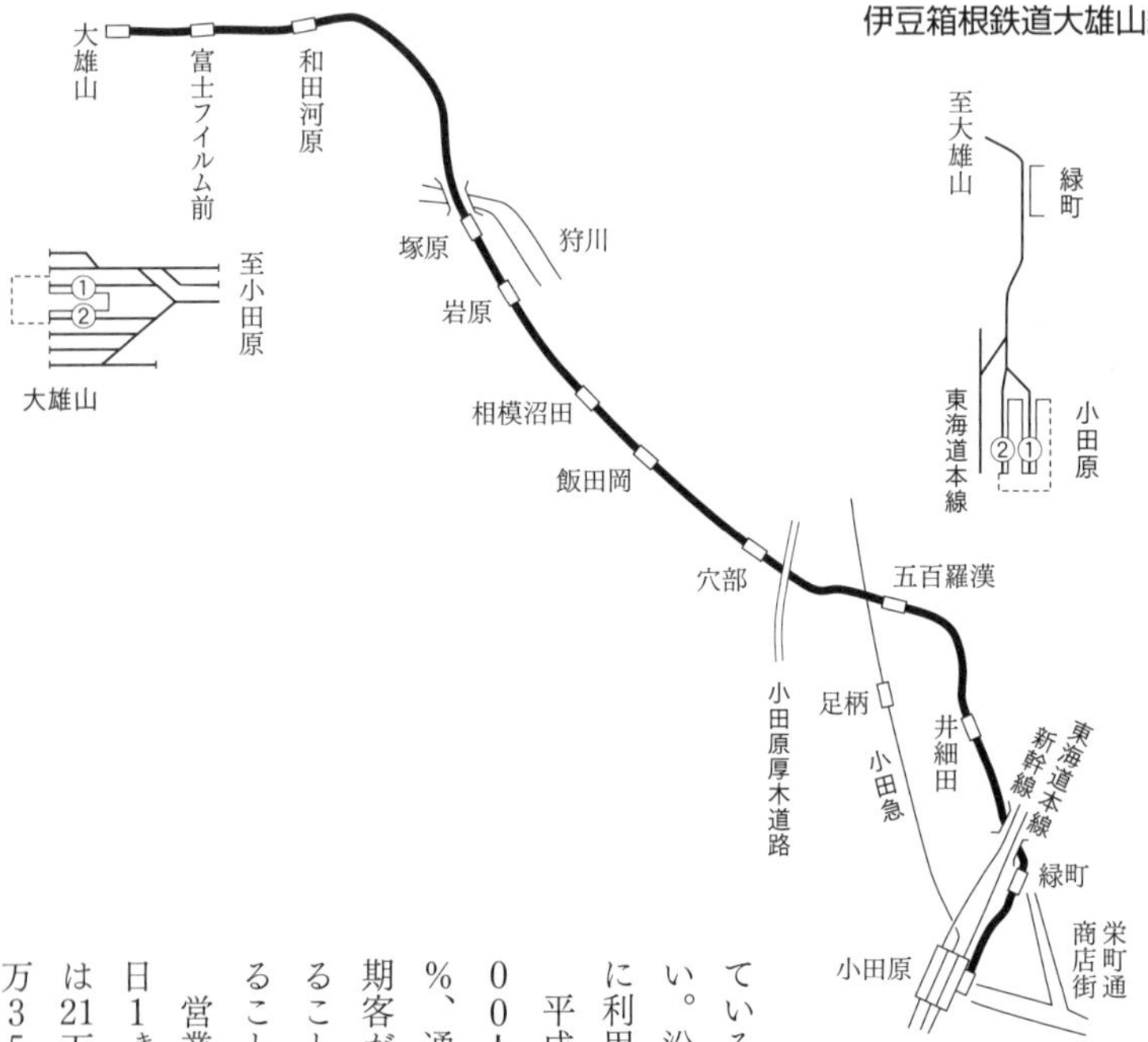

伊豆箱根鉄道大雄山線

終日12分毎の運転である。ただし10、11時台には24分間隔になることがあり、始発時下りは14分間隔になっている。全線の所要時間は21分、表定速度は27・4キロである。

輸送密度は1万2602人、輸送密度での定期比率は通勤が9%、通学が6%、定期外が85%、平均旅客輸送キロは7・4キロとなっている。通勤通学路線ではなく、また観光路線でもない。沿線から小田原へのショッピングや所用での移動に利用されている。

平成8年度の輸送密度は1万5118人なので2500人ほど減っている。同年の定期比率は通勤が42%、通学が18%、定期外が40%だった。通勤・通学定期客が大幅に減っていることは少子高齢化が進んでいることと、各工場の合理化が進んで従業員が減っていることを示している。

営業収支は償却前で83・7%、償却後で96・8%、1日1キロ当たりの営業収益は28万6156円、営業経費は21万7037円で6万9119円の黒字、全線で66万3542円の黒字である。

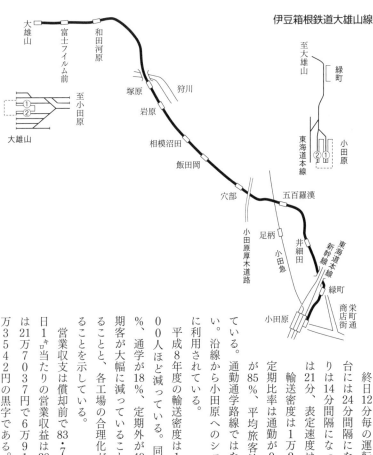

大雄山駅を発車した5000系小田原行

大雄山駅

小田急小田原線

念願の新宿―小田原間で1時間を切った意味はあったか

小田急《おだきゅう》小田原線は新宿―小田原間82・5キロの路線である。小田急といえばロマンスカー、ロマンスカーといえば小田急というくらい、ロマンスカーと小田急とは切っても切れない関係にあるが、名うての通勤路線でもある。

代々木上原《よよぎうえはら》駅で東京メトロ千代田線に接続して相互直通運転をし、代々木上原―登戸《のぼりと》間は複々線、登戸―向ヶ丘遊園《むこうがおかゆうえん》間は上りが2線の半複々線になっている。

下北沢《しもきたざわ》駅で京王井《い》の頭《かしら》線、豪徳寺《ごうとくじ》駅で東急世田谷線（世田谷線の駅名は山下）、登戸駅でJR南武《なんぶ》線と連絡する。新百合ヶ丘《しんゆりがおか》駅で多摩線と接続して直通電車が走る。町田駅ではJR横浜線と連絡、相模大野《さがみおおの》駅で江ノ島線と接続して直通電車が走る。

海老名《えびな》駅で相模《さがみ》鉄道（相鉄《そうてつ》）本線とJR相模線、厚《あつ》木《ぎ》駅でもJR相模線と連絡、新松田駅手前で御殿場線連絡線が分岐合流する。小田原駅ではJR東海道本線と東海道新幹線、伊豆箱根鉄道大雄山《だいゆうざん》線と連絡するとともに、箱根登山鉄道と接続して特急ロマンスカーが箱根湯本駅まで直通する。

●地下化で急行線の外側線から内側線への転換

新宿駅は地下ホームと地上ホームの上下2段式になっている。地下ホームは櫛形ホーム3面2線で各停専用だが、一部の上り優等列車が到着することもある。10両編成ぶんの長さを確保するために、ホームと線路はS字状に曲がりくねっている。

ホーム番号と線路番号とに分けられている。ホーム番号は乗客案内用、線路番号は職員用である。地下ホームのホーム番号は東側（海側）から7～10番で8、9番ホームが乗車用、7、10番ホームが降車用である。地上ホームは櫛形ホーム4面3線だが、JR寄りの1番ホームは閉鎖されている。以前は一般電車の降車ホームだったが狭いので閉鎖された。ホーム番号は1～6番で2、3番ホームは乗降両用である。ただし3番ホームからの乗車はロマンスカーに限られてお

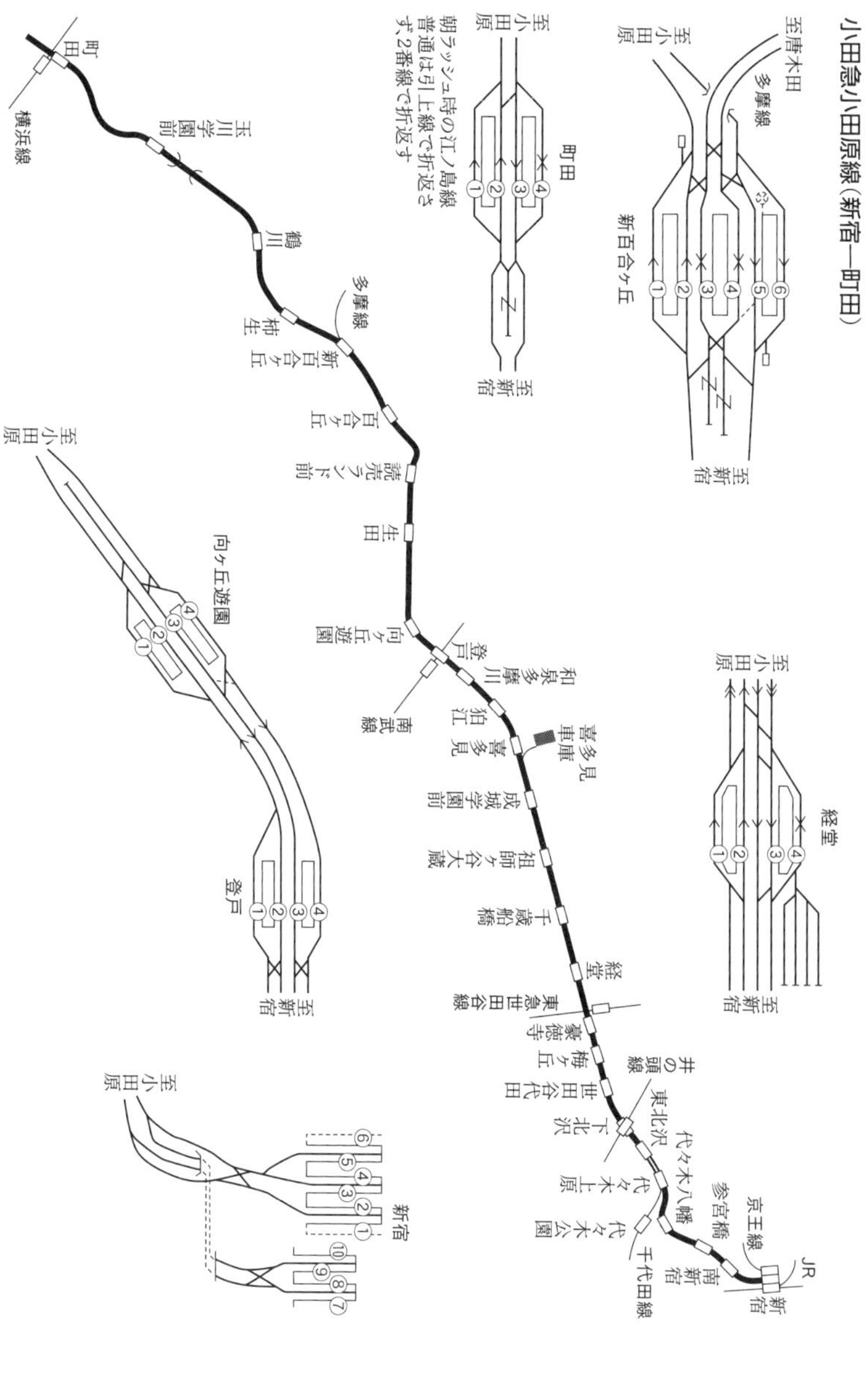
小田急小田原線（新宿—町田）
JR
京王線
新宿
南新宿
参宮橋
代々木八幡
代々木公園
千代田線
代々木上原
東北沢
下北沢
井の頭線
世田谷代田
梅ヶ丘
豪徳寺
東急世田谷線
経堂
千歳船橋
祖師ヶ谷大蔵
成城学園前
喜多見車庫
喜多見
狛江
和泉多摩川
登戸
南武線
向ヶ丘遊園
生田
読売ランド前
百合ヶ丘
新百合ヶ丘
多摩線
柿生
鶴川
玉川学園前
町田
横浜線
至唐木田
至小田原
多摩線
新百合ヶ丘
至新宿
町田
至小田原
至新宿
朝ラッシュ時の江ノ島線普通は引上線で折返さず2番線で折返す
経堂
至小田原
至新宿
向ヶ丘遊園
至小田原
登戸
至新宿
新宿
至小田原

り、一般車のときは降車用である。4、5番ホームは一般車のときは乗車用、6番ホームは降車用である。やはり10両編成の長さを確保するためにS字にうねっている。

上下2段式になっている利点として、到着電車があるときに下り電車が発車できない、いわゆる交差支障の度合いが少ない。地上ホーム線と地下ホーム線の合流は、都道四谷《よつや》角筈《つのはず》線と交差する踏切の小田原寄りなので、わずかな区間だが複々線になっているようなものである。

新宿駅と次の南新宿駅とは0・8キロしか離れていない。以前は0・7キロともっと短かった。新宿駅の地下ホームと地上ホームの合流点を長くした昭和48年（1973）に、150mほど小田原寄りに移設されたのである。

代々木《よよぎ》八幡《はちまん》駅は相対式ホームから島式ホームに改修された。駅は半径214mの急カーブにあるためホームと車両の間の空間が広かったが、よりカーブがきつい上り側だけ可動ステップを設置して、空間を狭くし、ホームドアも設置された。また橋上駅舎になって、山手通りから2階コンコースへの連絡橋が設置された。

以前の相対式ホームのとき、下りホームと千代田線代々木公園駅との乗換えは1分でできて便利だったが、橋上駅化で不便にはなった。しかし、開かずの踏切である八幡1号踏切は、残存しているものの、歩行者というか代々木八幡駅利用客は橋上駅舎になったことで踏切待ちをしなくてすむようになったし、自転車横断橋もできて自転車もスムーズに線路を越えることができるようになった。

高架になりながら上下線の間に千代田線の線路が割り込んで代々木上原駅となる。島式ホーム2面4線で内側が千代田線、外側が小田原線である。代々木上原駅から複々線になる。外側が急行線、内側が緩行線で、これに千代田線の折返用の引上線が2線ある。引上線の終端部分には保守車両の車庫がある。

引上線がなくなると急勾配で地下に潜って東北沢《ひがしきたざわ》駅となる。当初の複々線化計画ではずっと高架で進むつもりだった。地元は地下を希望していたが、代々木上原駅から下北沢駅まで地面は下り勾配になっているの

東北沢駅を通過するMSE車6両編成の特急「はこね」。急行線は下北沢寄りで下がっている

で、下北沢駅を地下にするとかなりの急勾配になるからできないとされていた。

地元は地下化を要求し、合意がとれないまま何年も時間が過ぎていた。そんなとき、筆者は拙著『全国鉄道事情大研究　東京西部・神奈川篇』で、東北沢駅から、許されている33％の急勾配にすれば、下北沢駅は浅いものの地下駅にできる、と書いた。

これが発刊されると大騒ぎになり、地下化の要求が高まった。筆者を知る東京都の職員の方から「余計なことを言ってくれたな」と文句が来たが、地下化しないと話は前に進まないと反論、結局は地下化が決定した。しかも筆者が言う東北沢から下るのではなく、代々木上原駅の先から下り勾配にして東北沢駅を地下1階に設置、下北沢駅は上下2段式にすることになった。

小田急としては外側を緩行線、内側を急行にするつもりで進めていた。代々木上原—東北沢間が暫定複々線だったときも内側を急行線にしていた。代々木上原駅は内側が千代田線、外側が小田原線で、千代田線は基本的に長距離の直通急行か直通準急だったから、これでよかった。新宿発着の優等列車は代々木上原駅の小田原寄りで急行線に転線していた。

しかし、登戸駅まで高架の複々線となれば、新宿発着の優等列車はいつまでも代々木上原駅で急行線に転線しなくてはならず、同駅通過のロマンスカーも速度を落としてしまう。

そこで東北沢まで内側を緩行線、外側を急行線にし、下北沢駅では上下2段式の下側を急行線とした。そして世田谷代田《だいた》—梅ヶ丘《うめがおか》間で急行線を内側にするという、見えない立体交差にして転線問題を解決した。さらに千代田線直通電車は緩行線を走る準急を主体にした。緩行線にも優等列車を走らせることも筆者は何度も進言していた。それが実現したのである。

もし高架に固執していれば、まだ複々線化は完成していなかったかもしれないし、代々木上原駅での優等列車の転線問題も解決していなかっただろう。〝余計なこと〟を言ったことがよかったと思う。

とはいっても下北沢駅は緩急を分離しているので、緩急双方の乗換えは不便だし、高架の井の頭線との乗換えも、複線の地上線時代にくらべて時間がかかるようになった。さらに、中間改札なしで井の頭線に乗換えができていたのが、双方、別々の改札を設置して分離してしまった。かならずしも地下化がいいということでもないのである。

東北沢駅は地下1階に島式ホーム1面があり、外側にホームに面していない急行線が並んでいる。

世田谷代田駅は下北沢駅と同様に上が緩行線、下が急行線の上下2段式だが、急行線には外側に空間がある。複々線化工事は最初に急行線が完成したが、これでは各停は通過になってしまう。そこで暫定的に急行線に相対式ホームを設置していたのである。

梅ヶ丘駅からは高架複々線になる。多くの駅は緩行線にだけホームがある相対式ホーム2面4線になっているが、経堂《きょうどう》駅は島式ホーム2面5線になっている。

上下線とも緩行線が島式ホーム1面2線になっており、上りには通過線もある。経堂駅停車の上り急行は緩行線の3番線に転線する。そして各停と準急は急行線からの転線用渡り線の手前で4番線に分岐するポイントがあり、経堂停車の急行と同時進入ができるようにしている。急行が3番線に停車するときに快速急行やロマンスカーの通過待ちができる。また、3番線に各停や準急も停まることがある。上り線側の新宿寄りに電留線2線と保守基地がある。

成城学園前《せいじょうがくえんまえ》駅は掘割のなかにあるが、地上に蓋をして地下駅のようになっている。島式ホーム2面4線であり、小田原寄りの外側に喜多見《きたみ》車庫への入出庫線が並行、その先で下り線側の入出庫線が乗越す。

登戸駅も島式ホーム2面4線である。下り線は緩行線と急行線が合流するが、上り線は1駅小田原寄りの向ヶ丘遊園まで2線になっている。上りの同区間では完全な緩急分離にはなっていない。

向ヶ丘遊園駅では、急行が4番線に停車し、向ヶ丘遊園始発の各停や準急が引上線から3番線に進入することが、ときおり行われている。そして登戸駅までほぼ同時に発車して、急行が緩行線から急行線にまず転線し、そのあと各停が急行線から緩行線に転線している。また急行が緩行線に停車してロマンスカーの通過待ちをすることもある。

向ヶ丘遊園駅は島式ホーム2面4線で、小田原寄りに引上線がある。引上線からは上り待避線（緩行線）へと急行線への両方に行けるようにしている。また、小田原方面からの優等列車は急行線に転線しないといけないようになっている。そのため通過電車は速度を落とさなくてはならない。各停などの折返電車があるときは、東武や西武のように外側を急行線にしたほうがよかったかもしれない。

朝ラッシュ時上りでは、向ヶ丘遊園→代々木上原間が緩急分離になったためにノロノロ運転は解消されたが、新百合ヶ丘駅から多摩線の直通電車が加わるために新百合ヶ丘→向ヶ丘遊園間でノロノロ運転をしていて、せっかく複々線区間でスピードが出せるようになっても、新百合ヶ丘→向ヶ丘遊園間で優等列車はスピードダウンしてしまう。

新百合ヶ丘→向ヶ丘遊園間も複々線化する必要がある。国の方針ではする方向になっているが、登戸―代々木上原間の複々線化に50年以上の歳月がかかったことから、いつになるかわからない。

少しでもノロノロ運転を解消する必要がある。一つの手として、向ヶ丘遊園駅の小田原寄りにある引上線を小田原寄り終端部で上り線に接続して本線化することである。これによって向ヶ丘遊園駅の手前での信号待ちがかなり解消されることと、引上線を上り本線にし、現上り本線を副本線にすれは、向ヶ丘遊園駅手前での優等列車の転線によるスピードダウンがなくなる。そのかわりに向ヶ丘遊園折返は設定できなくなるが、多摩線の各停の多くを新百合ヶ丘止まりから新宿方面各停に延長すればいい。

生田《いくた》駅と読売ランド前駅の上り線に待避線が欲しいところだが、そのスペースはない。百合ヶ丘駅はかつて待避駅にできるように上下ホームは島式になっていた。しかし、10両編成ぶんにホームを延ばしたため、待避駅になることはなかった。

読売ランド前駅の上り線だけ2線直上高架にすれば、追越しができてノロノロ運転が解消する。そして下り線は地上1線のままにするか、いくぶん用地は必要だが2線にすればいい。

向ヶ丘遊園駅の標高は21・9m、同駅から10‰前後の勾配で上っていき、百合ヶ丘駅手前に25・0‰の勾配がある。そして百合ヶ丘駅がサミットになって下り勾配になる。百合ヶ丘駅の標高は69・4mで、向ヶ丘遊園駅から50m近く登っている。

同駅を出て25・0‰で下る。新百合ヶ丘駅は6・0‰の下り勾配上にある。島式ホーム3面6線で新宿寄りに引上線が2線ある。中央の3、4番線が多摩線電車の発着線だが、新宿方面直通電車は両側の2、5番線で発着する。多摩線直通電車と小田原線電車は同時発着が可能な配線になっている。夕夜間の一部の下り特急、快速急行、急行（合計で28本）は多摩線ホーム3番線に停車して、4番線に停車している唐木田《からきだ》行各停と同じホームで乗換ができるようにしている。

25・0‰で下って柿生《かきお》駅となる。柿生駅は以前は島式ホーム2面4線だったが、新百合ヶ丘駅ができ10両対応のホームにするために待避線は廃止された。

次の鶴川《つるかわ》駅の上り線には、待避用に副本線の3番線がある。朝ラッシュ時には新百合ヶ丘駅で待避追越を行わない。交互発着によって運転間隔を詰めるようにしているからである。鶴川駅の小田原寄りに鶴川があるために鶴川駅の標高は35・5mと低くなっている。

ここから再び上り勾配基調になる。1・7キロにわたって25・0‰の連続上り勾配がある。途中に231m

で単線並列の境塚《きょうづか》トンネルがある。

境塚トンネルの先で一旦7・5‰下り勾配になる。途中に玉川学園前駅がある。

その先で上り勾配基調になって進んで町田駅となる。島式ホーム2面4線で新宿寄りに引上線、小田原寄りの待避線の内方に順方向の渡り線がある。駅の上は小田急百貨店のビルが建っている。引上線は主に江ノ島線直通電車が折返している。

JR横浜線のコンコースとは2本のペデストリアンデッキでつながっている。かつて小田急のほうは新原町田《しんはらまちだ》、横浜線のほうは原町田と駅名が違い、今よりも離れていた。横浜線の原町田駅は今の町田ターミナルプラザ付近に改札口があって、現在、閑散時に歩行者道路になっている東急ハンズに面した道路は朝ラッシュ時に双方の乗換客が足早に歩くことで〝マラソンロード〟と呼ばれていた。横浜線の駅が小田急寄りに移設されて、双方の駅は町田に統一された。なお、町田駅の標高は89・3mである。

町田駅を出ると横浜線と交差、次いで境川を渡る。少し上下勾配があるものの、次の相模大野駅の標高は89・4mと町田駅とあまり変わらない。

相模大野駅は江ノ島線との分岐駅で、中央に上下通過線がある島式ホーム2面6線で、新宿寄りに引上線、小田原寄りの小田原線と江ノ島線の間に車庫と車両工場がある。新宿寄りは掘割になっている。用地的には複々線ぶんの路盤がある。将来、町田―相模大野間を複々線にする予定で、先行して用地を確保しているためである。

相模大野からは下り勾配基調で進む。相武台前《そうぶだいまえ》駅は島式ホーム2面4線で海側に10線の留置線がある。この留置線はかつて電気機関車と貨車の検修をする相武台工場だった線路を流用したものである。

相武台前駅まで下り勾配基調で、さほど勾配はきつくないが、相武台前駅の先で相模川の段丘を降りていくので20・0‰の下り勾配がある。

降り切ると左手から相模鉄道本線が並行しだして海老名駅となる。島式ホーム2面4線だが山側に海老名検車区がある。その向こうにJR相模線の海老名駅がある。かつては屋根なしの乗換通路があるだけだったが、現在は動く歩道付きの屋根あり新自由通路ができ

小田急小田原線（町田—小田原）

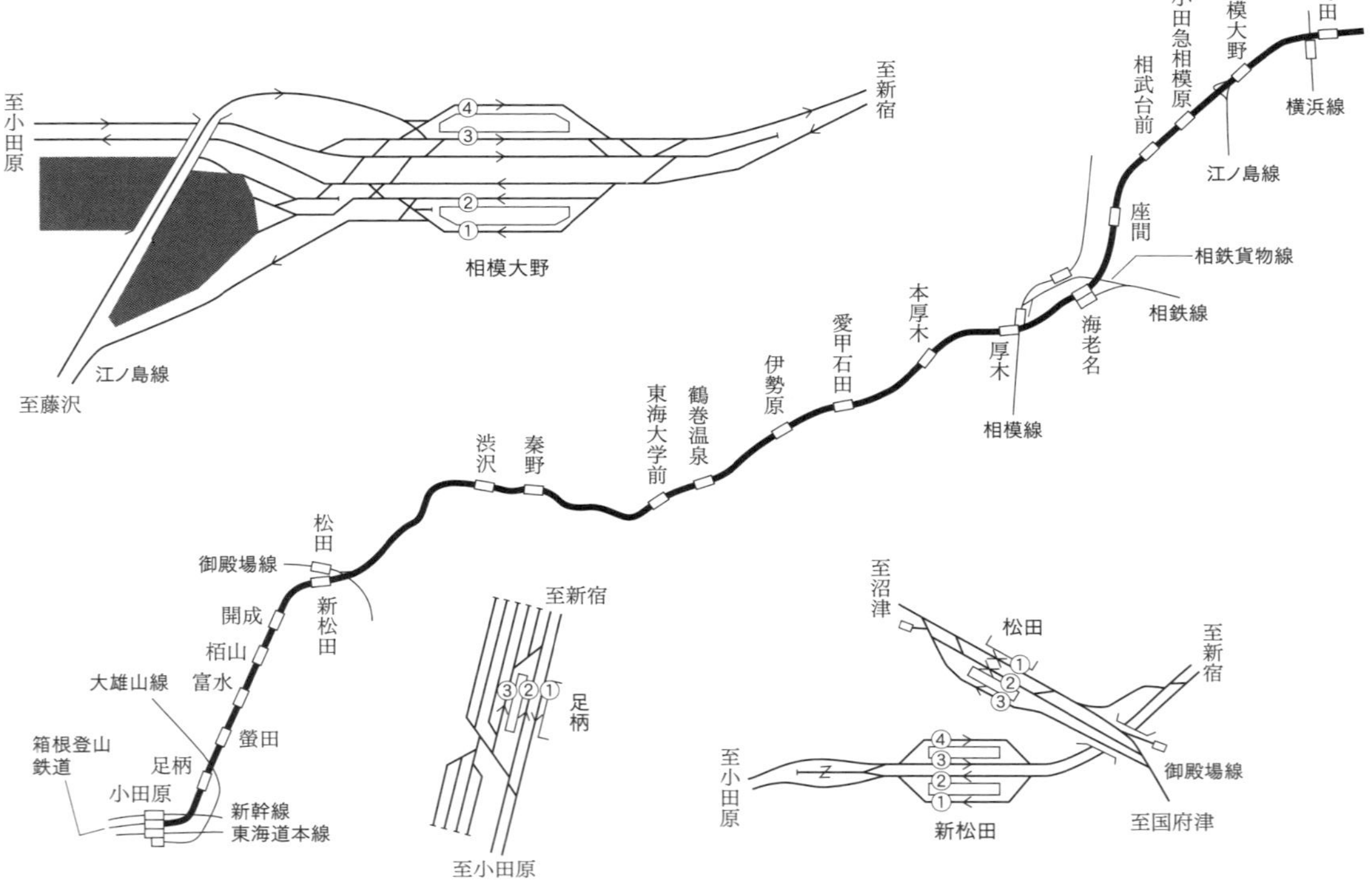

ている。昭和49年（１９７４）までは相鉄本線と小田原線とは共同使用駅で、中間改札なしで乗換えができていた。そのもっと前の昭和39年までは相鉄電車が小田急本厚木《ほんあつぎ》駅まで乗入れをしていた。

厚木駅でもＪＲ相模線と連絡する。厚木駅といっても海老名市内にあり、かつては、このあたりの地名である河原口《かわらぐち》という駅名だった。

以前は中間改札なしで乗換えができていたが、現在は自動改札機が置かれ、相模線側は間にスイカ簡易改札機が置かれている。１９７０年代前半までは相模線と小田原線とを結ぶ短絡線があった。ただしすでに閉鎖されていて、小田急の側線として移動変電車が置かれていた。厚木駅の相模川への砂利採取線などの線路跡も残っていた。

相模川を渡っても、そのままの高さで高架で進むと本厚木駅となる。島式ホーム2面４線で小田原寄りに引上線がある。上り線側では小田原方面の電車と引上線からの折返電車が同時にホームに進入できる配線になっている。

高架から降りて国道１２９号をくぐり、国道２４６号と並行する。本厚木―新松田間は駅間距離３〜４キロと長くなってくる。このあたりは穀倉地帯でかつては人口が少なかったが、小田急沿線は住宅開発されて、愛甲石田《あいこういしだ》駅の周囲が住宅街になって久しい。

歌川《うたがわ》によってできた窪地のために地形が下がり、それに伴って小田原線も地形に沿って下る。歌川を渡り、最近できた新東名道をくぐり、再び地形に沿って登ると、島式ホーム2面４線の伊勢原《いせはら》駅である。伊勢原駅も街中にある。山側には大山《おおやま》がそびえている。伊勢原駅から大山の麓までバス路線があり、麓から阿夫利《あふり》神社まで大山ケーブルがある。土休日にはハイカーで駅前は賑わっている。

今度は鈴川《すずかわ》、善波《ぜんば》川《がわ》によって地形が下がる。ようやく車窓は街並みから田園地帯に変わるが、また街中に入って鶴巻《つるまき》温泉駅となる。山側に鶴巻温泉の元湯陣屋《じんや》旅館がある。鶴巻温泉駅は小田原に向かって左カーブしている。

丘になっているところを掘割で進み、東海大学前駅となる。以前は大根《おおね》という駅名だった。大根駅の時代、それほど広くない裏道を登って東海大学に行けた。しかも駅前も含めて道の周囲は空き地が多かった。神奈中《かなちゅう》バスは鶴巻温泉から出ていたし、大根駅は愛甲石田駅とともに急行は通過していた。当時、東海大学への最寄駅は鶴巻温泉だったのである。現在は橋上駅舎になり、駅前広場ができて、県道６１３号線への道路も拡幅され、東海大学までのバス路線も開設されている。

東海大学前駅から最大25‰の上り勾配になる。東名高速が上を乗越し、３５１ｍの秦野トンネルを抜け、金目川《かなめがわ》を渡る。また田園地帯になるが、すぐに街中に入り、金目川の支流室川《むろかわ》を渡ると島式ホーム2面4線の秦野《はだの》駅となる。市の名前も「はたの」と濁らない。

東海大学前駅の標高は23・5ｍ、秦野駅は61・9ｍと40ｍ近く登っている。秦野駅の先もさらに上り勾配で進む。だいぶ大きくなった富士山を正面に望めるようになる。ロマンスカーの展望室はこのためにあるようなものである。側面の車窓は家々と空き地が混在していて、都会から離れたという雰囲気ではない。

渋沢《しぶさわ》駅の標高は１６３・５ｍもある。その先が小田原線の最高地点である。最高地点を過ぎると25‰の下り勾配に転じる。４９３ｍの第１菖蒲《しょうぶ》トンネルをくぐると景色が一変する。四十八瀬川《しじゅうはっせ》沿いのようやく自然の中の景色になる。

蛇行する四十八瀬川を３回渡った先で、短い第２菖蒲トンネルを抜ける。その先でも四十八瀬川を２回渡る。四十八瀬川は中津川と合流して川音川になる。その川音川を２回渡ると松田の街の中に入る。

東名高速をくぐり、カーブしながら斜めに川音川を渡る第３川音川橋梁を通って、本格的に松田の街の中を走るようになる。右斜めに御殿場線連絡線が分岐、その先に島式ホーム２面４線の新松田駅がある。

渋沢―新松田間６・２キロが小田原線の中で最も長い駅間である。小田原寄りに引上線があり、新松田―小田原間の区間各停の折返しに使用される。小田原から来た電車は一旦バックして引上線に入り、引上線でもう一度バックして下り線に入るという２度方向を変える面倒さがある。

御殿場線連絡線は唯一ＪＲ線とつながっているので、特急「ふじさん」の直通以外に、車両製造工場で製造された小田急の新車を搬入する線路としても使用されている。

引上線の先で酒匂川《さかわ》を渡る。その先で半径230mの急カーブで南南東向きになってずっと直線で進む。

次の開成《かいせい》駅は相対式ホームだが、下り線側に留置線が3線ある。東口ロータリーの北側にある開成駅前第2公園には、初代展望ロマンスカーのNSE車3100形の先頭車3181号が「ロンちゃん」の愛称で保存展示されている。普段は緑色のシートで覆われており、第2、4日曜日とその他特別な日に公開されている。駅の南側には留置線に続いて保守基地がある。

螢田《ほたるだ》駅の先で狩川《かりかわ》を渡り、伊豆箱根鉄道大雄山線を乗越した先に足柄《あしがら》駅がある。下り線は片面ホームだが、上り線は島式ホームになっている。その向こうに4線、小田原寄りにも4線の留置線がある。

東海道新幹線をくぐる手前の直線区間にシーサスポイントがあり、その先は半径200mで急カーブしながら新幹線をくぐる。

小田急の小田原駅は東海道本線と東海道新幹線の間に挟まれている。中央に頭端行止まり式で8、9番ホーム、海側に7番ホーム、山側に10番ホームがある。7番ホームには箱根湯本寄りに切欠きホームで箱根登山線電車の折返用の11番ホームがある。7、10番ホームに面した線路も箱根登山鉄道の線路につながっている。さらに箱根湯本寄り海側に2線の引上線がある。

東海道本線とは2階コンコースでつながっており、コンコースの北側から東海道新幹線の地上コンコースへは階段を降りることになる。

●沿線人口は海老名を境に西は減り東は増えている

各駅の乗降と駅間乗車人員は、新宿―愛甲石田間のデータがある。

伊勢原―愛甲石田間の乗車客は定期外が3万3689人、定期が5万5781人、合計で8万9470人、定期比率は62%である。

平成7年度(1995)は定期外が3万2906人、定期が5万8685人、合計で9万1591人、定期比率は64%だった。

昭和59年度(1984)の定期外は2万7501人、定期は4万6453人、合計で7万3954人だった。

バブル期に一気に愛甲石田以遠が宅地開発されたこ

とで、昭和59年度に比べて平成7年度は定期、定期外とも大きく増えている。しかし、平成25年度（2013）は定期外客が増え、定期客が減るという、まさに少子高齢化の影響を受けている。定期、定期外の合計で減っていることは人口減少の証左である。自然減のほかに、東京に近いところへ移転しているという社会減もある。

愛甲石田駅の乗車客は昭和59年度の定期外が1898人、定期が5075人、平成7年度は定期外が4939人、定期が1万5099人と大幅に増えている。やはりバブル期に宅地化して一気に人が移り住んできた。平成25年度の定期外は6117人、定期は1万4431人と、定期外客が増え定期客は減るという少子高齢化にさらされている。

本厚木駅の乗車は定期外が2万4333人、定期が3万6839人、合計5万7272人である。平成7年度は定期外が2万1757人、定期が4万1340人、合計6万3097人なので、定期客が大きく減っている。

厚木駅で小田原方面からJR相模線への乗換客は定期外で7人、定期で2678人、相模線から新宿方面の乗換客は定期外で51人、定期で1192人である。定期外が非常に少ないのはスイカやパスモ利用の乗換客はカウントされないためで、カウントしているのは連絡乗車券を購入した乗客である。

厚木→海老名間の乗車客は定期外が5万2389人、定期が9万4658人、合計14万7047人、定期比率は64％である。

海老名駅での小田原方面から相鉄線乗換客は定期外が3万6339人、定期が1万8104人である。定期外客の多くは降車としてカウントされているから少ない。

いずれにしても、相鉄乗換客が多くあるために海老名→座間《ざま》間の乗車客は定期外が4万8840人、定期が8万6350人と、厚木→海老名間よりも減る。定期比率は64％で変わらない。

海老名駅乗車客は定期外が1万6445人、定期が1万2900人である。昭和59年度は定期外が3827人、定期が7011人、平成7年度は定期外が6415人、定期が1万1313人だから、やはりバブル期に大きく増えている。平成25年度では定期外客が大幅に増えている。これは駅の海側に各種大型ショッピングセンターなどができ、電車に乗ってくる定期外客が増えたためである。

この先も各駅で漸増していき、小田急相模原→相模大野間の乗車客は定期外が5万8041人、定期が10万2885人、合計16万926人、定期比率は64％である。

相模大野駅では、乗車のほかに江ノ島線からの流入が加わる。このため相模大野→町田間では定期外が8万6821人、定期が14万9260人、合計で23万6081人になる。定期比率は63％である。

町田駅では定期外のJR横浜線乗換客はほとんどいない。定期客のうち小田原方面から横浜線への乗換客は2万3204人、横浜線から新宿方面への乗換客は1万2512人である。定期外客の乗車が3万946人、降車は3万1026人とほぼ同じ、定期の乗車は2万8956人、降車は1万9899人である。

町田→玉川学園前間の乗車客は定期外が8万6740人、定期が14万7625人、合計23万4365人で、相模大野→町田間より少し減る。定期比率は63％と変わらない。

その先は漸増していき、柿生→新百合ヶ丘間では定期外が8万9865人、定期が16万4063人、合計25万3928人、定期比率は65％になる。

新百合ヶ丘駅では多摩線が合流する。多摩線から新宿方面への直通客は定期外が8578人、定期が2万1760人である。小田原方面から多摩線への乗換客は定期外が5050人、定期が1万4994人と意外に多い。

新百合ヶ丘駅で新宿方面への乗車は定期外が1万4465人、定期が2万3303人、小田原方面からの降車は定期外が8208人、定期が9250人である。

新百合ヶ丘→百合ヶ丘間は定期外が9万9651人、定期が18万3821人、合計は28万3472人、定期比率は65％になる。昭和59年度では定期外が6万8123人、定期が16万5828人、合計23万4041人で定期比率は71％だった。平成7年度では定期外が8万3156人、定期外が18万4401人、合計で

26万７５５８人、定期比率は69％に減っている。

定期外が増え、全体でも増えており、定期比率が減るということは、少子高齢化だけでなく通勤以外のショッピングなどで利用されたりして、新百合ヶ丘周辺の街が成熟していることを示している。

さらに漸増していく。向ヶ丘遊園→登戸間は定期外が10万１６９３人、定期が20万５１２９人、合計30万６８２２人、定期比率は67％になる。

登戸駅では小田原方面からＪＲ南武線への乗換客は定期外が２５０５人、定期が１万２７２７人、南武線から新宿方面への乗換客は定期外が１１５５人、定期が２万１７６０人となっている。やはり定期外客は少ない。定期外の乗降客は南武線の乗換客を含んでいる。

小田原方面からの降車は定期外が１万１６７９人、定期が２万３３０３人、新宿方面への乗車は定期外が１万１６６１人、定期が１万２７２７人である。

登戸→和泉多摩川《いずみたまがわ》間は定期外が10万３４３０人、定期が18万９９１１人、合計29万３３４１人と、向ヶ丘遊園→登戸間よりも少し減る。定期比率は65％になる。

この先は漸増していく。最混雑区間の世田谷代田→下北沢間は定期外が13万１７００人、定期が24万４４４８人、合計37万６１４８人、定期比率は65％のままである。昭和59年度は定期外が９万５９１５人、定期が23万５５８４人、合計33万５０９９人、定期比率70％である。平成９年度は定期外が11万９３２人、定期が24万６５１７人、合計35万７４４９人、定期比率69％である。年々増加していき、定期比率が下がっていっている。沿線が成熟していっている証拠である。

下北沢駅で京王井の頭線と連絡している。小田原方面から井の頭線へは定期外が１万３７２人、定期が２万２９３８人、井の頭線から新宿方面は定期外が１３７６人、定期が１２９７人と、井の頭線への乗換客が圧倒的に多い。

下北沢駅乗車は定期外が９５５３人、定期が４９７０人、降車は定期外が６０５４人、定期が４００３人となっている。

このため下北沢→東北沢間は定期外が12万６２０３人、定期が22万３７７４人、合計34万９９７７人に減り、定期比率は64%になる。

　東北沢↓代々木上原間は定期外が12万6788人、定期が22万3839人である。代々木上原駅では地下鉄千代田線と接続している。小田原方面から千代田線乗換客は定期外が3万4476人で、東北沢↓代々木上原間の乗車客のうち27%が千代田線に乗換えている。定期は7万2568人なので32%が千代田線に乗換えている。

　代々木上原↓代々木八幡間は定期外が9万3415人、定期が14万9959人に減ってしまう。その先は増えたり減ったりする。オフィスビルの割合が増えて各駅での降車も多いからである。

　南新宿↓新宿間は定期外が9万3415人、定期が14万9926人、合計24万3341人、定期比率は62%になる。

　新宿駅での降車は定期外が8万6823人（南新宿↓新宿間の乗車客のうちの93%）、定期が4万1714人（28%）、JR乗換は定期外が5911人（6%）、定期が8万8482人（59%）、京王電鉄乗換は定期外が232人（0・2%）、定期が1623人（1・1%）、東京メトロへは定期外が303人（0・3%）、定期が6309人（4%）、都営地下鉄乗換は定期外が271人（0・3%）、定期が1万5人（7%）となっている。

　輸送密度は28万1937人、輸送密度での定期比率は通勤が44%、通学が19%、定期外が37%、平均乗車キロは15・3キロである。

　平成8年度の輸送密度は26万4130人だったから2万人以上増えている。定期比率は通勤が44%、通学が22%、定期外が34%だった。少子化が進んでいることはわかるが、通勤定期比率が同じなのは、高齢化はあっても、沿線転入者による現役サラリーマンが増えていることを示している。

●ロマンスカーGSEはホームドアに対応

　小田急のロマンスカーといえば、先頭展望車と連接車である。車両同士の連結しているところに台車がある方式を連接車という。先頭展望車ではなかった最初の軽量車体特急車、SE車3000形で採用し、以後、Hi《ハイ》SE10000形まで連接車だった。

　通常の車両だと、車端部は台車の外側へはみ出した

小田原駅を出発したロマンスカー GSE箱根湯本行

オーバーハングになっているために、どうしても乗り心地が悪くなる。連接車にはオーバーハングがないから、どの位置でも乗り心地がいい。ただし、先頭展望室はどうしてもオーバーハングの位置になってしまうから乗り心地が悪くなってしまう。

ところが最新のGSE車70000形は通常車体である。今後、安全性向上のため各駅にホームドアを設置することになるが、連接車だと一般電車と扉の位置がどうしても合わない。そこで一般車と同じ20m車体にして、車両の1か所だけ同じ扉位置にしたのである。7両固定編成で、中間の4号車のみ車端部に扉はなく、一般車の2扉目に当たるところに1か所扉がある。他の中間車は車端部1か所だけ、先頭展望車もそうだが、展望室側に乗務員扉がある。

先頭車には網棚がなく、後方からでも先頭眺望がよく見えるようにしている。7両編成で総定員は400人である。

その前に登場したVSE車50000形は連接車である。それまでは11車体連接だったが、VSE車は10車体連接になっている。10車体で20m車7両編成ぶんである。総定員は396人である。乗り心地をさらによくするために、連接台車は車体傾斜機能を付け、車体重心位置の高さに空気バネを置いている。さらに操舵機能を持つ台車である。先頭台車については車体傾斜機能付フルアクティブ制振ダンパがある。乗り心地はGSEよりもいい。3号車と8号車にはカフェコーナーがあり、さらに3号車には半個室のサルーン4人掛け3組が置かれている。

このほかに、6+4の10両編成の通常車体で総定員578人、千代田線に直通できるMSE60000形、同じく6+4の10両編成で総定員588人のEX《エク》E《セ》またはEXEα《アルファ》の30000形がある。

EXEは通勤ロマンスカーとして大輸送力を発揮する。MSEは地下鉄直通のために加速がよい。そのため急勾配での登攀力《とうはんりょく》が強く、勾配線区の御殿場線直通用特急「ふじさん」にも使用されている。

なお、最初の連接車SE車はSuper Express の略、NSE車は新しいSEということからNewのNを付けた。NSE車の登場に伴い、SE車は主要駅停車の特急用として8車体連接から5車体連接にしたので、Short のSを付けてSSE車と称した。2本連結した10車体で走ることもあった。

その後、LSE車7000形が登場した。Lは贅沢な車両ということでLaxuryである。次がHiSE車10000形で、Highdecker、Highgrade、Highlevel の三つの要素がある車両ということでHiを付けた。

御殿場線直通用20000形RSEのRはResort、EXE30000形はExcellent Express、VSE50000形のVはアーチ形天井ということからVault を付けた。MSE60000形のMはメトロではなく、地下鉄線も走ることからMulti とした。そしてGSEのGは優雅なという意味のGraceful である。

しかし、LSE以降は、すぐに何の略か覚えられず、判じ物のような気もしないではない。

●一般車は再び標準幅に

最混雑区間は世田谷代田→下北沢間で、最混雑時間帯は7時41分から8時41分、その間の輸送人員は7万5842人で、その間に10両編成29本、8両編成7本、合計346両が通過し、輸送力は4万8300人としている。混雑率は157%となっている。

平均定員は１４０人である。標準幅車（２８００㎜）10両編成の定員は１４００人、平均定員は１４０人だが、８両編成の定員は１１１４人である。先頭車の定員は１２８人、中間車の定員は１４３人だからである。また、８両編成の平均定員は１３９・３人である。

ただしＪＲの広幅車の２９５０㎜まではいかないが、１０００形と２０００形の車体幅は２８６０㎜とちょっぴり広いので、定員は先頭車が１３１人、中間車が１４６人、10両編成で１４３０人になる。８０００形はＪＲとほぼ同じ広幅車である。しかし、４両固定、６両固定もあり、４＋６両の10両編成の定員は１４５０人になる。

８両編成の平均定員は１４０人に満たない。定員が多い広幅車も走るが、大半は標準幅車である。これらを考慮すると、平均定員１４０人で混雑率を算出しても変わらないといえる。

通勤電車に広幅車を最初に導入したのは小田急である。それが２６００形ＮＨＥ車である。ＮＨＥはNew High Economical の略である。

その前の２４００形ＨＥ車は４両編成で、車体長は先頭車が15・97ｍ、中間車が19・３ｍとした。当時の各停だけが停まる駅のホームの長さが70ｍしかなかったため、20ｍ車だと３両編成で走らせるしかなかったのを、先頭車を短くして４両編成で走らせるようにした。さらに先頭車はモーターがない制御車にして製造価格を下げた。このことでＨＥ車と称した。

ＨＥ車は箱根登山鉄道に乗入れることができるよう車体幅は２７００㎜にしていた。しかし、都心寄りではこれが災いして収容力が足りない。そこで各停用として、車体幅２９００㎜で20ｍ４扉車のＮＨＥ車が登場したのである。座席は各停用ということから長時間座らないため、奥行きがないものとした。

６両編成にする予定だったが、ホームが短い駅がまだあったため、当面は５両編成とし中間車はすべて電動車、先頭車が制御車だった。その後新宿寄り先頭車の次にモーターなしの付随車を増結した。付随車を新宿寄りに連結したのは、乗換えに便利な新宿寄りの車両が混雑しているので、ラッシュ時の各車の重量バランスを均一にするためであった。

その後の車両もすべて広幅車だったが、現在、一般車の大半を占めている4000形、3000形は通常幅車になっている。

令和元年度に登場した新5000形は幅2900㎜の広幅車であり、今後、増備されるために平均定員は多くなる。

●朝ラッシュ時は所要時間短縮目的で千鳥停車

現在の最混雑時間は7時41分から8時41分で、その間に8両編成が1本減って6本、10両編成が1本増えて30本走る。8両編成はすべて各停である。

内訳は小田原発快速急行が6本、藤沢発快速急行（相模大野まで急行）が6本、唐木田発通勤急行が2本、多摩センター発急行が4本、本厚木発通勤準急が3本、海老名発通勤準急が2本、相模大野発通勤準急が1本、伊勢原発各停が4本、本厚木発各停が3本、向ヶ丘遊園発各停が5本である。

要は10分サイクルに快速急行2本、通勤急行1本、通勤準急1本、各停2本の運転である。うち通勤準急と各停の1本が千代田線に直通する。

昼間時は20分サイクルに特急1本、快速急行と急行、準急、各停が各2本走る。

快速急行は新宿―小田原間と新宿―藤沢間、急行は新宿―新松田間と新宿―唐木田間、準急は常磐線我孫《あび》子《こ》―向ヶ丘遊園間と我孫子―成城学園前間が運転されている。

快速急行の停車駅は代々木上原、下北沢、登戸、新百合ヶ丘、町田、相模大野、海老名、本厚木―新松田間各駅だが、昼間時は新松田―小田原間は急行となって開成駅にも停車する。江ノ島線内は中央林間、大和《やまと》、湘南台、藤沢、多摩線内は栗平《くりひら》、永山《ながやま》以遠各駅に停車する。

急行の停車駅は代々木上原、下北沢、経堂、成城学園前、登戸、向ヶ丘遊園、新百合ヶ丘、町田、相模大野、海老名、本厚木―開成間各駅である。江ノ島線内は中央林間、南林間、大和、長後《ちょうご》、湘南台、藤沢、多摩線内は栗平、永山以遠各駅である。準急は下北沢、経堂―成城学園前間各駅、狛江《こまえ》、登戸以遠各駅に停まる。

朝ラッシュ時上りに走る通勤急行の停車駅は永山まで各駅、栗平、新百合ヶ丘、向ヶ丘遊園、成城学園前、下北沢、代々木上原、通勤準急は登戸まで各駅、成城学園前、経堂、下北沢、代々木上原である。

朝ラッシュ時上りは、快速急行は向ヶ丘遊園駅を通過して登戸駅に停車、通勤急行は登戸駅を通過して向ヶ丘遊園駅に停車する、いわゆる千鳥停車をしている。千鳥停車は運転間隔を詰めるための手法が多いが、小田急では停車駅を分散することで乗客が快速急行に集中しないようにすることと、所要時間を短縮するために行っている。

夕ラッシュ時下りの17時台は昼間時とほぼ同じダイヤである。18時台は新宿発でみて快速急行の小田原行が2本、藤沢行が2本、唐木田行が2本、急行の小田原行が2本、伊勢原行が2本、藤沢行が2本の計12本、平均6分間隔で発車する。各停は8本の7、8分間隔である。

千代田線直通は急行の柏《かしわ》発伊勢原行と我孫子発伊勢原行が各1本、準急の松戸《まつど》発伊勢原行1本と松戸発本厚木行、松戸発成城学園前行が各1本、各停の我孫子発成城学園前行と柏発成城学園前行が各1本運転されている。

●特急は念願の新宿―小田原間1時間以内を達成

1970年代は新宿―小田原間をノンストップで走るロマンスカーを「はこね」、新宿―片瀬江ノ島間を結び新原町田（現町田）駅と藤沢駅に停車するロマンスカーを「えのしま」、新宿―小田原間運転で向ヶ丘遊園、本厚木、新松田停車を「さがみ」、新宿―御殿場間を結び小田急線内で新原町田停車を「あさぎり」と呼び、そして夕夜間の下りで運転され新原町田停車の「あしがら」の5種しかなかった。このころの「はこね」は30分毎の運転だった。

現在は、「はこね」が主要駅停車、「スーパーはこね」が新宿―小田原間ノンストップになっている。この2種と後述する「ホームウェイ」1号の1本が新宿―箱根湯本間の運転である。

「えのしま」と「さがみ」は残っているが、朝ラッシュ上りは「モーニングウェイ」、夕夜間の下りは「ホームウェイ」の名に変えているので、「えのしま」と「さがみ」の運転本数は少なくなっている。「あさぎり」は「ふじさん」に改称している。

さらに東京メトロ直通の「メトロはこね」「メトロ

えのしま」「メトロモーニングウェイ」「メトロホームウェイ」が加わる。

休日の下りの「スーパーはこね」5、7、9号は新宿―小田原間を59分で結んでいる。新宿―小田原間を1時間以内で結ぶことは、東急から分離独立した昭和23年（1948）以来の宿願だった。分離したときに特急の運転を開始したが、新宿―小田原間は1時間30分もかかっていた。

昭和28年に1700形を投入し1時間16分に短縮、32年に高速のSE車が登場し、33年に最高速度を105㌔に引上げて6分短縮の1時間10分になった。34年にすべてSE車になり1時間7分に短縮した。そしてNSE車が登場して、38年11月のダイヤ改正で最速は1時間2分まで短縮した。

あと3分スピードアップをすれば1時間を切ることができる。そこでカーブを高速で曲がれる機械式車体傾斜車両を試作したりしたが、沿線がベッドタウン化して、一般電車の増発が必要になってきた。

昼間時は、本急行と呼ばれていた新宿―片瀬江ノ島・箱根湯本間運転の急行を30分毎に運転していたのに加えて、向ヶ丘遊園以遠でも急行運転をする快速準急も走るようになって、特急は全区間で一般電車の後追いをするようになった。

1970年代になると最速「はこね」は1時間6分にスピードダウンしてしまった。その後は1時間10分前後が最速特急だった。

平成14年（2002）に土休日の「スーパーはこね」34号が1時間2分に戻した。そして代々木上原―登戸間が複々線化された平成30年、土休日上りだけだが59分で結ぶようになって1時間を切った。1時間を切ることを目標にしてから実に70年経ってやっと実現した。

しかし、昭和23年当時は1時間で結べば国鉄東海道本線に対して優位に立てるということだったが、その後、新幹線が開業し、小田急自身も沿線各駅からロマンスカーに乗れるように、各主要駅に停車するように変化してきている。それよりも、〝旅はロマンスカーに乗ってからはじまる、もっと長く乗っていたい〟という人も多い。ということから、1時間を切ることに大きな意義があるとは言えなくなってきたのである。

「スーパーはこね」は上りしか運転されていない。しかも午前中のみの運転である。土休日は4本、うち3本が新宿—小田原間59分の運転である。残りの1本は62分で走る。平日は2本しかなく69分と70分の所要時間になっている。

平日は土休日にくらべて10分以上遅い。新宿駅から向ヶ丘遊園駅まで、土休日は13分に対して平日は18分と5分遅い。そして土休日は同駅で先行の急行を追い抜いているのに平日は追い抜かない。平日の急行は唐木田行で新百合ヶ丘駅まで先行する。

町田駅までは土休日が23分、平日が29分と、さらに土休日のほうが速くなっている。海老名駅までは土休日が31分で同駅でも急行を追い抜いている。平日は37分で同駅で急行を追い抜かず、追い抜くのは本厚木駅である。

松田駅まで土休日は49分、平日は59分となり、同駅までで10分の差が付く。途中駅に停車する「はこね」は、複々線になっていても、同じ急行線を走る先行の急行の後追いをしてノロノロと走っていることが多い。

平日の「はこね」は三つの停車駅パターンがある。毎時0分発は町田、本厚木停車で新宿—小田原間の所要時間は74分である。毎時0分発「スーパーはこね」が走るときは走らない。

毎時20分発は町田、海老名停車で所要時間は74分である。

毎時40分発は新百合ヶ丘、海老名、秦野停車で所要時間は75分になっている。

平日は「スーパーはこね」も含めて新宿—新百合ヶ丘手前間は完全20分毎になっており、一般電車とともに完全な20分サイクルにしている。

土休日には、「スーパーはこね」が走る時間帯などの新宿発7時20分、8時20分、9時25分、10時27分は新百合ヶ丘、町田、海老名、本厚木、伊勢原、秦野に停車する「はこね」がある。かつての「さがみ」のように停車駅が多いが、箱根登山鉄道直通の特急は「はこね」「スーパーはこね」にするという原則があって「はこね」としている。ただし愛称番号は50番台になっている。所要時間は71〜74分である。

朝ラッシュ時上りに走る「モーニングウェイ」も停車駅パターンがいろいろある。早朝に走る相模大野始発の90・92号は町田、新百合ヶ丘停車である。始発駅はいろいろあるが、秦野、本厚木、海老名停車が3本、これに町田停車が加わる2本がある。

さらに江ノ島線から直通の「モーニングウェイ」が2本加わる。停車駅は藤沢、大和、相模大野が1本と、新百合ヶ丘駅にも停車するのが1本ある。「モーニングウェイ」は新宿到着でみて7時41分から8時42分の間は運転されていないが、今後は20分毎に運転されるかもしれない。

朝ラッシュ時間帯を過ぎると、箱根登山鉄道に乗入れない特急は「さがみ」、江ノ島線からの直通は「えのしま」になっている。また、「モーニングウェイ」と同様な停車駅パターンで夕夜間に走る特急を「ホームウェイ」としている。このため「さがみ」は下り2本、上り9本、「えのしま」は上り1本、下り2本しかない。カタカナ名で長ったらしい「モーニングウェイ」や「ホームウェイ」よりも、「さがみ」「えのしま」のほうが風情があると思うのは筆者だけだろうか。

千代田線直通も「メトロはこね」に加えて「メトロモーニングウェイ」「メトロホームウェイ」がある。「メトロはこね」が箱根湯本直通である。

運転区間は、平日は北千住―箱根湯本間が1往復、北千住―本厚木間が下り1本、上り2本、大手町―本厚木間が下りに4本だけある。停車駅は大手町、霞ヶ関、表参道、町田、本厚木、小田原だが、下りの「ホームウェイ」のうち3本は新百合ヶ丘、海老名、残り2本は成城学園前、新百合ヶ丘、海老名にも停車する。上りの「モーニングウェイ」も海老名に停車する。

休日には6両の「メトロはこね」と4両の「メトロえのしま」を併結した10両編成が2本走る。箱根登山鉄道線内は20m車に換算して7両編成までしか走れないために、相模大野で「メトロえのしま」を分割するのである。

御殿場線直通の特急「ふじさん」は6両編成のMSE車を使う。地下鉄直通用に高加速性能を持っている。高加速性能がいいと山岳線での登攀力も大きいからである。以前は新宿―沼津間を2000形RSE車でJR東海の車両とともに相互直通していたが、運転を新宿―御殿場間に縮小し、再び小田急車両による片乗入れになった。定期3往復、不定期2往復の運転で、停車駅は新百合ヶ丘、相模大野、本厚木、秦野、駿河小山《するがおやま》、松田だが、1往復は駿河小山を通過する。

千代田線に乗入れるMSEはホームドアに対応していない。今後、千代田線と小田急線全駅にホームドアが設置される。このときにはMSEだけでなく、GSEを除く全ロマンスカーは一部の扉でしか乗降できなくなる。

かつてのNSE車は手動扉であり、各扉は今でいう女性アテンダントが開閉していた。夜間の「あしがら」では女性アテンダントの人数が減るために、限られた号車だけ開けていた。新宿駅の次は町田駅であり、同駅が終着だったので全員が降りるから、開く扉が少なくても、さほど支障がなかった。これと同様に開く扉を限定することになろう。

しかし、ずっとそのようなことができるわけでもなく、また、MSEはホームドアに対応する箇所に扉がない。今後、ホームドア対応のGSEの増備と、6+4の10両編成で千代田線直通仕様のGSEが造られることになろう。

狛江付近を走る千代田線と御殿場線乗入用MSE車

箱根登山鉄道

箱根湯本―強羅間の全線復旧は令和2年秋になる

箱根登山鉄道は小田原―強羅《ごうら》間15・0キロの単線路線で、小田原―入生田《いりうだ》間が狭軌、入生田―箱根湯本間が標準軌・狭軌併用の3線軌、箱根湯本―強羅間が標準軌になっている。

箱根湯本―強羅間は最急勾配80‰、最小曲線30m、途中3か所のスイッチバックがある、名うての山岳路線である。

以前は小田原―箱根湯本間が標準軌・狭軌併用の3線軌だったが、同区間を走る電車がすべて小田急車両になったために狭軌だけにした。ただし、入生田駅に隣接して標準軌電車の車庫があるために、入生田―箱根湯本間の1駅間は3線軌のままになっている。

小田原駅では、新宿方面から直通する特急の下りは7番線、上りは10番線から発車、小田原―箱根湯本間の一般電車は切欠きホームの1番線から発車する。

東海道本線と東海道新幹線の間にはさまれて南下、左手に小田原城の天守閣を見てから、286mの小峰トンネルに入る。東海道本線の小峰トンネルは260m、新幹線は小田原駅を出てすぐに入るために770mと長い。

小峰トンネルを出ると右に半径160mで大きくカーブして西向きになり、新幹線をくぐった先が島式ホームの箱根板橋駅となる。標準軌用の短い片面ホームが下り線側に残っている。

標準軌の箱根登山鉄道の車両と島式ホームとの間が大きく開いていたために転落する人が多かった。そこで反対側に片面ホームを設置、車両との間の隙間を狭くして登山電車用ホームにした。今はこのホームは立入り禁止になっている。

有効長は、ロマンスカーが行違えるように20m車に換算して7両編成ぶんある。ホームは一般車6両編成が停まれる165mの長さになっている。

箱根板橋駅まではまだ平坦であり、小峰トンネルは15・2‰の上り勾配だが、くぐった先は逆に20・0‰の

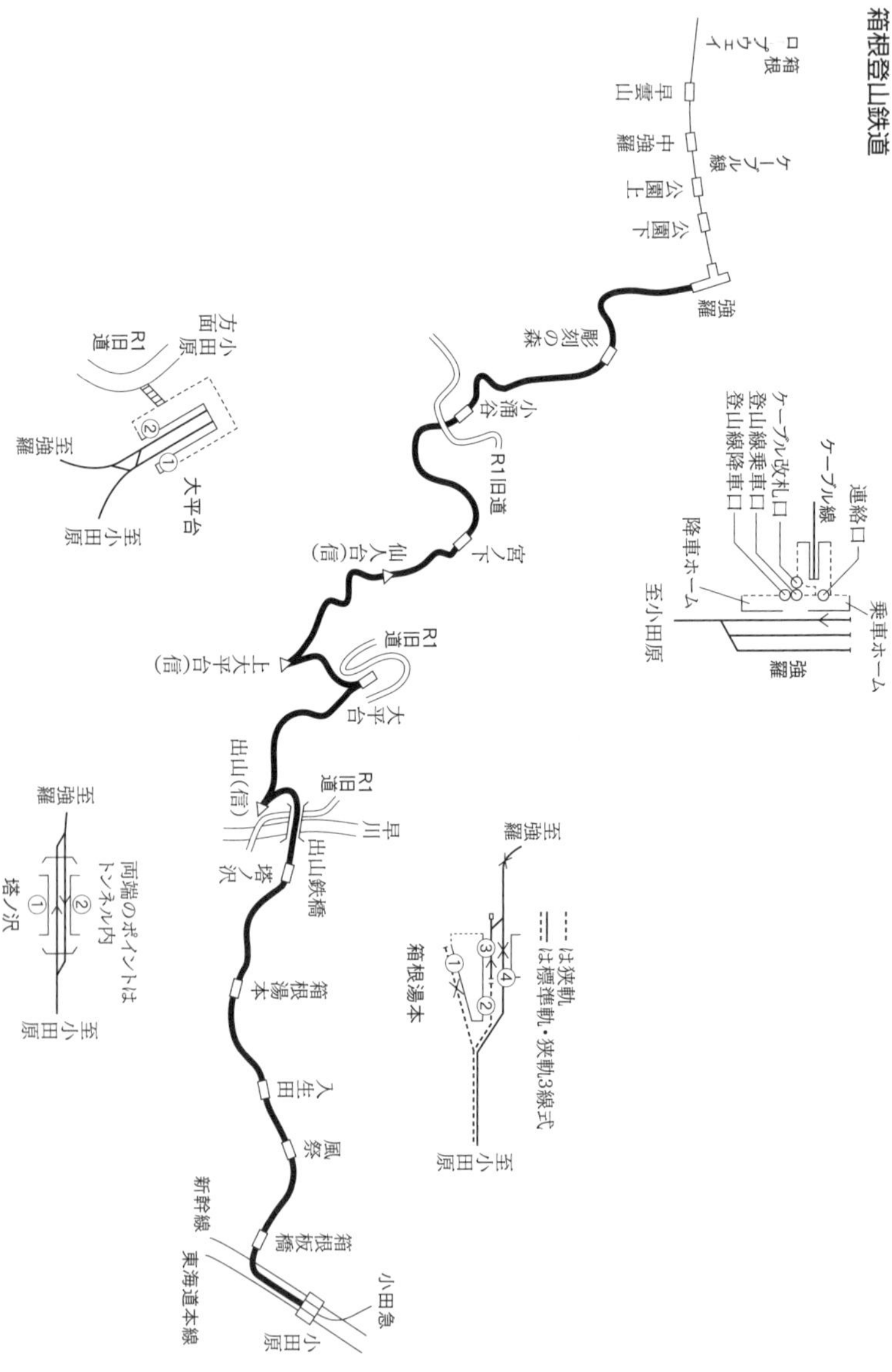

箱根登山鉄道
箱根ロープウェイ
早雲山
中強羅
ケーブル線
公園上
公園下
強羅
彫刻の森
小涌谷
R1旧道
宮ノ下
仙人台(信)
上大平台(信)
大平台
出山(信)
早川
出山鉄橋
塔ノ沢
箱根湯本
入生田
風祭
箱根板橋
小田原
小田急
新幹線
東海道本線
連絡口
ケーブル線
ケーブル改札口
登山線乗車口
登山線降車口
降車ホーム
乗車ホーム
至小田原
小田原方面
R1旧道
至強羅
至小田原
---は狭軌
═は標準軌・狭軌3線式
両端のポイントはトンネル内

箱根板橋駅を通過するロマンスカーEXE新宿行

下り勾配になっている。最小曲線半径は160mである。最高速度は60キロになっている。

40‰の上り勾配を走って街中を抜け、早川に沿って進む。国道1号を斜めに乗越してから並行、小田原厚木道路をくぐり国道1号と分かれて街中に入ると、相対式ホームの風祭《かざまつり》駅となる。国道1号に面した鈴廣《すずひろ》の「かまぼこ博物館」の裏あたりである。ホームは細長く、曲がっている。

急カーブで進み、右手に車庫が見えると相対式ホームの入生田駅である。車庫からの標準軌線が上り線側の2番線に合流するので、上り線は3線軌になっている。安全側線が小田原寄りにあり、これも3線軌である。箱根湯本駅に向かう標準軌電車用に、上り線の箱根湯本寄りに出発信号機がある。駅構内は直線になっている。

駅を出ると37・5‰、続いて40・0‰の連続上り勾配になる。国道1号を下に見て進み、レベル（水平）になって箱根湯本駅となる。標準軌線は山側で片面ホームに面した4番線に滑り込む。狭軌線は頭端島式ホームに入線する。狭軌線の2番線と直列に配置された標準軌線の3番線がある。通常は3番線から標準軌線の電車は発着する。入出庫電車も4番線を経て3番線に転線して客扱いをする。

箱根湯本駅の標高は108・4m、小田原駅が26・0mだから、80mほど登っている。

箱根湯本駅からは標準軌線になる。駅を出ていきなり80・0‰の上り勾配になる。20mの湯本、183mの地蔵山、194mの塔ノ《とうの》沢《さわ》の三つのトンネルを56・0‰の上り勾配で抜けると相対式ホームの塔ノ沢駅となる。

駅を出た先、すぐに318mの大ヶ獄トンネルがあるため、同駅の安全側線やポイントはトンネル内にあり、上り箱根湯本行ホームから外に出るには、塔ノ沢トンネルの坑口の上を通る歩道を渡ることになる。

大ヶ獄トンネルに続いて149mの杉山トンネルを抜けると80・0‰の上り勾配になり、深い渓谷を早川橋梁で渡る。通称は出山《でやま》鉄橋とも呼ばれ、水面からの高さは43m、国道1号も乗越す。東海道本線のトラス橋の旧天竜川橋梁を移設したものである。

出山鉄橋を渡るとまた80・0‰の上り勾配になり、125mの出山、97mの松川トンネルを左急カーブで抜ける。直線レベルになると、行違いとスイッチバックのための出山信号場がある。左下に出山鉄橋が見える。箱根湯本駅から来た電車はまっすぐ進入し方向転換後、渡り線を通って大平台《おおひらだい》駅に向かう。大平台駅から来た電車もまっすぐに進入して方向転換後、渡り線を通って箱根湯本駅に向かう。頭端部は右にカーブしている。

方向転換をした先も80・0‰の上り急勾配になっており、237mの巌山、90mの金山、167mの常盤山、103mの畑山の各トンネルを抜け、半径70mで左カーブして大平台駅になる。同駅もスイッチバック駅で、やはり上下いずれも入線前にまっすぐ進む。方向転換後、渡り線を通る。

温泉街を66・0‰の上り勾配で抜けて上大平台信号場となる。ここでもスイッチバックする前に直線で信号場に入線する。上大平台信号場を出ると半径160mで左カーブして302mの上大平台トンネルを抜ける。最後のトンネルである。

抜けると行違い用の仙人台《せんにんだい》信号場になる。強羅寄り

対岸の山から見た上大平台信号場

上大平台信号場に進入する箱根登山2000形

下り線に安全側線はない。駅構内に半径40ｍの急カーブがある。

この先に半径30ｍや40ｍの急勾配があり、勾配も80・0‰の上り勾配になっている。こんな急カーブでは車輪とレールの摩耗が激しい。このために車輪に向かって散水している。6月ごろはアジサイが咲き乱れ、夜間はライトアップされて幻想的な景色になるが、令和元年秋の台風19号による土砂崩れで軌道が流されて長期運休していることからもわかるように、急峻な地形の中を走っている。

勾配が55・0‰と緩くなって視界が広がると、相対式ホームの小《こ》涌谷《わきだに》駅である。

この先勾配は33・0‰、さらに20・0‰に緩む。彫刻の森駅は相対式ホームで、この先はレベルで進む。

強羅駅は切欠きホームで手前が1番線、奥が2番線になっている。2番線の隣に側線が1線ある。強羅ケーブルは2番線側に、直角にホームがある。

強羅駅の標高は５５３・８ｍ、箱根湯本駅が１０８・５ｍだから４４４・３ｍ登ってきたことになる。平均勾配は49・9‰にもなる。

箱根湯本まで、小田急ロマンスカーは20ｍ車にして7両編成までが乗入れ可能である。10両編成のＥＸＥやＭＳＥは、当初から6両編成で走るか、相模大野駅あるいは小田原駅で4両を切り離して6両編成で乗入れる。一般乗入車は箱根登山鉄道カラーの小田急１０００形４両編成４本が使用される。

開業時から使用されている箱根登山鉄道モハ1形は4両が残っている。当初は木造車でのちに鋼製車体に取り換えた。台車はアメリカ・ブリル社製である。片運転台車両なので2両編成で走る。モハ2形も鋼製車体に取り換えて2両がある。台車はスイス・ブラウンボベリ社製である。両運転台車両なので単車走行もできる。モハ1形と2形で3両編成を組んでいる。

１０００形は2両編成3本が登場したが、のちに２本が２０００形の中間車２２０１号と２２０２号を組み入れて3両編成になった。座席は転換クロスシートになっている。「ベルニナ号」の愛称が付く。

２０００系は初の冷房車で2両編成２本が登場、「サン・モリッツ号」の愛称が付く。扉間はボックス式セミクロスシートになっている。後に3両編成１本と中間車2両が増備され、3両編成3本になった。その後、3両編成の2本の中間車1両を1000形2両編成2本に組み入れて2両編成になった。

平成26年には、正面や側面の窓が大きい3000形両運転台車2両を「アレグラ号」として登場させ、2両編成にした2000形と連結して3両編成で走らせた。その後、片運転台の3100形2両編成1本が登場し、3000形と連結して3両編成で走っている。

小田原─箱根湯本間では各停が1時間に4本、特急ロマンスカーが3本走るのを基本にしている。上下の各停は箱根板橋駅と入生田駅で行違う。下り特急と上り各停、上り特急と下り各停は風祭駅で行違い、特急同士の行違いは箱根板橋駅、入生田駅で行う。

小田原─箱根湯本間の特急の最速所要時間は12分、表定速度30・5キロである。各停は14分である。なお、特急ロマンスカーで小田原─箱根湯本間だけを乗車することはかつては認められていなかったが、現在は200円の「座席券」で乗れるようになっている。

箱根湯本─強羅間では、江ノ島電鉄のような各行違い駅や信号場で必ず上下電車がすれ違う「ネットダイヤ」にはなっていない。最短運転間隔は10分だが、各駅の行違いタイミングが合わず、箱根湯本駅で10分の間隔で発車しても、強羅到着時点で13分の間隔になってしまう。

現状では13、14分間隔で運転するのがちょうどよい。このため土休日の午前中はこの間隔で運転される。平日は最短10分、最長21分の間隔で走っている。

行違い待ち時間がないときの所要時間は、下り強羅行が36分、上り箱根湯本行が34分、表定速度は下りが14・8キロ、上りが15・7キロである。

輸送密度は1万760人、輸送密度での定期比率は通勤が9%、通学が6%、定期外が85%と、定期外が大半を占めている観光路線である。通勤・通学定期客の多くは、小田原市内を走る箱根板橋─入生田間各駅から小田原に通う人々である。ただし通勤定期客には沿線の宿泊施設や土産物店などに勤める人も多い。

平均乗車キロが7・4キロと営業キロの半分になっていることは、定期外客も含めて箱根板橋─箱根湯本間各駅から小田原への利用が多いことや、全線を通して乗らず、途中で降車する人も多いことを示している。

箱根登山カラーの小田急1000形

平成8年度（1996）の輸送密度は1万2796人だったので減っている。定期比率は通勤が8％、通学が12％、定期外が80％だった。

通学定期客が大幅に減っているのは少子化のためである。また、定期外客も減っている。これはクルマにシフトした人が多くなっているためである。しかし、令和になってインバウンドによる箱根ブームがあるから、定期外客は増えているものと思われる。

輸送力不足を解消するために運転間隔を10分にする必要がある。そのためには行違い信号場を増やすのが一番だが、他の方法もある。

それは続行運転をすることである。箱根湯本―強羅間で輸送力不足に陥るのは午前中の9〜10時ごろの下り、16時ごろの上りなので、その時間帯に合わせて続行電車を出せばいい。ただし信号保安装置の改造が必要だし、強羅駅付近に留置線を増設しなければならない。続行電車に指定席車両を連結すれば、〝ロマンスカーで箱根湯本まで快適でも、箱根登山鉄道は超満員で辛い〟と敬遠されることもなくなる。

営業収支は償却前が84・6％の黒字だが、減価償却後は105・4％の赤字になっている。1日1キロ当たりの営業収入は54万6228円、営業経費は56万9751円で2万9123円、全線で43万6845円の赤字である。

令和元年秋の台風19号による被害の復旧で増発どころの騒ぎではないだろうが、逆に大規模な工事が行える。4両編成化や信号場の新設をして、混雑解消を行い、それによる増収を図るのである。

京王高尾線

「京王ライナー」は2扉クロスシート車で通年運転に

京王高尾線《けいおうたかお》は北野《きたの》―高尾《たかお》山口《さんぐち》間8・6キロの路線で、北野―高尾間が複線、高尾―高尾山口間は単線である。

京王線に直通する新宿への通勤路線だが、近年の高《たか》尾山《おさん》トレッキングブームもあって観光路線の比重も高くなってきている。行楽期の土休日にはL／Cカー5000系を使用した座席指定の「Mt.ＴＡＫＡＯ」を走らせている。しかし、ＪＲ中央線から高尾駅乗換え、高尾山口まで1駅の短距離の利用も多い。新宿から京王線利用をもっと宣伝してもいいと思われる。

そのためには、専用の2扉クロスシート車、つまり小田急ロマンスカーのような車両による「京王ライナー」の運転が効果的である。

北野駅は島式ホーム2面4線で、下り線側の1番線が高尾線高尾山口行、2番線が京王八王子行になっている。

下りは、特急あるいは準特急の高尾山口行と、先着し待っていた各停の京王八王子行、または先着して待っていた高尾山口行各停と京王八王子行特急あるいは準特急とが同時に発車するのが基本である。

一方、上りでは高尾山口発も京王八王子発も各停が4番線に停車する。高尾山口発各停のとき京王八王子発の特急あるいは準特急が、京王八王子発各停のときは高尾山口発特急あるいは準特急が、2分程度あとに来て各停を追越していく。

高架の北野駅からは、ＪＲ八王子駅近くにあるタワーマンションのサザンスカイタワーやシティタワー、その向こうに高尾山や陣馬山《じんばさん》、キューピー山と呼ばれる大岳山《おおたけさん》が見通せる。

北野駅を出ると、ＪＲ横浜線を乗越して京王片倉駅となる。横浜線の片倉駅とは相当離れていて連絡駅にはなっていない。

住宅街の中を走るが、南側の北野街道の向こうは現在宅地開発中である。京王片倉駅を南北に貫通する幅26mの都市計画道路が策定されているが、着工される

京王高尾線

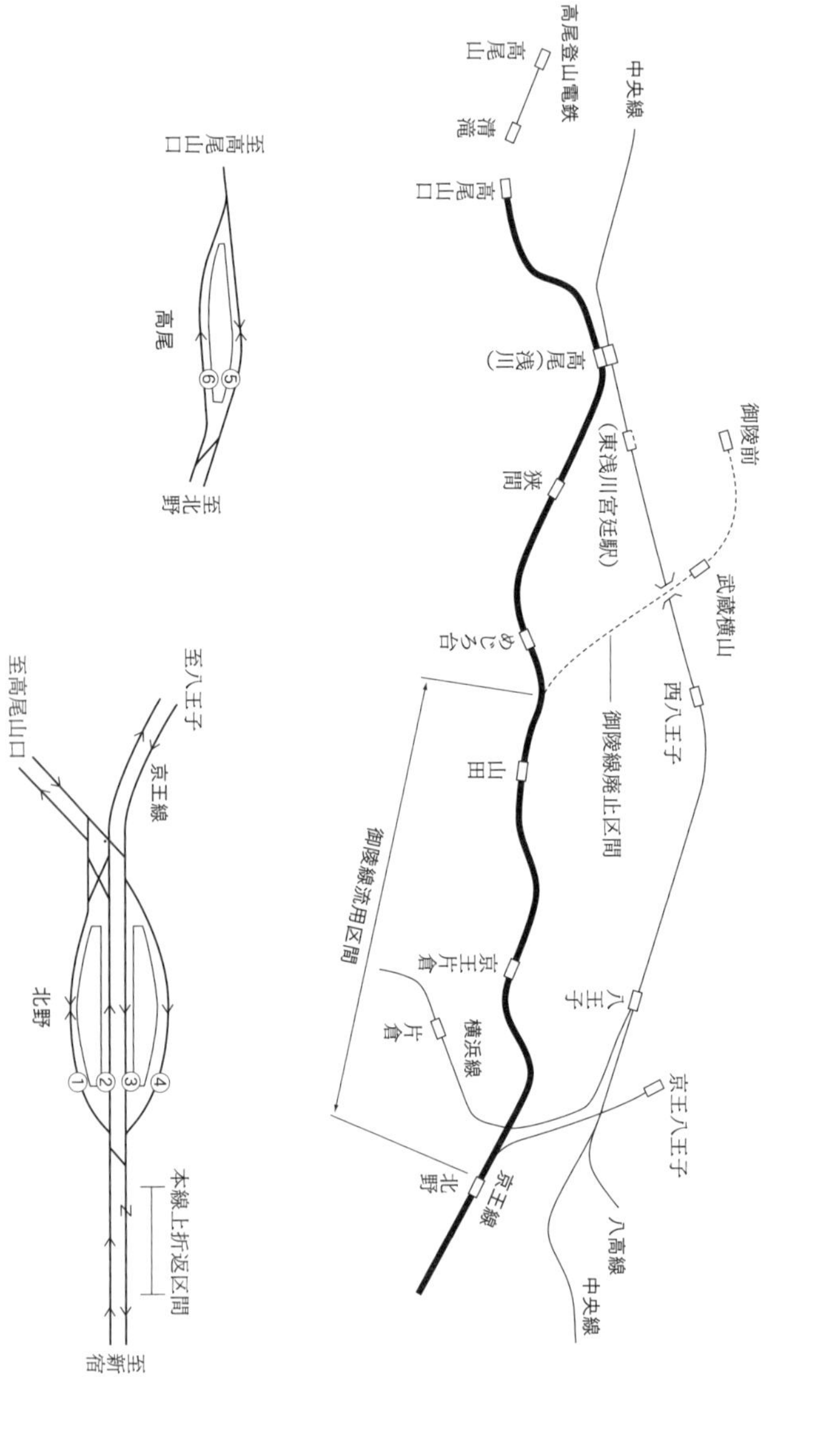

中央線
高尾登山電鉄
高尾山
清滝
高尾山口
高尾（浅川）
（東浅川宮廷駅）
御陵前
狭間
武蔵横山
めじろ台
御陵線廃止区間
西八王子
山田
御陵線流用区間
京王片倉
八王子
横浜線
片倉
京王八王子
北野
京王線
八高線
中央線
至高尾山口
高尾
5
6
至北野
至八王子
京王線
至高尾山口
北野
1
2
3
4
本線上折返区間
至新宿

予定はまったくない。これができると八王子駅から多摩センターへの多摩都市モノレールが建設されることになっている。

山田駅を出て、めじろ台駅に差し掛かる手前の右側に、かつての京王御陵《ごりょう》線の路盤跡が残っている。路盤跡の先は甲州街道の並木町交差点まで都市計画道路に転用されている。御陵線は途中でJR中央線を乗越していて橋脚が残っていたが、都市計画道路が中央線をアンダーパスする工事のとき撤去された。甲州街道の先、浅川の近くにはまだ橋脚が残っている。

御陵線は大正天皇多摩陵への参拝のために造られた路線で、終点の御陵前駅は陵南《りようなん》公園の東側にあった。また、北野—山田駅西方間は高尾線に流用されている。

次のめじろ台駅は掘割の中にあり、島式ホーム2面4線にできる構造になっていたが、中形車6両編成から大形車10両編成にホームを延伸するときに用地を転用したため、4線にすることはできなくなっている。ホームの中央部分あたりの線路の反対側を見ると、副本線が設置できるようになっているのがわかる。

高尾駅の京王ホームはJRのホームとはやや斜めになっている。島式ホーム1面2線で、もともと中形車6両編成ぶんで造られていたのを大形車10両編成に対応するように延伸したために、新宿寄りも高尾山口寄りもホームの端部は人がやっと立てるほどで非常に狭い。また下り線は新宿寄り、上り線高尾山口寄りが直線である。新宿寄りに順方向の渡り線があり、電車が遅れた時などは高尾駅で運転を打ち切って5番線で折返すことがある。

高尾駅の先で331mの高尾第1トンネルに入る。出ると左に曲がり中央線と大きく離れる。眼下に小川になってしまった浅川、続いて浅川の支流の案内川《あんないがわ》、その川向こうを甲州街道が並行する。

118mの高尾第2トンネルを抜けて、甲州街道と案内川を渡ると高尾山口駅である。島式ホーム1面2線で、同駅も延伸によりホームの両端は非常に狭い。終端側はホームが終わると線路も終わる。停止位置は車止めから5mもない。

駅舎は杉材を使ったユニークなデザインに改築されている。駅を出てホームに沿って歩き、線路がなくなったところで右に曲がると「京王高尾山温泉極楽湯《ごくらくゆ》」

山田駅を通過する「Mt. TAKAO」高尾山口行

があり、曲がらずにまっすぐ進むと高尾登山電鉄（高尾ケーブル）の清滝《きよたき》駅前広場に出る。

高尾山口駅の乗車人員は定期外が４５０３人、定期が７４４人である。駅付近には普通の民家は少ないが、新宿寄りや駅の西側甲州街道に沿って点々と集落がある。圏央道高尾山インターチェンジの西側にも住宅街が広がっており、相模湖《さがみこ》発の神奈中《かなちゅう》バス（神奈川中央交通）で高尾山口まで乗る人も多い。また、休日の朝の相模湖行神奈中バスは、大垂水峠《おおたるみ》までハイカーで超満員になる。

高尾山口駅の昭和59年度（１９８４）の乗車は定期外が２５２７人、定期が１１８８人、平成7年度（１９９５）は定期外が２７０６人、定期が７４５人だった。定期外客は増加していき、高尾山登山ブームで平成25年度は昭和59年度にくらべ倍近くになっている。

定期客はほぼ同数である。甲州街道沿いの民家は増えも減りもしていないのである。

高尾駅の降車は定期外が１７４８人、定期が56人、JR乗換えは定期外が68人、定期が１４８人である。定期外の降車にはJR乗換客も含まれている。高尾登山客の多くが高尾駅でJRに乗換えている。

乗車は定期外が４１８２人、定期が４８３５人、JRからの乗換えは定期外が41人、定期が２４５８人である。高尾駅発車時点で一気に乗客が増える。

朝ラッシュ時に高尾駅を発車する急行は座席がほぼ埋まり、次の停車駅めじろ台では座れないことが多い。各停はまだまだ空いている。このため、めじろ台駅などから一度高尾駅まで来て急行に折返乗車する人が多い。この場合、高尾駅までの定期券を買っていれば不正乗車にはならない。

京王八王子駅でも折返乗車をする人は多い。京王八王子駅では朝ラッシュ時は降車客がすべて降りてしまうのを確認してから乗車させている。しかし、高尾駅では中間駅なのでそれはしない。京王八王子駅と違って高尾駅ではほぼすべての人が座れるためもある。

各停は京王片倉駅まで各駅で乗客が乗ってくるが、山田駅や京王片倉駅から乗ってくる人は、座席が空いていても扉の前に立っている人が多い。座っていても山田駅到着前に扉の前に立つ人がいる。北野駅で京王八王子発新宿行の特急や準特急、急行に乗換えるのだが、北野駅に到着して急行乗車位置の一番前などに並べば、かろうじて座れる可能性がある。それを狙って各停の扉の前に立つのである。

京王片倉→北野間の乗車客は定期外が１万４８０人、定期が１万２７４８人、合計２万３２２８人で、定期比率は55％と低い。

昭和59年度では定期外が６３０９人、定期が１万３２５９人、合計１万９５６８人、定期比率は68％だった。平成７年度は定期外が６８８４人、定期が１万４８０５人、合計２万１６８９人、定期比率は68％である。

定期外客が増えて定期客が減るのは少子高齢化が来ているということだが、京王片倉―めじろ台間の南側、八王子みなみ野地区が開発中で、今後、バスでめじろ台駅に行き新宿方面に向かう通勤客、あるいは京王片倉や山田付近へ徒歩で向かう客が増加する。新たな通勤客のために高尾線沿線の少子高齢化はあまり進まないものと思われる。

朝の上りの高尾線は優等列車も各停もすべて10両編成だが、ピークを外れたラッシュ時間帯の各停は８両もある。

ピーク時の優等列車は急行である。しかし、運転間隔は20分超と少ない。大半が各停であり、しかも北野止まりか、京王八王子発の急行を府中まで逃げ切るかである。北野駅で急行を待っても座れる保証はない。

ピークの前後に座席指定の「京王ライナー」が走る。京王八王子発で、北野で接続する（６時８分、８時34分発）。これだと座れるが、座席指定料金は４１０円と高いのに座席数が少ないからすぐに満席になる。

「京王ライナー」は20m4扉車の扉間にあるL／Cシートをクロスシートモードにしている。座席定員は1両当たり最大48人になる。

専用の2扉転換クロスシート車であれば76人にできる。そのぶん指定席料金を300円に値下げしてもいい。転換クロスシートでは快適でないとすれば、小田急MSEの回転リクライニングシートだと中間車で68人である。これくらいならば400円の指定席料金でも高いとは思わない。

「京王ライナー」の座席指定券は専用の自動券売機かインターネット（スマートフォン、パソコン）で買う。京王チケットレスサービスに登録していない人は券売機で買うしかないが、高尾駅と北野駅のホームには置いていない。改札外にある券売機コーナーには設置されているが、改札外で面倒だし、券売機に来たときにはすでに満席になっていることが多い。ライナー停車駅の各駅のホームにも指定券券売機を設置してもらいたいものである。

急行の高尾線内の停車駅はめじろ台、高尾である。特急も同じだが、準特急は線内各駅停車である。

平日昼間時は20分サイクルに特急と各停が各1本走る。各停は北野駅で京王八王子発着の準特急と接続する。

土休日は準特急と各停が各1本による20分サイクルになる。土休日のほうが高尾登山のハイカーが多いのに、高尾線内各駅に停車する準特急になる。土休日こそ特急にしなければならないはずである。

土休日に高尾線内各駅の利用が多くなるとすれば高幡不動―高尾山口間の各停を加えるとか、20、40分毎に「京王ライナー」を定期で走らせればいい。

「京王ライナー」の停車駅は京王線内を含めて、府中、分倍河原《ぶばいがわら》、聖蹟桜ヶ丘、高幡不動、北野、めじろ台、高尾である。現在の5000系も悪くはないが、専用の2扉回転リクライニングシート車を登場させるのもいい。このような車両による座席指定列車が走ることで京王高尾線の知名度があがり、高尾山を訪れる観光客はもっと増えるはずである。

なお、平日夕ラッシュ時以降の下りは、北野駅で新宿発京王八王子行特急に接続する各停が10分毎に走るのみである。

ＪＲ中央本線（高尾―竜王間）列車区間での快速運転を

ＪＲ中央本線の列車区間のうち、高尾《たかお》―竜王《りゅうおう》間85・5キロを取り上げる。電車区間の東京―高尾間は本書の姉妹本『ライバル鉄道篇』を参照していただきたい。甲府《こうふ》駅まででではなく竜王駅までにしたのは、特急「かいじ」の1往復が東京・新宿―竜王間に走るためである。特急「かいじ」はもともと急行「アルプス」を特急に格上げしたものであり、停車駅の多い特急である。

高尾駅で京王高尾線と連絡、大月《おおつき》駅で富士急行線と接続して直通電車が走る。甲府駅ではＪＲ東海の身延《みのぶ》線と接続するが直通運転はない。

●たすき掛け、貼付け、別線――線増方法の見本市

高尾駅は、変形したＪＲ形配線になっている。

北側にある片面ホームに面した線路が2番線の上り本線、その背面に頭端行止り式の電車1番線がある。隣の島式ホームの北側は副本線の上り中線、南側は下り中線、その南にあるホームに面していない通過線が下り本線である。下り本線の南側に列車区間用「中距離電車」の留置線があり、1番線の北側には電留線が5線、新宿寄りに引上線が1線ある。

南側の留置線のさらに南にある高架線が京王高尾線の線路である。南口は京王電鉄が管理、北口はＪＲが管理している。京王が管理する南口は、高尾山口寄りに移設する予定がある。

南北自由通路はない。入場券を購入して通り抜けるか、甲府寄りにある踏切を通る大迂回をしなければならない。南北自由通路を設置する計画はあるものの、莫大な建設費が必要なために頓挫《とんざ》している。

高尾駅を出るとすぐに25‰の上り勾配で進む。第1浅川橋梁で甲州街道（国道20号）とともに浅川を渡る。その先も20・0‰、続いて22・5‰の上り勾配で進む。右は梅林越しに高架の中央道が並行する。

明治34年（1901）の開通当初は単線だった。昭和30年代に複線化するとき、線増線を下り線とした。下り線と上り線の間隔が広がってトンネルに入る。下

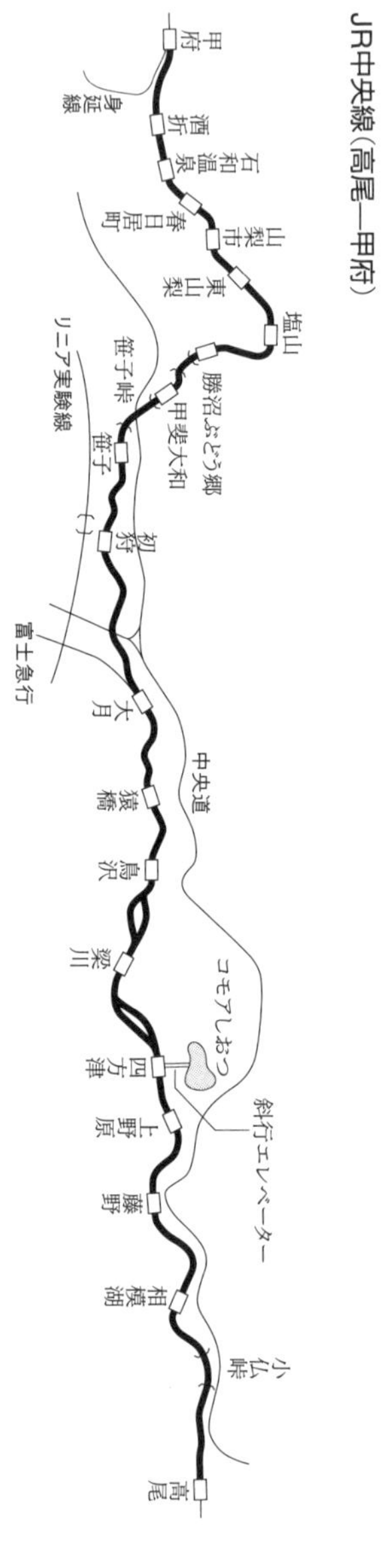

り線が164mの新湯《ゆ》の花《はな》トンネル、上り線が160mの湯の花トンネルとした単線並列のトンネルである。これらトンネルの上に中央道と圏央道の大ジャンクションが覆い被さっている。

25・0‰の連続上り勾配になり、両側に梅林が広がる。左側、眼下に釣り堀があり、県道を乗越すと、上り線側に保守用の横取線がある。ここがかつての小仏《こぼとけ》信号場の跡である。

小仏信号場は単線時代の昭和27年（1952）に開設された。続行運転の間隔を短くできるように、同信号場を境に閉塞区間を分割して、東京駅から小仏信号場までを自動閉塞信号区間とし、同信号場から先をタブレット閉塞にしたのである。だから、行違いをするわけではなかった。

同信号場の先に小仏トンネルがあったが、行違い設備を設置するとき200mほど新宿寄りに移設した。そして短い相対式ホームを設置して朝、昼、夕に3往復の普通列車が客扱いをした。信号場でも客扱いは可能なのである。昭和37年に高尾—小仏信号場間が複線化され、新小仏トンネルが完成した昭和39年に小仏信号場—相模湖間も複線化されて小仏信号場は廃止となり、そして横取線が設置された。

小仏信号場跡を過ぎると下り線は2594mの新小仏トンネル、上り線は2545mの小仏トンネルに入

圏央道ランプウェイからみた中央線を走る「あずさ」E353系松本行

る。両トンネルとも高尾寄りは上り勾配、途中から下り勾配になる。とくに下り線は25・0‰の連続下り勾配になっている。降りるだけだから構わないのである。上り線には45ｍの板橋トンネルが続く。

線増線側のトンネルは最初から天井が高いが、明治期からある旧線側のトンネルは、天井が低い小断面になっている。電化後は、パンタグラフ部分だけ屋根が低い中央線仕様の電車が走っていた。後に路盤を掘り下げて天井を高くして通常の電車が走れるようにした。天井を掘るのは簡単でないが、路盤を掘り下げるのは比較的簡単である。これを「盤下げ」という。

少しの間、上下線は並ぶが、すぐに上下線は分かれる。今度は上り線が線増線になる。しかも「たすき掛け線増」となるので上下線は離れる。

たすき掛け線増とは、山岳線において勾配がきつい既設線を、坂を降りる線路側にし、線増線は緩い上り勾配にするために迂回した別ルートを走らせる線増方式である。平面図でも断面図でもたすきを掛けたように見えることから、その名が付けられている。

下り線は４０１ｍの横吹《よこぶき》、80ｍの小原《おばら》の二つのトン

令和元年10月の台風19号によって高尾―相模湖間の上り線が不通になり、
相模湖駅の下り線を使って折返す高尾行

ネルを抜ける。上り線は704mの新横吹、151mの新小原の二つのトンネルを抜ける。

再び下り線が線増線となって238mの新平野、115mの新上の山、上り線は272mの平野、93mの上の山の各トンネルを抜け相模湖《さがみこ》駅となる。

高尾―相模湖間は9・5キロ、普通電車で10～11分かかる。その間トンネルの連続でうんざりする区間だが、トンネル内でも携帯電話が通じるようになり、多くの人がスマホの画面を見続けている。ただし、電波が不安定な個所がある。

相模湖駅は大きく右にカーブしていて、下り本線が片面ホームに面したJR形配線に加えて、上り本線の向こうに上り1番副本線がある。

相模湖―藤野間は上り線が線増線である。たすき掛け線増ではあるが、上下線はそんなに離れていない。下り線は402mの与瀬《よせ》、165mの横道《よこみち》第1、308mの横道第2、242mの橋沢、209mの天屋、249mの吉野、151mの藤野と、短いトンネルの連続である。上り線は相模湖寄りから2190mの新与瀬と258mの新藤野の二つのトンネルしかない。

藤野駅は島式ホームだが狭い。長さは12両編成ぶん以上あるので、上り電車を新宿寄り、下り電車は甲府寄りにずらして停車させ、反対側には柵を設置している。南側の川向こうの山の中腹に、手紙を模したオブジェが置かれている。

高尾—相模湖間では、下り線でみて小仏トンネルの高尾寄りがサミットになって高尾駅からは上り勾配、相模湖駅に向かって下り勾配になっている。相模湖—藤野間は下り線でみて横道第2トンネルがサミットになって、相模湖駅からは上り勾配、藤野駅に向かって下り勾配になっている。

藤野駅からは上野《うえの》原《はら》駅に向かって下り勾配である。下り線が線増線のたすき掛け線増になっている。下り線は４０７ｍの新小《お》渕《ぶち》第１、３３７ｍの新小渕第２、１８５ｍの新小渕第3のトンネルを通る。上り線は藤野寄りから３７６ｍの小渕第１、３１１ｍの小渕第２、１６７ｍの小渕第3のトンネルがある。

その先で上下線が大きく開いて、境川《さかいがわ》を渡ると山梨県に入る。下り線は３０５ｍの新諏訪《すわ》、上り線は２８５ｍの諏訪トンネルを通る。下り線は高架橋を通り、左カーブすると島式ホームの上野原駅である。

改札口は島式ホームの上に上り線側と下り線側の２か所あって、改札を出てから跨線橋を登るという珍しい構造になっている。従来は北口にバス乗り場とロータリーがあり、南口は4階ぶん下に地上との出入口があった。平成29年以降、南口側に昇降用ビルを設置、南口のさらに1階ぶん下がった平地にバス乗り場とロータリー、駐車場を設置した。跨線橋に通じている昇降用ビルは5階建てで、階段と3基のエレベーターが設置されている。昇降ビルやロータリー等は上野原市が出費した。ロータリーに隣接してＤＩＹのくろがねや、スーパーのいちやまマートができて、みすぼらしかった上野原駅前は、見違えるようににぎやかになった。土休日の朝、山へ向かう路線バスはハイカー客でいっぱいになる。元の北口ロータリーは一般車の送迎用になっている。

上野原駅からも下り線が線増線で、笹子《ささご》トンネルまで再び上り勾配になる。鶴川を渡り下り線は７０５ｍの新四方津《しおつ》第１と５５２ｍの新四方津第２、上り線は６９４ｍの四方津第１、５６０ｍの四方津第２のトンネルを抜ける。

四方津駅は高尾寄りが右に大きくカーブしている。JR形配線だが、片面ホームに面している下り本線が3番線、島式ホームの外側の上り本線が1番線となっている。通常のJR形配線の駅で片面ホームを1番線にしているのと異なる。北側に横取線があり、その北側に面してレンガ造りの低い明治時代のホームが残っている。もともとこのホームに面していた線路が1番線で、複線化のときに片面ホームを南側に移設したことでこれを3番線にしたのである。

北側の山を切り開いて、コモアしおつニュータウンがある。1600軒余り、4000人以上が住んでいる大きな住宅地である。駅の手前まで、行路長210m、高低差100mの斜行エレベーターとエスカレーターがあるコモアブリッジで結ばれている。

しかし、コモアブリッジと駅とは直結しておらず、ブリッジから狭い階段で2階ぶん降りる。しかも駅の改札口からホームへは跨線橋で行かなくてはならず、降りたり登ったりで非常に面倒である。跨線橋とブリッジ入口とを直結すれば、階段の上り下りはほとんどなくなる。

現在、バリアフリー化の工事が始まっているが、二つのホームから跨線橋、跨線橋から改札口へと、計3基のエレベーターを設置するのみである。ブリッジと駅前広場とのエレベーターはJRの敷地外の甲州街道側に設置される。隣の上野原駅は市が多額の出費をして昇降用ビルを造ったが、同じ上野原市内の駅なのに四方津駅に対して、市はエレベーターの設置だけでバリアフリー化を完了としている。なお、ホームの高さを電車用に合わせる嵩上《こうじょう》工事は、下り本線側は終了、上りホーム側を工事中である。

JR形配線なので上下本線は広がっている。甲府寄りは広がったまま、下り線は574mの巌《いわお》トンネル、上り線は645mの新巌トンネルに入る。トンネルを出ると87mの大呼戸沢橋梁を通るが、上り線の90mの新大呼戸沢橋梁は一段高くなって、下り線とより離れ、はっきりしたたすき掛け線増区間になる。

下り線は並行する甲州街道と桂川《かつらがわ》（神奈川県に入ると相模川）寄りを進むが、線増線の上り線はもっと北側の山を長いトンネルで抜ける。下り線は101mの新倉第1、587mの新倉第2、116mの新倉第3の三つのトンネルを抜け、上り線と合流する。上り線は1349mの新倉トンネル一つだけである。

合流した先で下り線は416mの梁川《やながわ》第1、140mの梁川第2、上り線は418mの新梁川第1、151mの新梁川第2トンネルを抜ける。

そして梁川駅となる。無人駅で、細長い島式ホームがある。行楽シーズンの土休日には職員が派遣され集札を行うことがある。

梁川駅から先も上下線が大きく離れるたすき掛け線増区間になる。下り線は甲州街道に沿って進み、92mの斧窪《おのくぼ》、374mの巌山の二つのトンネルがある。上り線は短絡するように1552mの御前山《ごぜんやま》トンネルがあるだけである。

上下線が合流して甲州街道をくぐって少し進むと鳥《とり》沢《さわ》駅である。梁川駅にくらべると幅が少し広い島式ホームになっている。下り線には下り1番副本線（下1線）があり、貨物列車の待避線になっている。

鳥沢駅の先からは別線線増区間になる。513mの上路トラス橋の新桂川橋梁で桂川と、桂川によって広く深くえぐられた谷を渡る。橋梁を渡るとすぐに、複線トンネルで1222mある猿橋トンネルをくぐる。

廃止された旧線は、鳥沢駅を出て右にカーブして甲州街道を越え、360mの大原トンネルを抜けた先で再び甲州街道を乗越して盛土で進む。三たび甲州街道を乗越して、猿橋トンネルを抜ける。右に日本三大奇橋の一つである猿橋を見ながら、深く狭くなった桂川を渡って現在線につながっていた。大原トンネルや猿橋トンネルは残っているが、猿橋トンネル手前の盛土は崩され、ローソンと富士急山梨バスの待機場になっている。

旧線は新線にくらべて実距離で739m長い。そこで猿橋駅手前の旧線と新線との接続点に営業キロ更正点を設置して、東京起点83・913キロを84・652キロに更正している。つまり更正点から甲府寄りは実キロにくらべ営業キロは739m長くしているのである。

猿橋駅は島式ホームの両側に下1線と上1線の上下貨物待避線がある。下り線に鳥沢駅と連続して貨物待避線があるのは、笹子トンネルまでほぼずっと上り勾配になっているため速度が落ち、特急の走行を邪魔する。そのために待避線を多くしているのである。なお、上1線の北側に低床の明治期のレンガ造りの1番ホームが残っており、かつてはJR形配線だったことがわかる。

　南側の山の上に清水建設・JR東日本によるパストラルびゅう桂台、東南のやや平地に積水ハウスの分譲住宅がある。駅から桂台へは、JRも加わって日本電設工業が開発したBTM（Belt type Transit system by Magnet、磁石ベルト式輸送システム）という、永久磁石とベルトを組み合わせて走行するモノレールが設置されていた。しかし、大きな不具合があって廃止され、現在は山をくりぬいて垂直エレベーターが設置されている。

　猿橋駅を出ると甲州街道をくぐり25・0‰の連続上り勾配になる。右手に桂川、左手に駒橋《こまはし》発電所の導水管の下をくぐる。ずっと最小曲線半径400mで右に左に曲がっていたが、一か所だけだが半径300mの左カーブがある。平坦になって市街地に入ると大月駅である。

　大月駅はJR形配線に加えて北側に上1〜上3の3本の電留線がある。上1電留線は上り本線とシングルスリップポイントで交差、続いて上り本線分岐線とダイヤモンドクロスで交差して下り本線に接続、甲府寄りで富士急行との連絡線が分岐する。6両編成の普通電車は後ろ3両を切り離して富士急行線に入る。下り本線とのスリップポイントは富士急行線から上り本線へ入るためにある（大月駅の配線は165頁）。

　発着線番号は富士急行からの連番で、片面ホームに面している下り本線は3番線、中線が4番線、上り本線は5番線である。4、5番線と電留線から3番線に入れるように、高尾寄りに4番線から3番線に入れる渡り線がある。この場合、上り本線に引上げて折返して3番線に入線する。3番線と4番線は甲府と高尾の両方向に出発できる。

　大月駅を出て、富士急行線が左に分かれていく。この先は単線線路に並行して線増線を敷設した貼付け線増区間である。地形に沿って25‰の下り勾配になり桂川を渡る。甲州街道をくぐり、24・0‰の上り勾配になって山裾に取り付く。甲州街道は下っていくので中央本線のほうが高くなる。国道20号大月バイパスが工事中で、完成すると中央本線をくぐり、北側にある中

初狩駅付近のリニア実験線のシェルターには窓が設置されている

央道大月インターチェンジにつながる。次に中央道吉田線をくぐる。徐々に甲州街道と同じ高さに下り、大月警察署あたりで同じ高さになる。

　桂川の支流の笹子川が蛇行しているので2回笹子川を渡る。25‰の連続上り勾配になり、その25‰の勾配上に初狩《はつかり》駅がある。また半径400mで右にカーブしている。このため左右のレールに高低差を付けるカント量は狭軌で最大の105㎜にもなっている。島式ホームだが、上り線と下り線の間に段差を付けてある。

　初狩駅は中央線で唯一残ったスイッチバック駅である。しかし、それは貨物列車に対してのもので、旅客電車は25‰上にある島式ホームで発着する。

　駅の高尾寄りにある甲州砕石大月営業所で採集した砕石を運ぶ貨物列車と、JRの越中島《えっちゅうじま》貨物駅にある東京レールセンターからのレールを運ぶ貨物列車が、水平になっている停車線にスイッチバックで入線する。

　甲州砕石の専用線があり、折返線につながっている。折返線は島式ホームの下り線の南側でやはり水平になっている引上線につながっている。上下本線とホームは25‰で上っているので甲府寄りで引上線と大きく高低差が付く。

　スイッチバックの停車線は上下本線に対して斜めに延びており、かつての旅客ホームは撤去されたものの、空き地のままになっている。駅舎は停車線の北側にあるので、構内踏切で停車線を横切って、一段高くなったホームへは地下道を通っていく。この構内踏切からスイッチバック駅の構造がよくわかる。

　なお、初狩駅の甲府寄りでアンダーパスしている県道712号線を南下すると、リニア実験線をアンダーパスしている。実験線の高川トンネルと初狩トンネルの間の明かり区間（トンネルでない区間）である。しかし、コンクリートシェルターで覆われており走行風景は見られないし、リニアに乗っている人も外の景色を見ることができない。初狩トンネルの長さは463m、その先に5983mの笹子トンネルがある。両トンネル間の明かり区間もコンクリートシェルターに覆われているが、ちょうどリニア車両の窓に当たるところに小さなガラス窓が数m間隔で設けられ、車内からは景色を見ることができるようにしている。

　500キロ走行のときに同期して外が見えるようになる間隔で窓を並べているというが、窓が並んでいるシェルターは60mほどしかない。500キロでリニアは60mの距離を0・43秒で通過する。ほんとうに一瞬しか外を見ることはできない。

　中央本線に話を戻す。初狩駅の手前からほぼ連続して25・0‰の上り勾配で進む。南から中央本線、甲州街道、笹子川、中央道が狭隘《きょうあい》な谷を並行して進むようになる。中央本線が笹子川を渡るあたりはルートを移設した別線線増区間になる。甲州街道とともに笹子川をコンクリート橋梁で99mの第4笹子川橋梁で渡り、すぐに105mで複線の新天神山トンネルを抜ける。第4笹子川橋梁の南側に旧線の橋台や天神山トンネルが残っている。

　盛土で甲州街道を見下ろしながら進み、第5笹子川橋梁を渡り、続いて甲州街道を越えると笹子駅である。初狩駅と同様に半径400mの右カーブと25‰の上り勾配にホームがあるが、かつてはスイッチバック駅だった。その停車線はJRの笹子設備トレーニングセンターに流用され、模擬ホームや線路、地下トンネルなどが置かれ、線路は乗上げポイントで本線につながっている。折返線は複線化のときに上り線の用地に流用されている。

トレーニングセンターの北側に改札口と駅前広場があり、笹子トンネル近くにあった笹子トンネル開通記念碑も移設されている。駅から甲州街道で200mほど大月寄りに行ったところに、スイッチバック時代にホーム売りで人気があった笹子餅を販売している「みどりや」がある。

甲州街道とともに進んで半径400mで右カーブ、上下線が広がって下り線が旧線で4656mの笹子トンネル、上り線が線増線で4670mの新笹子トンネルを通る。

笹子トンネルに入ると緩い上り勾配になる。途中で下り勾配に転じる。この地点が笹子越えで一番高い標高630mである。トンネル内は直線である。

笹子トンネルを出ると日川《ひかわ》を渡りJR形配線の甲斐《かい》大和《やまと》駅となる。深い掘割の中にあり、駅の高尾寄りで甲州街道が横切っている。下り線が片面ホームに面しており、島式ホームには甲州鞍馬石の灯篭が置かれている。

甲府寄りホームからはずれた下り線と中線の上にシェルターが置かれている。隣には諏訪神社がある。同駅が初鹿野《はじかの》駅として開業したころ、境内にあった「初鹿野の大杉」が汽車の振動で枯れてしまい、切り株だけが残った。その後、複線化工事や初鹿野駅改良工事で大きな事故が続いた。これは大杉の祟りではないかということで、切り株への振動などを抑える目的で造られたといわれる。近年になって、新しいシェルターに取り換えられている。

甲斐大和駅を出ると25‰前後の勾配で下っていく。甲府寄りでいったん上下線は通常の間隔になるが、すぐに分かれて、下り線は365mの鶴瀬、上り線は1252mの新鶴瀬トンネルを通る。

その先の下り線は浅い土被りの横吹第2、深沢《ふかざわ》、大日影《おおひかげ》の三つのトンネルを抜けていたが、地滑り地帯なので横吹第2トンネルが崩壊、その前に新横吹第2トンネルを掘った。線増線の上り線は地滑り地帯を避けるべく、もっと土被りが深い位置に1632mの新深沢、1412mの新大日影トンネルを掘った。

下り線の各トンネルは崩壊の恐れがあることから、

上り線に並行して1613mの新深沢第2、1415mの新大日影第2の二つのトンネルを平成9年に完成させて下り線を移設した。横吹第2となっているのは高尾―相模湖間に横吹トンネルがあるためである。

放棄された大日影トンネルは遊歩道になっていて勝沼《かつぬま》ぶどう郷《きょう》駅の駅前広場に通じている。深沢トンネルはワインの貯蔵庫に転用されている。

勝沼ぶどう郷駅も元はスイッチバック駅で、元の折返線は駅前広場と大日影トンネルの遊歩道に通じており、停車線も公園になっている。

現在の勝沼ぶどう郷駅は島式ホームで半径500mの右カーブ上にある。左手に勝沼ぶどうの丘公園が見える。勝沼ぶどう郷駅を過ぎると甲府盆地を見渡せるようになる。新日本三大車窓の一つに挙げられている。場違いのようにぽつんとある山が塩ノ山《しおのやま》で、これが次の塩山《えんざん》駅の駅名の由来となった山である。

下り線は286mの岩戸、191mの牛奥《うしおく》第1、140mの牛奥第2の三つのトンネルを抜ける。上り線は517mの新岩戸、248m新牛奥の二つのトンネルを通る。左に大きくカーブして重川《おもかわ》橋梁を渡る。重川を渡る手前で25‰前後の急勾配区間は終了するが、それでも下り勾配基調で進む。

この先にJR形配線の塩山駅がある。下り本線が片面ホームに面している。塩山駅の先から山梨市《やまなしし》駅の手前まで直線である。途中に相対式の簡易なホームで無人駅の東山梨駅がある。山梨市駅は上り本線が片面ホームに面しているJR形配線になっている。

山梨市駅を出ると右カーブして笛吹《ふえふき》川を渡り左カーブしてから直線になる。途中に相対式ホームの春日居《かすがい》町《ちょう》駅がある。

右カーブした先に石和《いさわ》温泉駅がある。少し前まで下り線が片面ホームに面したJR形配線で、島式ホームの北側に貨物ヤード、甲府寄り北側、平等川を渡った先の日本セメントへの専用線があったが、すべてなくなり島式ホームを片面ホーム化して、平成28年に相対式ホーム2面2線になった。

駅の南側に石和温泉街とイオンショッピングセンターなどがある。駅は自由通路がある橋上駅になり、国道140号（雁坂みち）に通じる北口広場も整備されている。

次の酒折《さかおり》駅はJR形配線になっている。酒折駅を出ると単線の身延線と並行する。身延線には中央本線と合流する手前に善光寺駅、並行すると途中に金手《かねんて》駅がある。

身延線はもと富士身延鉄道という私鉄だったことで駅間距離が短かったが、それだけではなく、国鉄は所属線（支線）については駅間を短くするようにしていた。現しなの鉄道である元信越《しんえつ》本線と並行する区間の小海《こうみ》線には乙女《おとめ》駅と東小諸《ひがしこもろ》駅があるが、しなの鉄道線（元信越本線）には駅がない。

甲府駅は下り線の1番線が片面ホームに面しているが、高尾寄りの身延線の発着線である頭端島式ホームに通じている。身延線の発着線は北から5番線、6番線になっており、特急「ふじかわ」は基本的に5番線で発着する。

中央本線のほうは1番線の次に、ホームに面していない中線がある。この中線は貨物列車の上下待避線である。その次に島式ホームに面している2番線の上り本線、そして3番線の上り1番副本線、さらに貨物待避線の上り2番副本線がある。すべての本線、副本線は高尾、塩尻《しおじり》の両方向に発車できる。

高尾寄り北側に引上線と機留線がある。機留線には茶色に塗られたEF64形1001号が常駐している。レール運搬や砕石運搬の貨物列車を牽引する。

甲府駅を出ると入出庫線がしばらく並行する。そして右手に甲府電留線があり、その先で荒川を渡る。中央道をくぐり貢川《くがわ》を渡った先に竜王駅がある。

竜王駅はJR形配線に加えて貨物着発線の上り1番副本線、それにJR貨物側線、JXエネルギーの油送場への専用線がある。根岸線根岸駅との間に1日2往復の石油輸送の貨物列車が運転されている。

早朝夜間に1往復の「かいじ」が発着する。竜王―新宿間の高速バスに対抗するのが主な目的である。

●山岳線なのに意外に速い中距離電車

特急は「あずさ」と「かいじ」、それに「富士回遊《ふじかいゆう》」が走る。松本車両センター所属のE353系で9両編成と3両編成があり、最大12両編成で走る。

E353系は空気バネ式車体傾斜装置を装備している。空気バネの伸縮によって車体を1・5度傾斜させて遠心力を緩和することでカーブの通過速度を上げる。運転最高速度は130キロである。

　9両編成の9号車はグリーン車だが、乗務員室や車販準備室、車いす対応の大型トイレ、多目的室、業務用室などがあり、グリーン客室は車両の半分程度しかなく定員は30人になっている。シートピッチは普通車が960㎜とやや狭い。グリーン車は1160㎜である。「あずさ」の大半と「かいじ」の2往復が12両編成である。「富士回遊」は3両編成で、新宿—大月間は9両編成の「あずさ」と併結運転する。

「あずさ」の下り1本と上り3本、「かいじ」の下り4本は東京発着である。下りは午後から夜間、上りは午前中に走る。

「あずさ」3号は千葉→南小谷《みなみおたり》間、26号は南小谷→新宿間、30号は松本→千葉間の運転である。千葉発着は錦糸町駅の新宿寄りで総武緩行線に転線、御茶ノ水駅を出てから中央快速線に転線する。とくに、錦糸町での転線は平面交差なので信号待ちをすることもある。

「かいじ」の夜間下り、朝上りのそれぞれ2本は竜王発着である。「富士回遊」は新宿—河口湖間の運転である。

　そのほかの「あずさ」は新宿—松本間、「かいじ」は新宿—甲府間の運転である。

「あずさ」の停車駅は各種のパターンがある。最速の12号は茅野《ちの》、甲府、八王子の3駅しか停まらない。一番停車駅が多いのは3号で、船橋、錦糸町、新宿、立川、八王子、大月、甲府、韮崎《にらさき》、小淵沢《こぶちざわ》、富士見、茅野、上諏訪、下諏訪、岡谷、塩尻、松本、豊科《とよしな》、穂《ほ》高《たか》、信濃大町《しなのおおまち》、白馬《はくば》である。

　大月停車は下りが1号、3号と35号、上りが10号と30号のわずかしかない。ただし不定期運転の「あずさ」の多くは停車する。従来、塩山や山梨市、石和温泉に停まっていた「あずさ」があったが、今はすべて通過する。令和2年春からはこれらの駅に停車する「あずさ」2往復（下り3・55号、上り16・44号）が設定される。

「かいじ」の停車駅は新宿、立川、八王子、大月、塩山、山梨市、石和温泉、甲府で、それまで停車していた上野原は通過する。三鷹停車も皆無になった。

「富士回遊」の停車駅は立川、八王子、大月、富士急線内の都留《つる》文科大学前、富士山、富士急ハイランドである。令和2年春からは下吉田駅が加わる。

最速の「あずさ」12号の新宿―松本間の所要時間は2時間23分、表定速度は94・4キロにもなる。松本↓甲府間は1時間、表定速度は101・3キロ、甲府↓新宿間は1時間22分、90・5キロである。これだけ速いと、普通電車も速くしないと追い付かれてしまう。

普通電車は、東海道本線で使用していた211系と中央線快速用のE233系を使用する。以前の115系は下り勾配で速度を一定にしながら降りることができる抑速《よくそく》ブレーキが付いていたが、211系とE233系にはない。211系はロングシート車とセミクロスシート車があり、ともに3両編成と6両編成があるが、立川―大月間では3両編成は走らず3+3の6両編成か6両貫通編成が走る。3+3の6両編成は3両がクロスシート車、もう3両がロングシート車のときもある。E233系は10両編成である。

高尾―甲府間で普通電車が特急を待避できる駅は、高尾、相模湖、四方津、大月、甲斐大和、塩山、山梨市、酒折である。

高尾―大月間で特急を待避しない場合の普通の所要時間は36分、表定速度は57・8キロである。通常、各駅に停車する普通の表定速度は40キロ前後が多いが、60キロに迫る速い速度になっている。平均駅間距離が4・3キロと長いこともあるが、特急の邪魔をしないように目いっぱいの速度で走らせている。大月―甲府間でも所要時間は48分、表定速度は57・9キロになっている。

土休日にはホリデー快速「ビューやまなし」が、オール2階電車215系によって新宿―小淵沢間に運転される。停車駅は三鷹、立川、八王子、高尾、大月、勝沼ぶどう郷、山梨市、石和温泉、甲府、韮崎である。新宿―甲府間の所要時間は2時間6分、表定速度は63・8キロと、快速としては遅い。

朝ラッシュ時の普通は、高尾↓大月間では10分前後の間隔で、多くが東京駅まで行き、なかには通勤特快も走る。だが、閑散時は1時間に2本の運転が基本でも、40分以上も間隔があくことがある。これでは利用しにくい。たとえ山岳地だといっても、新宿から70キロ圏でこんなに間隔が長いところはない。もっと運転間隔を短くしてほしいものである。

大月―塩山間では1時間以上も間隔があいている。

塩山以西は区間運転があり間隔は短くなる。

今後、中央線快速にグリーン車2両を連結する。現在は大月駅折返しか、6＋4両の10両編成を分割して、富士急行線へ6両編成で乗入れている。グリーン車は6両編成側に連結して8両編成になる。富士急行線は最大で6両編成しか走れない。グリーン車連結の8両編成は走ることができず、4両編成が乗入れることになる。

この8両編成が大月―甲府間に運転されると予想できる。とくに朝の「かいじ」は新宿到着9時4分と遅い。8時台に新宿に到着できる特急の運転が望まれているが、通勤ラッシュの時間は走らせられない。

そこでグリーン車連結の8両編成を甲府発の通勤特快として走らせることが考えられているという。おそらく甲府↔高尾間でも快速運転をすると思われる。停車駅は石和温泉、山梨市、塩山、大月、猿橋、四方津、上野原、相模湖とし、四方津駅あたりで普通を追越し緩急接続をすることが考えられる。

夕・夜間には上りの通勤特快が甲府駅まで乗入れることになろう。

四方津駅で普通高尾行を追越す特急「あずさ」

JR青梅線・五日市線

終点の奥多摩駅まで観光特急の運転を

JR青梅《おうめ》線は立川《たちかわ》—奥多摩《おくたま》間37・2キロの路線で立川—東青梅間が複線、東青梅—奥多摩間が単線である。五日市《いつかいち》線は拝島《はいじま》—武蔵《むさし》五日市間11・1キロの全線単線路線である。

両線とも元私鉄であった。青梅線は青梅鉄道が発祥、五日市線は五日市鉄道が発祥である。このため、駅間距離が短いなど私鉄の匂いがする路線である。

青梅鉄道は軌間762mmの軽便鉄道として明治27年（1894）に立川—青梅間が開通、28年に貨物線の青梅—日向和田《ひなたわだ》間が開通、31年に旅客営業も開始した。

現JR中央線である当時の甲武《こうぶ》鉄道は狭軌1067mmであり、立川駅でセメントなどの貨物の積替えが必要だった。また軌間762mmでは輸送力も限りがある。そこで明治41年に狭軌に改軌した。

雷電山《らいでんやま》の石灰を輸送することになり、日向和田駅から雷電山近くの二俣尾《ふたまたお》駅まで大正9年（1920）に延伸、12年には全線を電化して蒸気機関車牽引から電気機関車牽引に切り替えた。そして青梅電気鉄道に改称した。

二俣尾まで延びたなら、その先の武蔵御嶽《みたけ》神社まで延ばせば参拝客が利用してくれるということで昭和4年（1929）に御嶽駅まで延長、9年の行楽期には中央線新宿駅から御嶽駅まで直通電車が走るようになった。セメント・石灰輸送の貨物鉄道から観光鉄道への脱皮を図ろうとするものである。10年には御岳《みたけ》登山鉄道（御岳ケーブル）も開通して御岳山《みたけさん》までの観光ルートが出来上がった。

石灰石が採れ、小河内《おごうち》ダム（小河内貯水池＝奥多摩湖）への建設資材輸送のために氷川《ひかわ》（現奥多摩）駅までの延伸工事が奥多摩電気鉄道により昭和14年に開始されたが、戦時体制に入って資材不足に陥ってなかなか工事は進まなかった。

このときすでに国の戦時買収計画が始まり、買収価

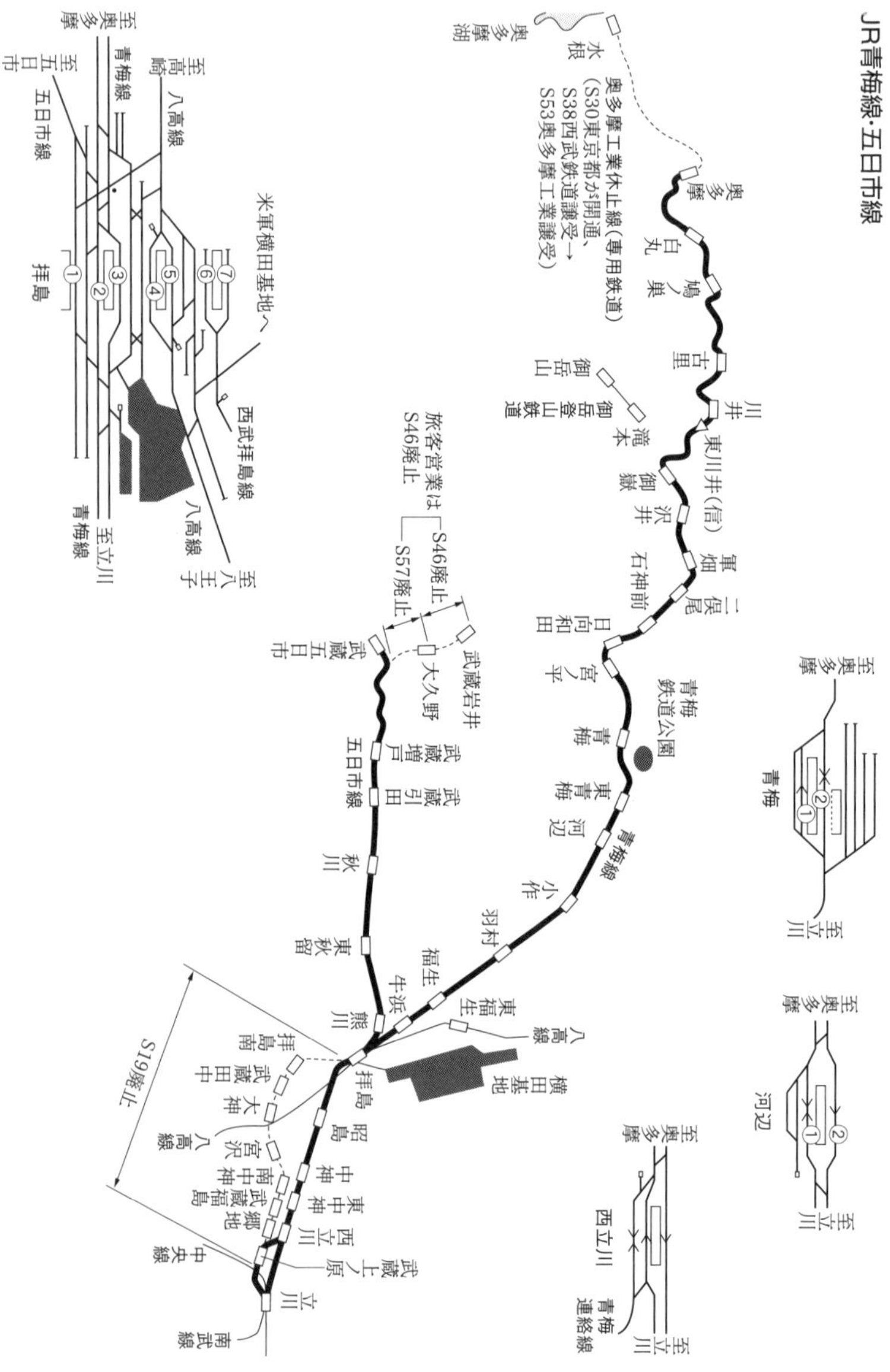

JR青梅線・五日市線
奥多摩湖
水根
奥多摩工業休止線（専用鉄道）
（S30東京都が開通、
S38西武鉄道譲受→
S53奥多摩工業譲受）
奥多摩
白丸
鳩ノ巣
古里
川井
御岳山
御岳登山鉄道
滝本
東川井（信）
御嶽
沢井
軍畑
石神前
二俣尾
日向和田
宮ノ平
青梅鉄道公園
青梅
東青梅
河辺
青梅線
小作
羽村
福生
牛浜
東福生
八高線
横田基地
熊川
拝島
昭島
中神
東中神
西立川
武蔵上ノ原
立川
南武線
中央線
武蔵福島
南中神
郷地
宮沢
大神
八高線
武蔵田中
拝島南
S19廃止
東秋留
秋川
武蔵引田
武蔵増戸
五日市線
武蔵五日市
大久野
武蔵岩井
S46廃止
S57廃止
旅客営業は
S46廃止
至奥多摩
青梅
至立川
至奥多摩
河辺
至立川
至奥多摩
西立川
青梅連絡線
至立川
米軍横田基地へ
西武拝島線
至高崎
八高線
至奥多摩
青梅線
至五日市
五日市線
拝島
至八王子
八高線
至立川
青梅線

格のつり上げを目的として昭和19年7月1日に開通すると同時に国有化され、国鉄青梅線になった。

戦後になって氷川駅からは小河内ダム建設のために水根《みずね》集積場までの東京都水道局の専用鉄道が建設され、昭和57年から蒸気機関車Ｃ11牽引の資材運搬列車が走りはじめた。この専用鉄道は西武鉄道が譲受し、観光路線にしようとしたが国鉄との話し合いがうまくいかず、現在は石灰の採掘や販売を行う奥多摩工業（元奥多摩電気鉄道）が路盤等を所有している。

一方、五日市鉄道は勝峰山（現日の出町岩井地区）の石灰輸送をするために青梅鉄道の拝島駅から分岐して武蔵五日市までを大正14年（１９２５）４月に開通、続いて武蔵五日市駅でスイッチバックし北上して武蔵岩井《いわい》までが7月に開通した。

青梅電気鉄道経由では南武《なんぶ》鉄道（現ＪＲ南武線）への直通貨物列車を走らせられない。そこで南武鉄道に直接接続する別ルートで立川―拝島間を昭和5年（１９３０）に建設した。貨物列車は南武鉄道を経て鶴見《つるみ》臨港鉄道（現ＪＲ鶴見線）に乗入れるようになった。

また、青梅電気鉄道も西立川駅から五日市線の南武鉄道連絡線への短絡線を設置した。

昭和15年に南武鉄道に合併されたものの、南武鉄道は青梅電気鉄道とともに国に買収され五日市線となった。立川―拝島間は青梅線と重複することから、南武線立川駅から青梅線の西立川までの短絡線接続部分を残して廃止された。廃止したレールなどは青梅線の複線化に充てられた。廃止されなかった立川―西立川間は、現在でも中央線から青梅線への下り特快、快速の短絡線として使われている。

立川駅で青梅線電車は北側の1、2番線で発着する。2番線は中央線上り本線（3番線）につながっているので直通できる。しかし、中央線直通電車は青梅寄りのシーサスポイントで中央線上り本線に転線して3番線に滑り込む。中央線下り5、6番線から青梅線への直通電車は、先述した青梅連絡線を通る。

立川駅を出ると直線で進む。中央線は左にカーブして南西向きで進む。青梅連絡線は少しの間中央線と並走しながら高くなって、掘割を進む中央線を乗越していく。立川の市街地は地平にあるために踏切だらけである。

西立川駅は島式ホームで、南側に青梅連絡線からの貨物待避線の下り1番副本線（下1線）がある。上下貨物列車はともに下1線を経由する。上り貨物列車は拝島寄りで下り線に転線してから下1線に入る。下り中央線直通電車は西立川駅手前で青梅線下り線に転線する。

市街地をまっすぐ東中神《ひがしなかがみ》、中神、昭島《あきしま》と進み、頭上をJR八高《はちこう》線が乗越していくと拝島駅となる。五日市線が分岐し、八高線が通り抜け、西武拝島線が乗入れている大きな駅である。JRは南側から片面ホームの1番線、島式ホーム の2、3番線、ホームに面していない中線（中1線、中2線）の貨物副本線が2線、そして八高線の下り本線4番線と上り本線5番線に挟まれた島式ホームがある。その向こうに西武拝島線の6、7番線がある。

1、2番線は立川方向と青梅・五日市方向の両方向に出発できるほかに八高線の高麗川《こまがわ》方面にも直通できる。3番線は立川方向だけである。中線の1、2番線は青梅・五日市・高麗川方面に出発でき、反対側は立川方向と八高線八王子方向にも出発できるほか、貨物引上線を経て米軍専用線を通って横田基地にも入線できる。

八高線の4番線は高麗川方面、5番線は八王子方面しか出発できない。なお、5番線にはパイプ昇降式のホームドアが試験設置されている。

立川駅からずっと直線だったが、拝島駅手前で半径400mと280mで右カーブして西北西方向から北北西方向に向きを変えて牛浜《うしはま》、福生《ふっさ》と直線で進む。

福生駅は米軍横田基地への青梅線の最寄駅である。さらに市街地を羽村《はむら》、小作《おざく》、河辺《かべ》と進む。小作駅とその前後で左カーブして北西に向きを変え、東青梅駅まで直線で進む。河辺駅は島式ホーム1面だが、下り線側に下り1番副本線（下1線）がある。駅の前後に渡り線があって上り線も下1線に進入発車ができる。もともと貨物着発線だが、臨時または不定期電車の留置に使われている。また下り線の1番線は拝島方向に折返しができる。

次の東青梅駅は島式ホーム1面2線で、同駅から単線になり、半径300mで左カーブをして、同じ半径で右カーブする。右手は山が迫る。そこに青梅鉄道公園がある。左手は青梅の市街地である。

青梅駅は、島式ホーム1面2線の両側に副本線の下1線と上1線、上2〜上5の4線の留置線があった。現在、下1、上1の副本線を撤去、留置線の上2線を上り本線にし、今の上り本線は中線にして上り本線との間にホームを新設、島式ホーム2面3線にする工事が最盛期を迎えている。また、留置線は上5線を除いて奥多摩寄りで本線につながっていたが、上5線と同様にすでにすべてが行止り式になっている。

今のところ新設のホームは5両ぶん程度しかできておらず使用していないし、完成後の2番線は両側ホームにしない。

青梅駅の標高は185・7m、立川駅が82・7mなので103m登っている。貨物列車が走るために、最急勾配は11・8‰だがこれは1か所だけ、多くは10・0‰になっている。

東青梅駅まで直線が多かったが、東青梅—奥多摩間は最小曲線半径180m、勾配も最急20・0‰で多摩川の左岸を進む。

次の宮ノ平《みやのひら》駅は島式ホーム1面3線である。秩父鉄道や西武池袋線の飯能《はんのう》以北の各駅と同様に、旅客線の行違い用上下本線の島式ホーム1面2線に、単線の上下貨物本線を加えた配線である。元私鉄だったことがこれでよくわかる。ホームに面していない線路が上り1番副本線で、貨物列車が行違いで停車できるよう長くなっている。青梅駅に収容できなかった10両編成が上1線に留置されることがある。

この先で307mの日向和田トンネルを抜ける。片面ホームの日向和田駅のあたりは多摩川が東南向きになって水田の日当たりがよいことから、この駅名が付いている。今は梅の木が多数植えられていて春には観梅の多くの客が乗り降りする。

次は片面ホームの石神前《いしがみまえ》駅である。南側に石神社《いしがみやしろ》がある。

二俣尾駅も宮ノ平駅と同様に、上下2線の旅客線本線と貨物線の上下共用1線の上1副本線がある。

次の軍畑《いくさばた》駅は戦国時代に三田氏と北条氏の合戦があった場所だったことから付けられている。沢井駅は島式ホーム1面2線の行違い駅である。

御嶽駅も宮ノ平駅と同様、上下本線の旅客線と貨物

御嶽山から見た御嶽駅

線の上1線がある。下り本線である1番線は立川方向への出発信号機があり、折返しができる。上1副本線は留置に使われている。駅舎は1段下にあり、ホームの階段で下に降りる。御岳ケーブルの滝本《たきもと》駅へのバスが連絡している。

　123mの横尾、351mの尾崎の二つのトンネルを抜けると開けたところを走る。もう使われなくなった出発信号機がぽつんと立っている。ここが貨物列車との行違い信号場だった東川井《ひがしかわい》信号場跡である。

　その先に川井駅がある。片面ホームだが幅は結構広い。山小屋風の待合室が建っている。

　古里《こり》駅は相対式ホームで上下線間に副本線の中線がある。貨物着発線だったが、今は留置線に使われている。宮ノ平駅などと構造が違うのは、古里駅は国鉄が造ったからである。

　58mの愛宕《あたご》、54mの清見岳《きよみだけ》、423mの将門《まさかど》の三つのトンネルを抜けると相対式ホームの鳩ノ巣《はとのす》駅である。鳩ノ巣渓谷の最寄駅である。

　183mの鳩巣《はとのす》、25mの馬沢、300mの花立、90mの滝沢、77mの白丸《しろまる》と五つのトンネルを抜けると白丸駅がある。駅の先ですぐに54ｍの白丸トンネルに入る。続いて１２７０ｍの氷川トンネルを抜ける。

トンネルを出ると奥多摩駅である。頭端島式ホーム1面2線で全体に右にカーブしている。向かいには6線の貨物側線があって、奥多摩工業の専用線とつながっていたが、すべて撤去された。

奥多摩駅の標高は３２９・５ｍ、青梅駅が１８５・７ｍだから１４３・３ｍ登っている。

一方、五日市線は拝島駅を出ると、やや広がった複線で左カーブして青梅線と分かれ単線になる。熊川《くまがわ》駅は拝島寄りが半径２８０ｍ、五日市寄りが３００ｍの左カーブ上にある。

この先で４６０ｍの多摩川橋梁を渡る。渡った先は平均12・3‰の上り勾配になる。半径３００ｍの右カーブが2か所あるが、基本的に直線で進み東秋留《ひがしあきる》駅となる。

島式ホームで五日市寄りのホームの端に改札口がある。改札口の先に都道があるが、この都道は五日市線と平面交差している。だから改札口を出て、南に行くのも北に行くのも踏切を渡らなくてはならない。踏切を渡った北側に駐輪場と駅前ロータリーがある。

次の秋川《あきがわ》駅は相対式ホームで、あきる野市役所の最寄りの駅である。武蔵引田《ひきだ》駅は片面ホーム、次の武蔵増戸《ますこ》駅はＪＲ形配線である。片面ホームは下り本線に面しており、島式ホーム側の内側が上り本線、外側が上り1番副本線である。島式ホームといっても中央4両分が上1線に面しているだけであり、外側線はフェンスがあって乗降はできない。貨物着発線として使用されていたが、貨物列車の廃止で使われていない。

右側が丘、左側が住宅地となって進み、高架になって左カーブすると武蔵五日市駅である。頭端島式ホーム1面2線になっている。

ここから武蔵岩井貨物駅への線路跡は各所に残っている。武蔵五日市駅から払沢《ほっさわ》の滝や日原《にっぱら》などへの路線バスが出ており、ハイカーが利用している。また、武蔵岩井駅跡付近にある「つるつる温泉」への路線バスもあり、蒸気機関車を模したトレーラーバスが走っている。

奥多摩駅の乗車は定期外が６４５人、定期が２７４人である。平成7年度は定期外が１１３５人、定期が

397人、昭和59年度は定期外が1001人、定期が668人だった。定期外も定期も大幅に減っている。

定期外客の減少はイコール、ハイカーの減少とみていいだろう。通勤電車のE233系だと乗りたくなくなるということである。今後、E233系にグリーン車が連結されれば利用者も増えるだろうが、それだけではなく新宿からハイカーや行楽客が乗りたくなるような特別車両を三鷹、立川、拝島、御嶽停車の快速で運転すればいいといえる。

ただし、大きなリュックサックを担ぐ登山客はクロスシートよりもロングシートを好む。クロスシートだとリュックの置き場に困るからである。

御嶽駅まで漸増していき、御嶽駅の乗車は定期外が527人、定期が137人、奥多摩駅方向からの降車は定期外が26人、定期は年間で31人、つまり1か月定期を1回だけ利用した人が1人いるだけである。

御嶽→沢井間の乗車客は定期外が1414人、定期が661人、合計で2075人、定期比率は32%である。

なおも漸増するが、微々たる増加にしかならない。

それでも宮ノ平→青梅間の乗車客は定期外が2224人、定期が2359人、合計で4579人と倍以上になる。定期客が増えてくるので同区間での定期比率は52%になる。

昭和59年度は定期外が2169人、定期が3444人、合計で5613人、定期比率は61%、平成7年度は定期外が2504人、定期が2977人、合計で5481人、定期比率は54%だった。少子高齢化が早期に進んでいるといえる。

青梅駅でどっと乗ってくるために青梅→東青梅間の乗車客は定期外が5513人、定期が7104人、合計で1万2617人、定期比率は56%になる。

同駅から大きく漸増していく。牛浜→拝島駅の乗車客は定期外が2万410人、定期が4万8014人、合計で6万8424人にもなる。定期比率は70%と完全な通勤路線になる。

昭和59年度の定期外は1万1257人、定期が3万6657人、定期比率は77%もあった。平成7年度は定期外が1万8153人、定期が4万9950人、定期比率は73%だった。定期外も定期も増え、定期比率が下がるのは、少子高齢化もあるが沿線が成熟してきたこともある。

拝島駅で五日市線の乗客が流入し、八高線からの乗換客もある。八高線からの乗換客は定期外が２１２８人、定期が３１１４人、逆に八高線への乗換客は定期外が１５４２人、定期が２８１０人である。

拝島→昭島間の乗車客は定期外が２万５７７６人、定期が５万８７３１人、定期比率は69％である。

この先も漸増していき西立川→立川間は定期外が３万２８５５人、定期が７万６９３８人となっている。

立川駅で中央線に流入する定期外客は１万７２０８人（52％）、定期が５万２４２４人（66％）、南武線乗換客の定期外は４１９２人（13％）、定期が１万２３１人（13％）である。多摩モノレールへの乗換客は定期外は計上されず降車客に含まれている。定期は２４８１人（３％）である。

昭和59年度の西立川→立川間の乗車客は定期外が１万７２９０人、定期が５万１０９６人、定期比率は75％、平成７年度の定期外は２万５４８６人、定期が７万８０４９人、定期比率は75％である。


五日市線では、武蔵五日市駅の乗車客は定期外が１６２１人、定期が３００３人である。

五日市線も漸増していき熊川→拝島間の乗車客は定期外が６０５４人、定期が１万６４３０人、合計で２万２４８４人、定期比率は73％である。

拝島駅で青梅線に流入する定期外客は４２９０人（71％）、定期は１万２２８０人（75％）、八高線への乗換客は定期外が６１０人（10％）、定期が１５０３人（12％）、西武拝島線への乗換客は定期外が56人（１％）、定期が１９６８人（16％）である。

昭和59年度の熊川→拝島間の乗車客は定期外が３７１０人、定期が１万２４６４人、合計で１万６１７４人、定期比率は77％である。

平成７年度の定期外は４９６６人、定期が１万６９３１人、合計で２万１８９７人、定期比率は77％である。バブル期に増加し、その後、少子高齢化で定期客が減少した。しかし、定期外客が増えて全体の乗車客は増加している。

最混雑区間は、五日市線が東秋留→拝島間でピーク１時間の輸送人員は７０７０人、平均定員を１４８人とし6両編成6本が運転され、輸送力は5328人なので混雑率は133％としている。

しかし、148人の平均定員は10両編成の場合である。6両編成だと乗務員室の占める割合が多くなる。国交省の定員算出基準でE233系の定員を計算すると、先頭車は134人、中間車は152人となり、6両編成は876人、平均定員は146人である。6本走っているから輸送力は5256人に下がり、混雑率は2ポイント上がって135％になる。

青梅線の最混雑区間は西立川→立川間で輸送人員は2万9836人、輸送力は2万2792人となり、混雑率は131％である。

国交省の統計では、通過両数は154両となっている。すなわち武蔵五日市→立川間を走る4本が6両編成、ほかの13本が10両編成である。10両編成のうち中央線に直通しない立川折返の4本と、拝島駅で八高線高麗川発の4両を連結する計6本が6＋4両の10両編成、残りが中間に乗務員室がない10両編成とすると、輸送力は2万2552人になる。混雑率は132％と1ポイント増える。とはいえ、誤差の範囲の修正値ではある。

五日市線の最混雑時間帯は7時4分から8時4分、その間に6両編成が6本走る。

青梅線の最混雑時間帯は7時3分から8時3分、この間に10両編成が10本、6両編成が7本走る。

拝島駅で武蔵五日市発の6両と八高線高麗川発の4両を連結して10両編成になるのが2本、10両編成の奥多摩発が1本、青梅発が4本、河辺発が2本の計9本で、うち1本は中央線に乗入れると通勤快特になる。残りは快速で乗入れる。6＋4の10両編成は奥多摩発と御嶽発が各1本、青梅発が2本の計4本、6両編成は武蔵五日市発が4本である。

昼間時は中央線直通の青梅特快が1本、快速が2本、立川発着が2本の計5本、11～13分毎の運転で、すべて青梅折返である。青梅—奥多摩間は45分毎の運転である。五日市線は完全30分毎に線内折返が走る。

特快も青梅線内は各駅に停車する。

土休日には新宿—奥多摩間運転のホリデー快速「おくたま」と新宿—武蔵五日市間運転の「あきがわ」が各3往復走る。新宿—拝島間は併結し、拝島駅で分割・併合する。朝に新宿駅を発車、夕方に奥多摩駅と武蔵五日市駅を発車する。

「おくたま」の停車駅は中野、三鷹、国分寺、立川、西立川、拝島、福生、青梅、御嶽、「あきがわ」は五日市線内各駅である。

「おくたま」の立川―奥多摩間の所要時間は最速で61分、表定速度36・0キロと、普通にくらべてさほど速くない。行楽電車なので、そんなに速くする必要はないが、青梅―奥多摩間は急カーブの連続なので20m車では遅く走らざるをえない。速く走らせるためには16mといった小形車両が合っている。欲を言えば青梅―奥多摩間は専用の小形車がほしいところである。

夕ラッシュ時下りは、中央線からの直通が1時間に快速2本、通勤快速1本が走るのが基本、これに立川発青梅行3、4本、武蔵五日市行が3本運転される。

八高線直通は東京発17時57分、立川発18時53分の快速箱根《はこね》ヶ《が》崎《さき》行と、東京発19時25分、立川発20時10分の通勤快速2本、拝島駅で4両が分割されて八高線に直通する。

平日朝上り青梅発6時16分で東京行の特急「おうめ」2号が走る。停車駅は河辺、拝島、立川、新宿である。夜間下りには東京発22時30分の青梅行特急「おうめ」1号が走る。

以前は「青梅ライナー」という通勤ライナーで、料金は普通車が５１０円、グリーン車７２０円で乗れた。今は東京―拝島間、新宿―青梅間が７６０円、東京―河辺・青梅間が１０２０円と高くなってしまった。

特急に格上げされて、メリットは立川駅から青梅方面に乗車できることと、座席未指定特急券を持っていれば、いちいち指定を受けずに乗れ、またスマートフォンで予約もできることである。しかし、高くなったために敬遠されており、ライナー時代にくらべて乗車率はいまいち低い。八王子行の「はちおうじ」は満席になることが多いが、「おうめ」は空席が目立つ。

特急「おうめ」は快適通勤用だが、観光特急として走らせてもいい。Ｅ３５３系9両編成を使う「みたけ」号を2往復程度走らせるのである。停車駅は三鷹、立川、拝島、青梅、御嶽とすればいい。なお、ジョイフルトレインを使った快速「やまどり青梅奥多摩」号が三鷹―奥多摩間で走ることもある。

富士急行

富士登山鉄道は河口湖起点で直通運転に

富士《ふじ》急行《きゅうこう》は、大月《おおつき》線大月―富士山《ふじさん》間23・6キロと、河《かわ》口湖《ぐちこ》線富士山―河口湖間3・0キロの路線だが、通常は一つの路線として富士急行線と称されている。大月駅でJR中央本線と連絡して直通運転をしている。直通車両はすべてJR所属である。

大月駅は頭端島式ホーム1面2線とこれに並行する留置線が1線ある。ホームがなくなった先のJR線側にも留置線が1線置かれている。

JRとは別の改札口があるほか、JRの3番線からの連絡改札口がある。またJRからの直通電車はJRのホームで発着して連絡線で富士急行線に入る。

大月駅を出ると左カーブして掘割に入って甲州街道をくぐり、すぐに上大月《かみおおつき》駅となる。あまりにも近すぎて利用者は少ない。駅の先は157mの都留《つる》高トンネルである。山岳線の富士急線だがトンネルはここ1か所だけである。トンネルの上部は山梨県立都留高校のグラウンドである。

富士山に向かって進むためにずっと上り勾配が続く。最大勾配は40・0‰である。都留高トンネルも5・0‰の上り勾配になっている。

トンネルを出て33・3‰の上り勾配がある。すぐに国道20号大月バイパスをくぐる。そして国道139号(富士みち)と並行して進む。田野倉《たのくら》駅は斜向かいになった相対式ホームの行違い駅である。

将来中央新幹線になるリニア実験線をくぐり、次いで国道139号を乗越す。この先からは国道が左手で並行する。さらに桂川を渡る。

その先の禾生《かせい》駅も相対式ホームで、下り線が直線の1線スルー構造になっている。リニア見学センターへは急坂を歩くが、田野倉駅よりも近い。

禾生駅の先から視界が開け、前方やや左に富士山が一望できるようになる。赤坂駅は片面ホームで市街地の中にある。

中央道都留インターチェンジの横をかすめて島式ホ

富士急行

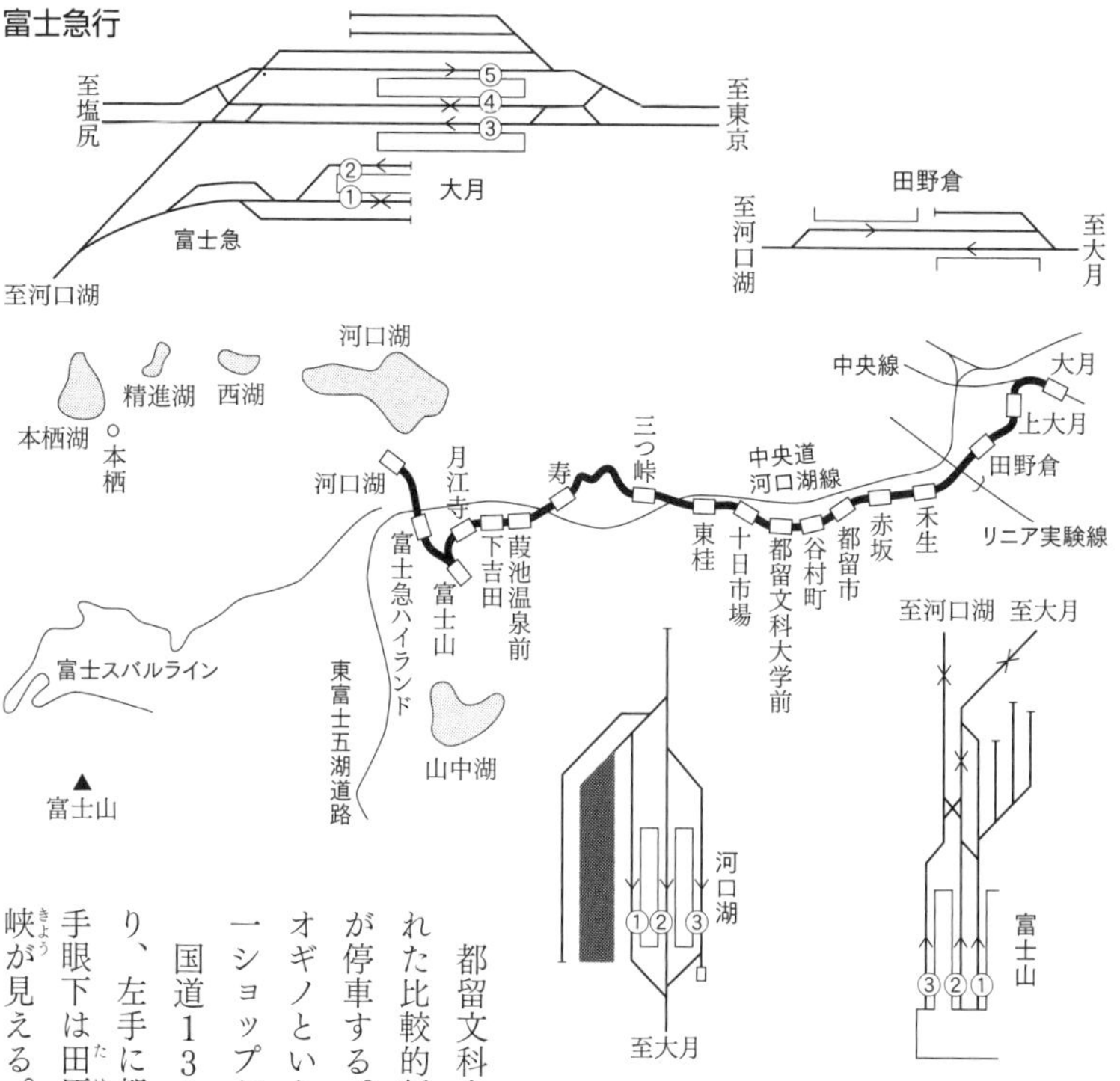

ームの都留市《つるし》駅となる。ここも下り線が直線の１線スルー駅である。右手は桂川、その向こうは山城の勝山《かつやま》城跡があり、左手は都留市の市街地なので富士山は見えない。

桂川に沿って進む。谷村町《やむらまち》駅も下り線が直線側の１線スルー駅である。国道１３９号を乗越し33・3‰の上り勾配になるが、地面はそれ以上の勾配なので、次の都留文科大学前駅はほぼ地平駅になっている。

都留文科大学前駅は平成16年（２００４）に開設された比較的新しい駅で、片面ホームながら特急や快速が停車する。都留文科大学は結構離れている。駅前はオギノというスーパーやドラッグストア、１００円均一ショップがある。市街地なので乗降客は多い。

国道１３９号の都留バイパスと交差、33・3‰で上り、左手に都留市総合運動公園を見て桂川を渡る。右手眼下は田原《たはら》の滝という3段の滝があり、左手は蒼竜《そうりゅう》峡《きょう》が見える。富士山に次ぐ絶景ポイントである。

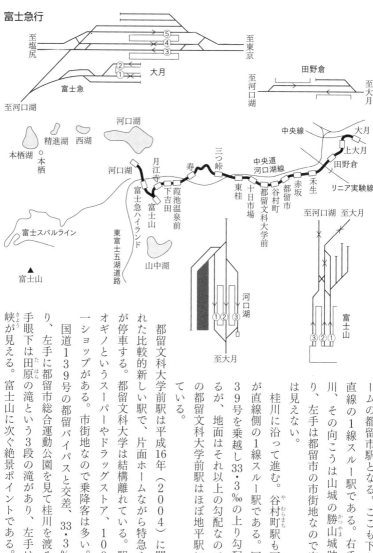

田原の滝（都留文科大学前—十日市場間）を走る京王オリジナル色の1000系大月行

桂川を渡った先に片面ホームの十日《とおか》市場《いちば》駅がある。その先で再び33・3‰の勾配になるが、地面はもっと高くなるので掘割になる。そして国道139号をくぐる。次の東桂《ひがしかつら》駅は斜向かいの相対式ホーム、やはり下り線が直線の1線スルー駅である。

徐々に市街地から田園地帯を進むようになる。中央道をくぐった先に三《み》つ峠《とうげ》駅がある。三つ峠への登山口の最寄駅で、下り線が直線の1線スルー駅である。

三つ峠駅を出て少し先で右に大きくカーブして市街地から離れ田園地帯を走る。今度は左に大きくカーブする。地面が大きく登っていくためにカーブをして勾配を緩くしている。地面が緩い勾配になったところでは先に盛土で高くしてこれによる勾配をさらに緩和している。それでも40・0‰の上り勾配になる。

次に大きく右カーブして新倉山《あらくらやま》の裾を避けて国道139号に近づき、40・0‰の上り勾配が終わって10・0‰に緩和すると片面ホームの寿《ことぶき》駅となる。もとは暮地《くれち》駅だった。墓地と読み違ってしまう人が多く、昭和56年に改称している。国道139号側は富士吉田市の市街地である。

中央道をくぐった先に片面ホームの葭池温泉前《よしいけおんせんまえ》駅がある。駅名の由来になっている葭池温泉は中央道の近くにある。

下吉田《しもよしだ》駅は、富士山を眺望でき桜の名所でもある新《あら》倉山浅間《くらやませんげん》公園の最寄駅である。令和2年3月から特急が停車するようになる。下り線が直線の1線スルー駅で、側線が3線ある。うち1線に国鉄ブルートレイン14系客車のスハネフ14―20号と、廃車になった5000形5001号、それに貨車のワフ1、2と、ト104号が「下吉田駅ブルートレインテラス」として展示されている。スハネフ14は特急「北陸」に使用されていたものだが、トレインマークは「富士」になっている。自社発注の5000形は晩年「トーマスランド号」として走っていた。

下吉田駅の先で左に大きくカーブして最大40・0‰の上り勾配で南下する。片面ホームの月江寺《げっこうじ》駅を過ぎ左手の地面が下がると左斜め前方に富士山を大きく眺めることができる。大きく見えるが高いようには見えない。標高が800mほどの富士山の裾野にあるために、相対的な高さは3000m弱になるからである。

左に大きくカーブして勾配は0・8‰に緩和する。右手に吉田車庫を見て、櫛形ホーム2面3線の富士山駅となる。平成23年に改称したが、いまだに「富士吉田駅」という人は多い。

スイッチバック駅で3番線が6両編成ぶん、1、2番線が4両編成ぶんの長さになっている。基本的に2番線が河口湖行、3番線が大月行だが、JR乗入車の6両編成は両方面とも3番線に停車する。1番線は臨時ホームである。

頭端側に駅ビルがあり、南側にその駐車場がある。その向こうに富士山が見える。富士山駅の標高は808・8mである。大月駅が358・4mだから450・4m登っている。ここでスイッチバックする。スイッチバック駅となったのは、大月線は山中湖まで延ばす予定だったが、その前に河口湖までの支線を建設することになったためである。

河口湖駅までの河口湖線の最急勾配は25・0‰と比較的緩い。富士急ハイランドが見えてくると片面ホームの富士急ハイランド駅がある。

中央道をくぐり最後の25・0‰の上り勾配があり、

それが3・0‰になると河口湖駅である。島式ホーム2面3線と留置線が5線ある。ホームの終端に構内踏切があり右折すると改札口に出る。駅前広場には富士山麓電気鉄道時代のモ1形が復元展示されている。

モ1形は上田丸子《うえだまるこ》電鉄（現上田電鉄）に車体だけが譲渡されたものを再び富士急が引き取って、開業時の姿に富士吉田の車庫で復元した。一度、大月駅で展示されたことがあり、この時には深夜に富士急線を線路閉鎖して電車で牽引のうえ線路上を走行した。なお、線路閉鎖とは一時的に線路を休止することをいい、その時には無車籍の非営業車を走らせることができる。

ホームがなくなっても3線の発着線は延び、1線に収束する。収束する前の中央の2番線に洗車機が置かれている。収束した先にある引上線でバックして留置線に入る。引上線は6両ぶんあるのは当然だが、引上線を駅終端に置くのはこの先にも線路を延伸する予定があることが多い。事実、富士急は西側の本栖《もとす》湖まで延伸することが考えられていた。

河口湖駅の標高は853・7キロ、富士山駅よりも44・8m、大月駅よりも495・3m高い。河口湖へは駅から道のりで800mほど、歩いて10分の所にある。

車両は特急用と一般用に分けられている。特急用は8000系と8500系があり、いずれも3両編成各1本が在籍している。

8000系は元小田急ロマンスカーRSE車20000形を譲受したものである。RSE車はJR御殿場《ごてんば》線に乗入れていた車両なので急勾配に強い。「フジサン特急」と呼ばれ、車外に富士山の多数のキャラクターが描かれている。富士山駅寄り1号車にはセミコンパートメント室がある。2号車は指定席である。

特急料金は大月—富士山間が400円、都留文科大学駅から大月駅または富士山駅まで200円、富士山—河口湖間のみの乗車は特急料金は不要である。指定席料金はプラス200円である。

8500系は元JR東海の371系で、小田急RSE車とともに新宿—沼津間で走っていた。シックな茶色の塗装をしており、「富士山ビュー特急」と呼ばれている。1号車は特別車両で、横1&2列のボックス席と、半円テーブルを囲んだ座席がある。定員26人で特別席料金は1人900円、これに特急料金と運賃が必要である。2、3号車は自由席である。

　定員制の快速「富士登山電車」用の1200系1305号＋1205号はソファと展望席があり、乗車には着席券200円が必要である。

　1000系・1200系は京王電鉄の5000系（初代）を譲受したもので、「富士登山電車」のほかに、転換セミクロスシートの1302＋1202号による2両編成、ロングシートの1101＋1001号の2両編成がある。クロスシート車は富士急オリジナルの青の濃淡に白帯がある塗装をしており、ロングシート車は京王5000系オリジナル塗装のアイボリーホワイトに赤茶の帯がある塗装になっている。ただし初期のヒゲ付ではなく1本通しの帯になっている。

　一般車で多いのは6000系で3両編成7本がある。JRの4扉20m車の205系を譲受したもので、6000番台3本は側窓が2段になっていて、上段が下降式、下段が上昇式になっている。6500・6700番台4本は1段下降窓である。

　これにJRの車両が乗入れてくる。特急「富士回遊」は「あずさ」などに使用しているE353系3両編成である。富士急線内の特急料金はオール指定席なので、大月―富士山間が600円、都留文科大学前乗降は400円、富士山―河口湖間利用は無料である。

　特急の停車駅は都留文科大学前、富士山、富士急ハイランドで、まもなく下吉田駅が加わる。行違い待ちがない大月―富士山間の所要時間は下りが39分、表定速度36・3キロ、上りが35分、表定速度40・5キロである。坂を下りる上り電車のほうが速くなっている。

　特急は、新宿発着の「富士回遊」が2往復（令和2年3月からは3往復）、大月発着の「フジサン特急」と「富士山ビュー特急」がそれぞれ2往復走る。

　快速「富士登山電車」は2往復運転され、停車駅は三つ峠、下吉田、富士山、富士急ハイランドである。

　料金不要で一般車による快速が下りに1本ある。停車駅は都留市、都留文科大学前、三つ峠、富士山、富士急ハイランドである。「富士登山電車」は観光用なのでさほど速くはないが、この一般快速の大月―富士山間の所要時間は40分と、特急とあまり変わらない。

　JRの一般車は東京駅発着のE233系4両編成と立川発着の211系3両編成が走る。大月以東のJR

富士急に乗入れるJR特急「富士回遊」号河口湖行

赤坂駅に進入する「富士山ビュー特急」号

線ではE233系は10両編成、211系は6両編成に増結される。朝上り2本、夜間下り2本がE233系によるJR直通車で、高尾以東では上りは快速、下りは通勤快速になる。高尾―河口湖間のJR直通普通は午前中に1往復している。

普通は朝ラッシュ時に20〜30分毎、昼間時に1時間弱、夕夜間に30分毎に走る。特急や快速を加えると昼間時は1時間に片道2本以上は走っている。区間電車は夜間に大月―東桂間に1往復だけ運転されている。

土休日の午前中はインバウンドの人々も押し寄せてくる。特急だけでなく、普通も東京並みの200%程度の混雑になる。土休日運転の快速を増発するか、普通の6両編成を走らせてもいい時期に来ている。

富士急線内の自己車両走行キロは1日平均4745㌔、JR車両走行キロは868㌔である。富士急線の車両走行キロのうち15%がJR車両である。

輸送密度は5167人、輸送密度での定期比率は通勤が8%、通学が17%と通学生が多い。沿線には都留文科大学や都留高校、都留興譲館《こうじょうかん》高校、ひばりが丘高校があるからである。

平均乗車キロは14・1㌔、行楽客は全線を乗り通す人が多いが、一般の人は短距離乗車も多い。運転本数が比較的多いので赤坂駅や都留文科大学前、富士山駅まで電車に乗って、これらの駅近くにあるスーパーでショッピングする人も多い。ローカル線でも運転本数を増やせば利用されるのである。

営業収支は償却前が73・8%、償却後が89・2%、1日1㌔当たりの営業収入は18万4516円、営業経費が17万3575円で1万941円の黒字、全線で29万1031円の黒字である。

定期客が少なく、大半を占めている普通運賃が非常に高いからである。大月―富士山間23・6㌔で1040円、ほぼ同じ距離の東急東横《とうよこ》線・渋谷―横浜間280円の3・7倍にもなっている。

今後、富士山5合目への登山電車の構想がある。そのとき富士急と線路をつなげるのか、あるいは富士急河口湖駅に隣接して登山鉄道の起点を置くのかまったく未定である。しかし、実現すれば富士急線はもっと輸送力を増強する必要がある。そのためには10両編成が走れるように行違い線を長くしなければならない。

西武池袋線・西武秩父線

秩父鉄道への直通特急がほしい

西武《せいぶ》池袋線は池袋―吾野《あがの》間57・8キロの路線で、池袋―練馬《ねりま》間と石神井《しやくじい》公園《こうえん》―飯能《はんのう》間が複線、練馬―石神井公園間が方向別の複々線、飯能―北飯能信号場間と武《むさ》蔵丘《しがおか》信号場―吾野間は単線、北飯能信号場―武蔵丘信号場間は複線である。

池袋線の支線として西武秩父線吾野―西武秩父間があり、池袋線の飯能―吾野間は実質的には西武秩父線と一体運行されている。なお、秩父線ではなく「西武秩父線」と西武を付けるのが正式な路線名である。

このほか池袋線に所属する路線として、複線の西武有楽町線練馬―小竹向原《こたけむかいはら》間2・6キロ、単線の豊島《としま》線練馬―豊島園間1・0キロ、単線の狭山《さやま》線西所沢―西武球場前間4・2キロがある。

池袋駅はJRの東側で隣接している。櫛形ホーム4面4線で東側から1～4番線になっている。1番線は1、2番ホーム、2番線は3、4番、3番線は5、6番ホームに挟まれており、2、3、5番ホームが乗車用、他は降車用である。4番線は7番ホームに面しているだけだが、一般用ホームの奥の北寄りに特急用ホームがあり、一般用7番ホームを通過していく。

西武の発着線とホーム番号は、JRと同じく駅本屋側から1番となっている。高架駅などで駅本屋がないときは他の私鉄のように下り線側から1番にしている。

特急が進入あるいは発車するとき「7番ホーム、通過電車にご注意ください」の案内放送がなされる。始発駅でこんな放送をするのは西武の池袋駅だけである。

特急用ホームにも出発信号機がある。「レッドアロー」は7両編成だったが、新しい「ラビュー」は8両編成なので、特急用出発信号機を飯能寄りに移設しており、ラビューは7番ホームにはみ出して停車する。ラビューが停車しているとき7番ホームは8両編成しか発着できない。

池袋駅の構内でJR山手線からやや離れ、そして半径200mの急カーブをしながら山手線を乗越す。

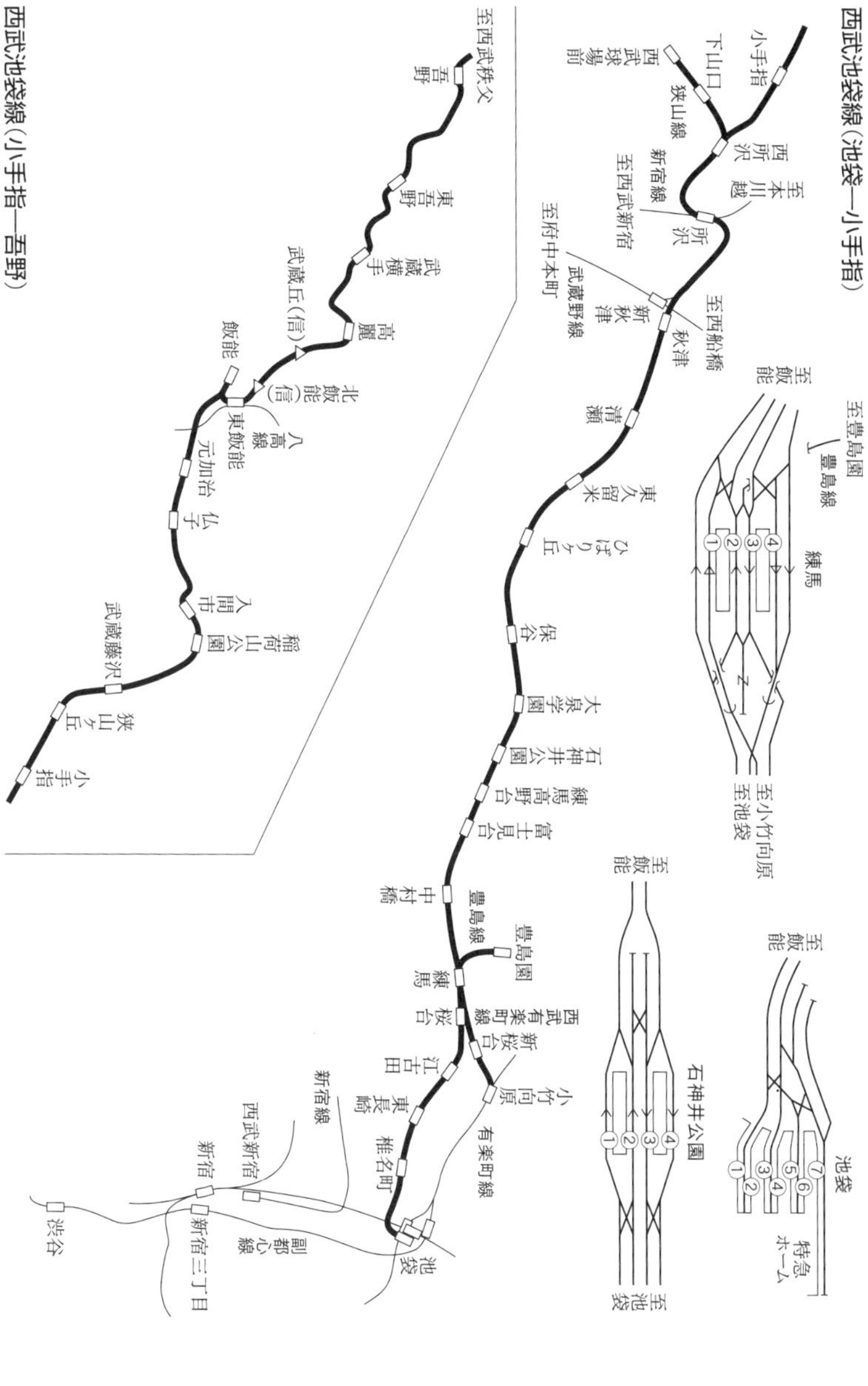
西武池袋線（池袋—小手指）
小手指
下山口
西武球場前
狭山線
西所沢
至本川越
新宿線
至西武新宿
所沢
至府中本町
武蔵野線
新秋津
至西船橋
秋津
清瀬
東久留米
ひばりヶ丘
保谷
大泉学園
石神井公園
練馬高野台
富士見台
中村橋
豊島線
豊島園
練馬
西武有楽町線
新桜台
桜台
小竹向原
江古田
東長崎
有楽町線
椎名町
池袋
新宿線
西武新宿
新宿
副都心線
新宿三丁目
渋谷
至飯能
至豊島園
豊島線
練馬
至小竹向原
至池袋
至飯能
石神井公園
至池袋
至飯能
池袋
特急ホーム
西武池袋線（小手指—吾野）
至西武秩父
吾野
東吾野
武蔵横手
武蔵丘（信）
高麗
北飯能（信）
飯能
八高線
東飯能
元加治
仏子
入間市
稲荷山公園
武蔵藤沢
狭山ヶ丘
小手指

椎名町《しいなまち》駅の次の東長崎駅は島式ホーム2面4線の追越駅である。江古田《えこだ》駅の先で高架になって島式ホームの桜台《さくらだい》駅がある。西武有楽町線が池袋線の地下を並行するようになる。

池袋線の上下線が広がって練馬駅の引上線が割り込むとともに、上下線はそれぞれ2線に分かれる。練馬駅のホームに面していない通過線と、練馬駅の内側に停車する停車線である。

練馬駅は島式ホーム2面6線で外側が通過線、ホームの内側に面した緩行線、外側に面した西武有楽町線となる。

緩行線から豊島線が分岐する。豊島線は途中に駅はない。終点豊島園は頭端島式ホーム1面2線である。

西武有楽町線は小竹向原駅で東京メトロ有楽町線と副都心線に接続して直通運転をする。途中に新桜台駅がある。

池袋線は練馬駅から外側が急行線、内側が緩行線の方向別複々線になる。

中村橋駅、富士見駅、練馬高野台駅は緩行線の上下線に挟まれた島式ホームになっている。

石神井公園駅は島式ホーム2面4線である。飯能寄りに引上線が2線ある。このため緩行線と急行線との間に片渡り線がある。急行線の電車が折返すことがないから、引上線へはシーサスポイントではなく片渡り線にしてあるのである。

島式ホームの大泉学園駅の1番線は上り線、2番線が下り線になっている。

次の保谷《ほうや》駅は車庫（電留線）があり多くの電車が折返すために、島式ホームと片面ホーム各1面と発着線3線がある。南側の下り本線が島式ホームに面した1番線、中線が2番線、片面ホームに面した上り本線が3番線である。

中線の2番線は保谷駅止まりの電車と、下り優等列車を待避する普通が停車する。保谷止まりの電車が2番線から池袋方面に向けて発車も可能だが、通常は飯能寄りの引上線で折返して3番線から発車する。

引上線は2線、これとは別に北側に電留線が8線ある。うち6線は右カーブして北西向きに線路が延びている。

ひばりヶ丘駅は島式ホーム2面4線、東久留米《ひがしくるめ》駅は相対式ホーム、清瀬《きよせ》駅は島式ホーム2面4線になっている。ひばりヶ丘駅は下り副本線（待避線）から1番線になっているが、清瀬駅は逆に北側の発着線から1番になっている。1番線が上り本線、2番線は上り副本線だが飯能方向にも出発ができる。3番線は下り本線、4番線が下り副本線である。

2番線をまっすぐ延ばす形で飯能寄りに引上線がある。下り本線と引上線の間にはシーサスポイントがある。4番線に停車した下り折返電車は下り本線を通るために折返電車と飯能方面行とは同時発車できない。引上線から2番線に進入する折返電車と飯能方面からの池袋行は同時発車が可能である。

2番線には下り本線から進入可能なために、一部の折返電車は引上線を経ずに2番線で折返している。その先の飯能方面へ向かう人が階段を渡って乗換えせずにすむよう、手前の東久留米駅停車前に「秋津より先に向かう方は、東久留米で降りて次の電車に乗換えてほしい」旨の放送をする。また、西武球場前への臨時電車が2番線に停車して優等列車などをやり過ごして再び下り本線に転線したりする。

秋津駅は相対式ホームで、JR武蔵野線の新秋津駅と定期券については連絡駅である。両駅間の連絡は道路を歩いていく。

秋津駅前から斜めに延びている道を進み、突き当たると右折、そしてすぐに左折するのが一番短くてわかりやすいが、手前で右折したり、突き当たりを左折してすぐに右折するなど、いろいろなルートがある。それぞれのルート上にはコンビニ、飲食店、本屋などがひしめいている。乗換客にとっては立ち寄りの〝バリア〟が多くてバリアフリーになっていない⁉

池袋線は秋津駅の先で武蔵野線を乗越す。秋津駅の飯能寄りのホームの端に改札口を設け、武蔵野線の新秋津駅まで通路を設置、新秋津駅も東所沢寄りに改札口を設ければ最短コースで乗換えができる。しかし、こうすると従来の通路にあるお店は商売上がったりになるので実現しないだろう。

武蔵野線と交差した先で左手から単線が合流してくる。武蔵野線新秋津駅の貨物ヤードにつながっている西武連絡線である。ただし新秋津の貨物ヤードは、着発線1線を除いてJRの訓練線になっている。連絡線

所沢駅を回送で走るレストラン列車「52席の至福」号

は、かつてはセメント・石灰貨物列車が走っていた。現在は西武多摩川線の電車を武蔵丘にある車両検修場で検査するときに甲種輸送で走らせている。

3線区間は所沢駅まで1・6キロ続いている。大きく左カーブして北側から所沢駅に進入する。西武新宿線は南側から進入している。

西側を通る新宿線の下り本線が1番線、上り本線が2番線になっている。2番線と池袋線の上り本線の3番線とで島式ホームを挟んでいる。このため新宿線の上り線と池袋線の上り線は同じホームで乗換えができる。

池袋線の下り線は本線と副本線が島式ホームを挟んでいる。その隣に西武連絡線の貨物着発線の6番線がある。西所沢・東村山寄りに引上線の20・21番線がある。3、4番線は両方向に出発でき、いずれの方向でも新宿線に転線が可能である。

所沢駅の標高は72・9m、池袋駅が32・1mだから40mほど高くなっている。右に大きくカーブして新宿線を乗越して北西に進む。

西所沢駅の手前で狭山線が平面分岐する。西所沢駅

小手指付近を走るL/Cカー 40000系

は片面ホーム2面と島式ホーム1面の3面4線で、南側に狭山線、北側に池袋線の線路がある。1番線が狭山線下り線、2番線が同上り線、3番線が池袋線下り線、4番線が同上り線である。1、2番線は両方向に発車できるが、通常は上下電車とも2番線から発車する。

狭山線は、西所沢駅を出ると大きく左にカーブして南西に進む。途中の下山口《しもやまぐち》駅は島式ホームの行違い駅である。終点西武球場前駅は櫛形ホーム3面6線のほか、案内軌条式の新交通システム、山口線の頭端島式ホーム1面2線がある。

6線も発着線があるのは西武球場への乗客輸送のためである。単線の狭山線は下山口駅で行違いをすると間隔が開いてしまう。西武球場へは片輸送になっているので、最大6本の続行列車を走らせることができる。帰りも同様である。

池袋線の小手指《こてさし》駅はマンションに囲まれている。駅自体は島式ホーム2面4線だが、飯能寄りに小手指車両基地があり、上下線の間に2線の引上線がある。

次の狭《さ》山ヶ《やまが》丘《おか》駅の標高は94・3mである。それまで上り勾配基調だったが、同駅を頂点にしていったん下り勾配で進む。

武蔵藤沢駅までずっと街中を通っていくが、不老川を渡ると右手に航空自衛隊の滑走路が広がる。その向こうには西武新宿線が通っている。左手は彩の森入間《いるま》公園の緑地が広がっている。

大きくカーブして稲荷《いなり》山公園《やまこうえん》駅となる。航空自衛隊の航空祭のときは非常に混雑する。

丘を11・4‰の勾配で下り、左に大きく曲がって南西向きになって入間市《いるまし》駅となる。島式ホーム2面4線だがホームの前後はS字カーブしている。1番線の反対側に使用していない片面ホームが1面ある。

入間市駅の標高は82・5m、駅を出ると半径200mで大きく右カーブして霞川《かすみがわ》を渡る。ここを底にして今度は7・9‰の上り勾配になる。

次の仏子《ぶし》駅の標高は77・4mである。同駅は相対式ホームだが上下線間に貨物待避用の中線がある。貨物列車が廃止されてからは普通が特急を待避したりしていた。現在は回送電車が待避し、また、航空祭のとき入間市折返の電車はこの中線で折返している。入間市駅に折返設備がないためである。

163mの入間川橋梁を渡る。左手に使われなくなった鉄道橋がある。池袋線を複線化したときに別線で今の複線が造られ、この鉄橋は単線時代のものである。島式ホームの元加治《もとかじ》駅の南側に駿河台《するがだい》大学のスクールバスの折返場がある。かつてはここから入間川岸へ砂利採取用の岩沢側線が出ていた。

JR八高《はちこう》線をくぐった先に、池袋線から右に分かれる路盤がある。これは飯能短絡線の路盤で、東飯能駅まで延びている。貨物列車や特急が飯能駅でのスイッチバックなしで通れるように計画されたものだが、貨物列車の運転は廃止、飯能駅をターミナル駅化したことで特急も飯能をパスすることができず、路盤だけ整備して実現しなかった。

飯能駅は頭端行止式になっていて、片面ホームの5番線（5番ホーム）は特急用で2階コンコースに中間改札があり特急券をチェックする。3番線は2番ホームと3番ホームに挟まれている。3番線は同駅以遠、西武秩父方面の電車が折返し、両側の2番線（1番ホーム）と4番線（4番ホーム）の池袋線発着ホームとで平面移動で乗換えできるようにしている。

１番線はホームに面していない。元は貨物列車の着発線だった。その南側に２線の側線がある。元は機留線（機関車留置線）と貨物ヤードがあったが、２線のみ残して今は駅の商業施設が建てられ、スポルト飯能ボウルなどが入っている。

線路の反対側には西武飯能Ｐｅ《ぺ》Ｐｅ《ぺ》と旧飯能プリンスホテル、現ホテル・ヘリテイジ飯能が入っている駅ビルがある。

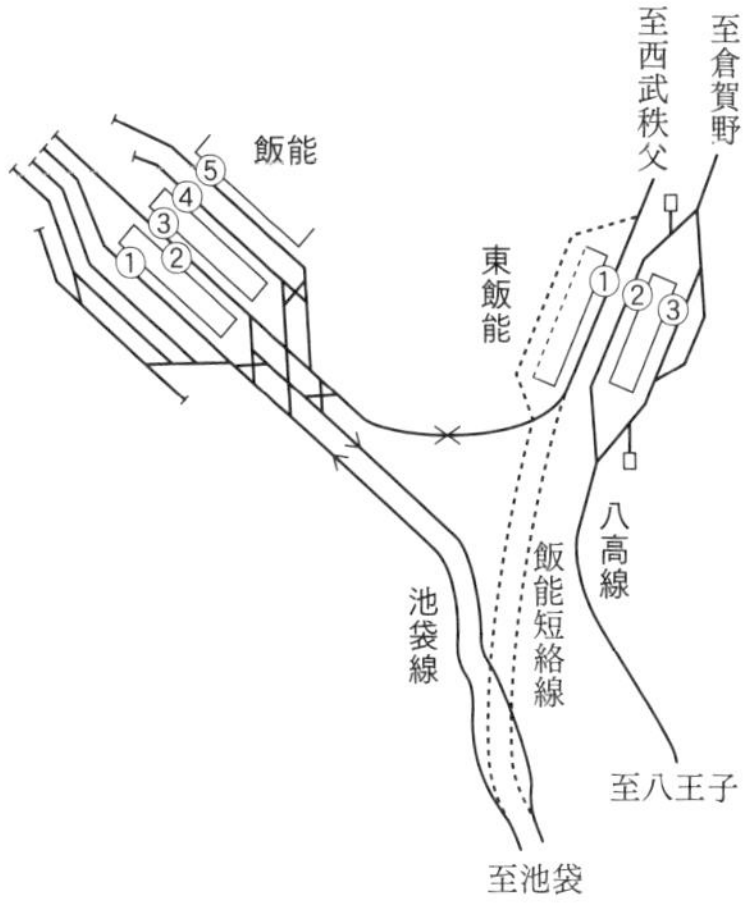

長い貨物列車が走っていたので牽引機関車の機回線が県道２１８号線を越えて延びていた。そこに久下《くげ》稲《いな》荷《り》踏切があったが、貨物列車廃止後この踏切も廃止された。廃止後も道路に寸断された機回線の線路はずいぶん長く残っていたが、現在はレールを撤去、舗装されて飯能日高消防署稲荷分署の用地に流用されている。それでも頭端部でホームがなくなっても各線路は旧踏切手前まで延びている。

飯能駅の標高は１０６・２ｍ、入間川を渡ってからずっと上り勾配だったが、スイッチバックするので下り勾配になる。市街地を半径２０５ｍで左カーブして、八高線と並行するようになって東飯能駅となる。同駅の標高は１０５・０ｍと飯能駅よりも１・２ｍ低くなる。

八高線は島式ホームの行違い駅になっている。池袋線は片面ホームである。飯能短絡線ができたときには島式ホームの行違い駅にできるようにしていたが、バリアフリー化で線路用地にエレベーターが設置されて行違い駅化はできなくなってしまった。というよりも飯能短絡線そのものの建設が中止になっている。

東飯能駅を出ても左カーブをし続けて西北向きにな

高麗付近を走る4000系快速急行長瀞・三峰口行

って直線になる。ここに北飯能信号場があり複線になる。12・2‰の上り勾配で盛土になって市街地を抜けると武蔵丘車両基地がある。上下線の間に乗務員用の短いホームがあって、その先の武蔵丘信号場から単線になるが、左右には留置線が並んでいる。

単線の本線は12・5‰で下っていくので掘割になる。左手上の留置線の先には車両工場の武蔵丘検修場がある。右手下に滝不動尊を見下ろしながら進む。

大きく左カーブする。途中に島式ホームの高麗《こま》駅がある。セメント・石灰列車が走っていたために、貨物列車用の貨物着発線が秩父に向かって右側にある典型的な私鉄形貨物併用行違い駅である。南側左手には武蔵台住宅が広がり、右手北側の高麗川近くの巾着田《きんちゃくだ》は秋になると曼殊沙華《まんじゅしゃげ》が咲き誇る。このときには特急「ちちぶ」が同駅に臨時停車し、飯能止まりの「むさし」が延長運転される。上下旅客線はいずれの方向にも出発できる。

左に回り込む。右手から高麗川が並行するようになる。池袋線は高麗川をさかのぼるためにずっと上り勾配で進む。貨物列車が走っていたので吾野駅までは最急でも16・0‰と緩くなっている。

第1高麗川橋梁を渡ると島式ホームの武蔵横手駅がある。右手上り線が直線の1線スルー駅である。この先、正丸《しょうまる》駅まで蛇行する高麗川を15回渡り、最小半径240mで右に左に曲がる。

東吾野駅も1線スルー駅だがいずれも制限速度は低い。西武秩父駅に向かって飯能寄りのポイントは、1番線とは45キロ、2番線とは25キロ、西武秩父寄りのポイントの1番線側は40キロ、2番線側は60キロの速度制限がかかっている。下り特急は左側の1番線を40キロくらいで通過する。2番線に進入するには25キロに落とす。編成が長い特急車だから、最後部車両が通過するまで加速できず60キロは出せない。

223mの鎌倉坂トンネルをくぐった先に吾野駅がある。吾野駅は池袋線の終点で、ここからは西武秩父線になる。貨物併用の行違い駅で左手に貨物着発線がある。島式ホームの旅客線は左側通行になっている。標高は185・3m、東飯能駅が105・0mだから80m登ってきている。

石灰石積載用のコンクリート製のホッパーが残っている。石灰石をため込み、石灰輸送用のホッパ貨車が下に到着するとホッパーの底蓋を開けてホッパ貨車に石灰石を流し落としていた。

吾野駅からは昭和44年（1969）10月に開通した西武秩父線に入る。最急勾配は25・1‰、最急曲線は300mである。

吾野駅から24・7‰の連続上り勾配になる。長さ100mの芳延トンネルをくぐると勾配は緩み、79mの諸狩《もろかり》、209mの三社トンネルをくぐる。三社トンネルの西武秩父寄りから24・3‰の連続上り勾配になる。

118mの山崎トンネルを抜けると島式ホームの西吾野駅となる。左側1番線がスルー線の1線スルー駅である。もとは貨物併用の行違い駅で、貨物着発線が右側2番線の向こうにあった。

この先、91mの北川第1、172mの北川第2、短

西武秩父線

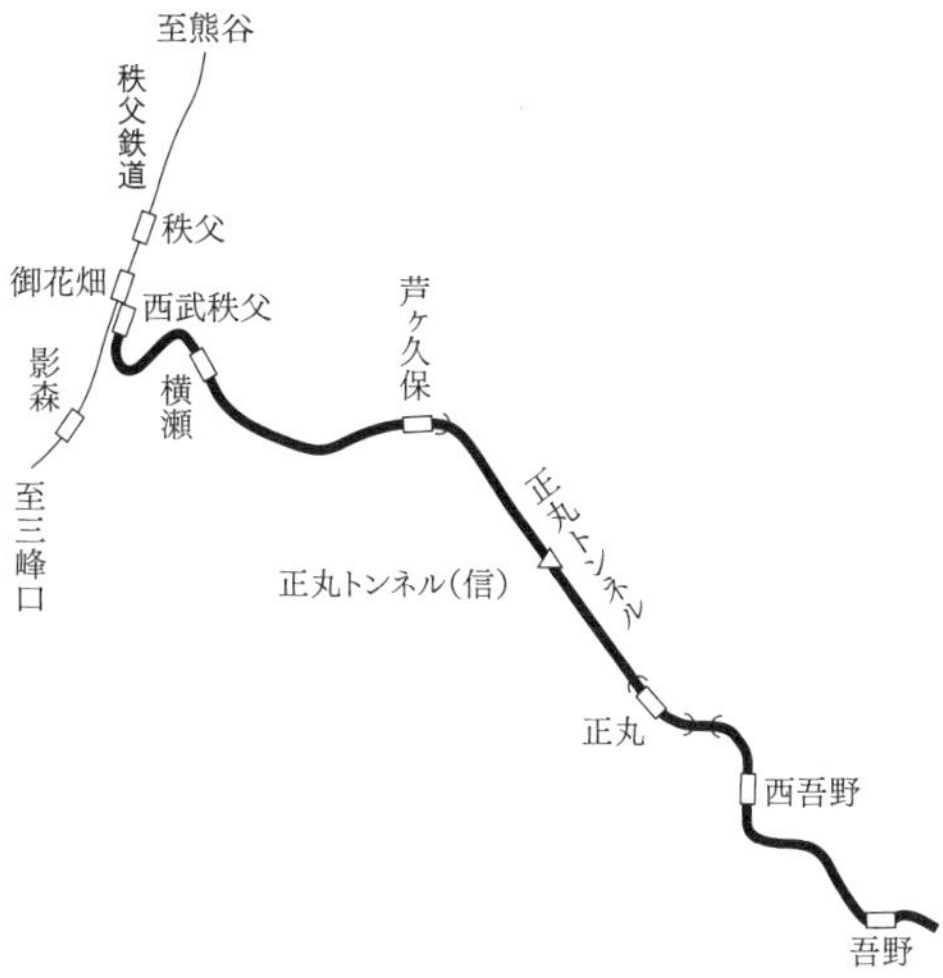

吾野駅を通過する特急レッドアロー西武秩父行（右）と行違い待ちをする飯能行普通（左）

い北川第3、65mの北川第4、524mの北川第5の各トンネルを抜ける。最後の第15高麗川橋梁（長さ116m、高さ32m）を渡ると島式ホームの正丸駅がある。左側に貨物着発線がある貨物併用行違い駅だったが貨物着発線は撤去されている。左側2番線がスルー線の1線スルー駅である。

ホームから階段を降り地下道を通るとログハウス風の駅舎がある。伊豆ヶ岳への登山口がある。

正丸駅の先で4811mの正丸トンネルに入る。15・0‰の連続上り勾配で進み、3・0‰になったところに行違い用の正丸トンネル信号場がある。標高は336・6mで、西武線で一番高い。吾野駅から151・3m登っている。ここからは7・0‰の下り勾配になる。正丸トンネルを抜けても、また192mの芦ヶ久《あしがく》保《ぼ》第1トンネルがある。

左側に貨物着発線がある貨物併用の島式ホームの行違い駅、芦ヶ久保駅となる。道の駅「果樹公園あしがくぼ」が隣接している。駅の先に87mの芦ヶ久保第2、56mの芦ヶ久保第3の二つのトンネルがある。

24・9‰の連続下り勾配になる。途中で426mの川地、452mの横瀬《よこぜ》の二つのトンネルを抜ける。

左手に武甲山《ぶこうさん》を望み、右手には三菱マテリアルの工場がある。工場に隣接して東横瀬貨物駅があったが、トラック輸送に切り替えて廃止された。

次の横瀬駅は島式ホーム1面2線だが、横瀬車両基地が隣接しており、何本もの線路がある。ホームの西側1番ホームに面した線路は上り本線で、線路番号は2番線、東側の2番ホームに面した線路は下り本線で線路番号3番線である。3番線は飯能方向にも出発できるスルー線である。その隣の4番線は飯能方向に出発できる副本線である。

横瀬駅を出ると大きく左カーブして322mの羊山《ひつじやま》トンネルに入る。出ると高架になって、半径252mの右カーブをしながら国道140号を越える。32・0‰の下り勾配で高架から地平に下りて西武秩父駅となる。

頭端片面ホームと島式ホームがあり、1番片面ホームは特急発着用である。2番ホームとの間に留置線が2線あったが、8両編成のラビューが登場しホームを8両編成に延伸したために撤去された。

秩父鉄道の長瀞《ながとろ》方面への直通電車は西武秩父駅の手前で秩父鉄道への連絡線に入る。このため西武秩父駅には停まらず、隣接している秩父鉄道御花畑《おはなばたけ》駅に停車する。一方、三峰口《みつみねぐち》方面への直通は西武秩父駅に停車し、スイッチバックして秩父鉄道に入る。

駅に隣接し、御花畑駅に通り抜けできた仲見世通りという商業施設は、「西武秩父駅前温泉祭の湯」に改築された。2階に温泉と休憩施設があり、1階は土産物店とフードコート「祭の宴」がある。1階の奥に祭の湯の入口があるため秩父鉄道の御花畑駅への通り抜けはできなくなっている。乗換えは一度外に出ることになる。

●乗客の流れは全線を記載

西武秩父駅の乗車は定期外が1982人、定期が1335人で定期比率は41％である。秩父鉄道からの乗換客または直通客は定期外が84人、定期が45人と少ない。

昭和59年度（1984）の定期外客は2581人、定期客は1371人、定期比率は35％だった。秩父鉄道との乗換客は定期外だけ記載されており、その数は34人だった。

バブル期の平成7年度（1995）の定期外客は2650人、定期は1590人、定期比率は38％である。秩父鉄道からの乗換客は定期外が328人、定期が120人である。秩父鉄道への直通運転は平成元年からなので、乗換客の増加はこれを反映している。

平成25年度（2013）は、大半が観光客の定期外客が大きく減っている。現在はラビューの運転開始と土休日の「S《エス》―TRAIN《トレイン》」の運転、それに観光列車「旅するレストラン52席の至福」を走らせて、増えてはいる。

しかし所要時間はずっと変わらない。特急のスピードアップと秩父鉄道への特急の直通、あるいは西武新宿駅からの直通特急、さらには快速急行の通年運転が活性化のもとになる。

西武秩父駅から漸増していく。西武秩父線内の西吾野→吾野間の乗車客は、定期外が2592人、定期が1895人、定期比率は43％である。池袋に向かってずっと漸増していくが、吾野駅で定期外の乗車は193人、定期が150人、東吾野駅では定期外が11人、定期が13人と少ない。

東飯能駅までの各駅で一番多いのは高麗駅である。高麗駅の乗車は定期外が645人、定期が886人である。高麗武蔵台住宅があるからである。

平成7年度の乗車は定期外が897人、定期が2277人あった。19年度は定期外が719人、定期が1315人と少し減ったが、その後は急速に少子高齢化と人口移転が進んで大幅に減ってしまっている。

高麗→東飯能間の乗車客は定期外が3554人、定期が4013人、定期比率は53％と定期客が多くなる。うち東飯能駅でJR八高線への乗換客が定期外で9人、定期で234人、八高線からの乗換客が定期外で1人、定期で460人、東飯能駅降車は定期外で440人、定期で123人、乗車は定期外で528人、定期で945人である。

東飯能→飯能間の乗車客は定期外が3826人、定期が4013人、定期比率は52％である。

飯能駅の乗車は定期外で5540人、定期で9971人にもなる。降車は定期外で401人、定期で521人にすぎない。飯能→元加治間の乗車客は定期外で8774人、定期で1万3463人、定期比率は61％

に上がる。

この先も漸増していく。小手指駅の乗車は定期外が6794人、定期が1万4694人にもなる。

西所沢駅で狭山線からの乗換客が流入する。定期外で4273人、定期で3425人である。定期外のほうが多いのは西武球場の観客輸送があるからである。同駅の乗車は定期外が3287人、定期が7222人である。西所沢→所沢間の乗車客は定期外が2万8602人、定期が6万4677人で、定期比率は70％に跳ね上がる。

所沢駅での降車は定期外が4939人、定期が3049人、乗車は定期外が9958人、定期が1万180人、新宿線への乗換えは定期外が7190人、定期が1万6316人、新宿線からの乗換えは定期外が1万2789人、定期が2万2943人である。

平成7年度の所沢駅の乗車は定期外が7521人、定期が9737人、19年度は定期外が9433人、定期が9685人と少子高齢化はそんなにみられなかったが、その後は人口減も加わって急速に少子高齢化が進んで、乗車客はほぼ半減している。

しかし、所沢駅から乗車客は減ったものの、所沢→秋津間の乗車客は平成7年度の定期外が3万7789人、定期が9万4493人、合計12万8282人、定期比率は71％、19年度の定期外が4万4105人、定期が5万8089人、合計10万2194人、定期比率57％と少子高齢化は進んでいたが、複々線化と東京メトロへの乗入れなどの輸送改善が進んで、平成25年度は定期外が4万5634人、定期が7万8434人、合計12万4068人で、再び増加に転じている。定期比率は64％に上がっている。

秋津駅では定期客だけJR武蔵野線と連絡運輸をしている。所沢方面から武蔵野線への乗換客は9048人、武蔵野線からの乗換客は5336人である。これら乗換客のうちおおむね60％が西国分寺方面、40％が武蔵浦和方面との間である。

この先もどんどん増えていき、中村橋→練馬間の乗車客は定期外が8万9702人、定期が17万5727人にもなる。定期比率は67％である。

うち練馬駅で降車、乗車等の人数と割合は、定期外について降車が1万497人（12％）、都営地下鉄大《おお》江戸《えど》線乗換が983人（1%）、西武有楽町線流出が1万7585人（20%）、豊島線乗換が654人（0・73%）である。定期については降車が5258人（3%）、大江戸線乗換が9387人（6%）、西武有楽町線流出が2万6842人（16%）、豊島線乗換が479人である。

練馬駅乗車は定期外が8992人、定期が7959人、大江戸線からは定期外が350人、定期が1055人、西武有楽町線からは定期外が238人、定期が361人、豊島線からは定期外が1940人、定期が2617人である。練馬→桜台間の通過客は定期外が7万1503人、定期が14万5756人と、中村橋→練馬間よりも減る。

再び増えていって椎名町→池袋間の乗車客は定期外が8万1449人、定期が15万8597人、定期比率は66%になる。人数は中村橋→練馬間よりも少ないが、中村橋→練馬間は複々線なので輸送力が大きい。椎名町→池袋間は複線で輸送力が小さいから同区間が最混雑区間になる。

この通過客のうち池袋駅で降車あるいは他線への乗換人数と比率については、定期外客の降車は7万6553人（94%）、JRへの乗換が3353人（4%）、東武東上線へは225人（0・28%）、東京メトロへは1318人（1・62%）である。

定期は降車が3万7730人（24%）、JRへは7万3000人（46%）、東上線へは4599人（3%）、東京メトロへは3万7103人（24%）、池袋特殊連絡定期券利用が6165人（4%）となっている。

池袋特殊連絡定期券とは「だぶるーと」と呼ぶ、西武池袋線と東京メトロ間、さらには東急線各駅間で、練馬―池袋間について、西武池袋線経由と練馬―小竹向原―東京メトロ池袋間の有楽町線・副都心線経由のいずれの経路でも乗車できる定期券である。

西武各線では池袋線区の練馬以北、新宿線区の小平《こだいら》以北の各駅と、東京メトロの有楽町線・副都心線の池袋以南の各駅、さらに世田谷線を除く東急各駅との間で利用できる。通常の定期運賃に2000円程度加算する。ただし通学定期券は適用外であり、磁気定期券も発売しない。

最混雑区間は椎名町→池袋間で最混雑時間帯は7時30分から8時30分、この間の輸送人員は４万７８０７人、10両編成と8両編成が各12本である。平均定員は１３９・２人にしており混雑率は１５９％になっている。8両編成の平均定員が少ないことを考慮しているが、国交省基準で算出すると平均定員は１３９・８人になり、混雑率は１５８％になる。

現在、池袋駅到着でみて7時30分から8時30分の間に普通が13本、優等列車が12本走っているが、8時30分着の普通は計算に入っていない。平成29年度までの最混雑時間帯は15分サイクルが4サイクルぶんの7時30分から8時29分にしていた。8時30分に修正したものの、やはり次のサイクルの普通の8時30分着は数に入れていないのである。

優等列車の内訳は通勤準急、通勤急行、急行、快速急行が走る。急行と快速急行は所沢以東は同じ停車駅である。所沢以東では15分サイクルに小手指発通勤準急と飯能発通勤急行が各１本、それに飯能発の急行または快速急行が交互に走り、加えて保谷発と石神井公園発、豊島線豊島園発の普通が各１本走る。

西武有楽町線と東京メトロ有楽町線・副都心線直通は15分サイクルに小手指発新木場《しんきば》行準急、飯能発元《もと》町《まち》・中華街《ちゅうかがい》行の快速（１本は所沢―池袋間）、清瀬発新木場行普通、石神井公園発新木場行または元町・中華街行普通が各１本走る。

30分毎に走る快速急行の停車駅は入間市、小手指、所沢、ひばりヶ丘、石神井公園、急行は所沢まで各駅、ひばりヶ丘、石神井公園、通勤急行は所沢まで各駅、東久留米、保谷、大泉学園、石神井公園である。快速はひばりヶ丘まで各駅、石神井公園、練馬、新桜台、小竹向原で、以遠はメトロ線内通勤急行、東急線内急行になる。通勤準急は大泉学園まで各駅、練馬、準急は石神井公園まで各駅、練馬、新桜台、小竹向原以遠各駅である。

通勤急行は快速急行と急行が停車するひばりヶ丘駅を通過して東久留米、保谷、大泉学園に停車、通勤準急も石神井公園駅を通過するという千鳥式運転をしている。これによって、東久留米―石神井公園間の各駅で優等列車に乗る機会を多くするとともに運転間隔を短くしている。すべての電車がひばりヶ丘駅と石神井公園駅に停車すると、過密運転の朝ラッシュ時ではだんご運転になってしまうし運転間隔が開いてしまう。この両駅を通過することによってだんご運転が緩和され、優等列車の所要時間を短縮できる。

朝ラッシュのピーク前に特急「ちちぶ」が1本、「むさし」が4本、12～18分毎に、ピーク後に「ちちぶ」が2本、「むさし」が2本、20分前後の間隔で運転されている。

また、所沢発有楽町線豊洲《とよす》行の座席指定の「S－TRAIN」がピーク前後に各1本運転されている。停車駅は保谷、石神井公園、飯田橋、有楽町で、西武線内は乗車のみ、有楽町線内は降車のみである。

飯能以遠は14～18分毎の運転になる。西武秩父発6時33分は秩父鉄道三峰口からの直通電車で、7時1分発は横瀬駅で長瀞発の直通電車を連結する。2扉ボックス式セミクロスシート車の4000系を使用する。

昼間時は特急「ちちぶ」が1時間に1本運転される。停車駅は所沢、入間市、飯能、横瀬、所要時間は1時間18分、表定速度59・1キロである。午前中の2本の「ちちぶ」の池袋－所沢間の所要時間は19分、表定速度78・3キロと速いが、所沢駅で3分停車して出発時間は他の「ちちぶ」と同じになる。

特急の池袋発は毎時30分である。毎時0、20、50分に急行、10、32、40分に準急、3、18、33、51分に豊島園行普通、12、42分に所沢行普通、25分に保谷行、56分に飯能行の普通が走る。

東京メトロ直通の快速急行の飯能行と小手指行が各2本走る。飯能行は池袋発40分の準急に、小手指行は池袋発10分の準急に練馬駅で接続する。

飯能－西武秩父間は30分毎の運転になる。使用車両は4000系だが、土休日には4扉ロングシート車の8両編成も使われる。

夕ラッシュ時は池袋発毎時0分に特急「むさし」、30分に「ちちぶ」が運転され、18時台でみて10、20、40、50分に急行、2、32分に快速、7、15、25、37、45、55分に準急が発車する。要は30分サイクルになっている。普通は30分サイクルに4本運転されている。

飯能発18時17分に秩父鉄道の三峰口行・長瀞行併結の普通が走る。18時台の西武秩父行は20分前後の間隔になっている。

西武秩父駅に停車中のラビュー

ラビューの車内。側窓は大きくて眺望がいい

土休日の午前中に元町・中華街発西武秩父行のS―TRAINが1往復運転される。停車駅はみなとみらい、横浜、自由が丘、渋谷、新宿三丁目、池袋、石神井公園、所沢、入間市、飯能である。所要時間は2時間14分、表定速度54・5キロである。2時間以上かかるが、S―TRAIN用のL/Cカーにはトイレが付いている。西武はトイレが付いているレッドアローやラビューを走らせているので屎尿処理施設が車庫にあり、L/Cカーにもトイレを付けている。S―TRAINは、みなとみらい線内だけ、東京メトロ線内だけの乗車と副都心線池袋からの乗車はできない。

それに長瀞行と三峰口行を併結した快速急行が走る。セミクロスシートの4000系8両編成を使用し、横瀬駅で4両を切り離して、西武秩父に寄らず秩父鉄道線に入って長瀞へ、残る4両は西武秩父駅まで行き、スイッチバックして秩父鉄道に入って三峰口駅に向かう。

秩父鉄道直通は夕方に池袋まで戻るが、帰りは快速急行ではなく急行で走る。また、上り1本だけ西武秩父発快速急行池袋行がある。S―TRAINも夕方に1往復走る。

特急「ちちぶ」とともにこれらは観光用であり、速く走らせる必要はない。また、4000系を改装した観光レストラン列車「52席の至福」はゆっくり走るとともに西武新宿―西武秩父間でも運転される。

とはいえ、秩父鉄道へ乗入れるビジネス特急も欲しいところである。4+4の8両編成にして三峰口・長瀞行の特急を走らせる。しかも飯能短絡線を完成させて飯能駅を通過すれば、池袋―横瀬間は現在の1時間13分から7分短縮して1時間6分になる。池袋―所沢間を最速列車は2分速い19分で結べている。合わせて1時間4分で走ることはできよう。そうすれば秩父鉄道沿線は遠いというイメージを払拭できよう。

輸送密度は14万5805人、うち通勤定期が51%、通学定期が14%、定期外が35%である。平均乗車キロは11・8キロである。

西武鉄道全線での営業収益は償却前で59・0%、償却後で74・7%、1日1キロ当たりの収入は154万9842円、支出は115万7910円で39万1932円の黒字、全線で6921万5191円の黒字である。

西武山口線　かつての軽便線の一部区間復活を

西武山口《やまぐち》線は西武遊園地—西武球場前間2・8キロの案内軌条式鉄道で「レオライナー」の愛称がある。AGT（Automated Guideway Transit＝案内軌条式自動旅客輸送システム）、いわゆるゴムタイヤの「新交通システム」の一種で、分岐方式は可動案内板によっている。大阪市の「ニュートラム」が最初に採用した、最もポピュラーな側壁案内軌条式である。閉塞はチェックインチェックアウト方式である。

運転士による手動運転で、保安装置は地上子による多情報変周式点制御・車上パターン式ATSとなっており、G（進行）、Y（注意）と、停止信号がR_1、R_2の二つ、計4段階になっている。R_1は通常停止、R_2は絶対停止（なにがあっても絶対に前に進めない停止信号）で、終端駅では停止パターンを発生させてスムーズに停車させている。手動運転なので、AGTとはいえない。しいていうなら「GT」である。

車体長8m、車体幅2・38mの小形車体による4両編成である。ボックス式クロスシートで定員は先頭車74人、中間車80人にしている。有効床面積を0・4m^2で割る国交省基準方式の計算方式だと、先頭車は35人、中間車は38人になる。

もともとは遊園地前—ユネスコ村間3・6キロの軌間762mmのナローゲージを蓄電池式機関車が牽引する、通称「おとぎ列車」が走る路線であった。開通は昭和25年（1950）で遊園地の乗り物扱いだった。

昭和27年に正式な「地方鉄道」の山口線に昇格、47年からは日本の鉄道100周年記念として、新潟県の頸城《くびき》鉄道で走っていた2号機と岡山県の井笠《いかさ》鉄道1号機の蒸気機関車2両を借り入れ、井笠鉄道から譲受した木造客車8両とともに走らせていた。

旧山口線の遊園地前駅は、多摩湖線の西武遊園地駅から少し離れた位置にあった。ほぼ道路に沿って進み、途中には行違い用の中峯《なかみね》信号所と山口信号所があり、西武球場の南側を通る大回りをし、県道をオーバ

ナローゲージ時代の西武山口線

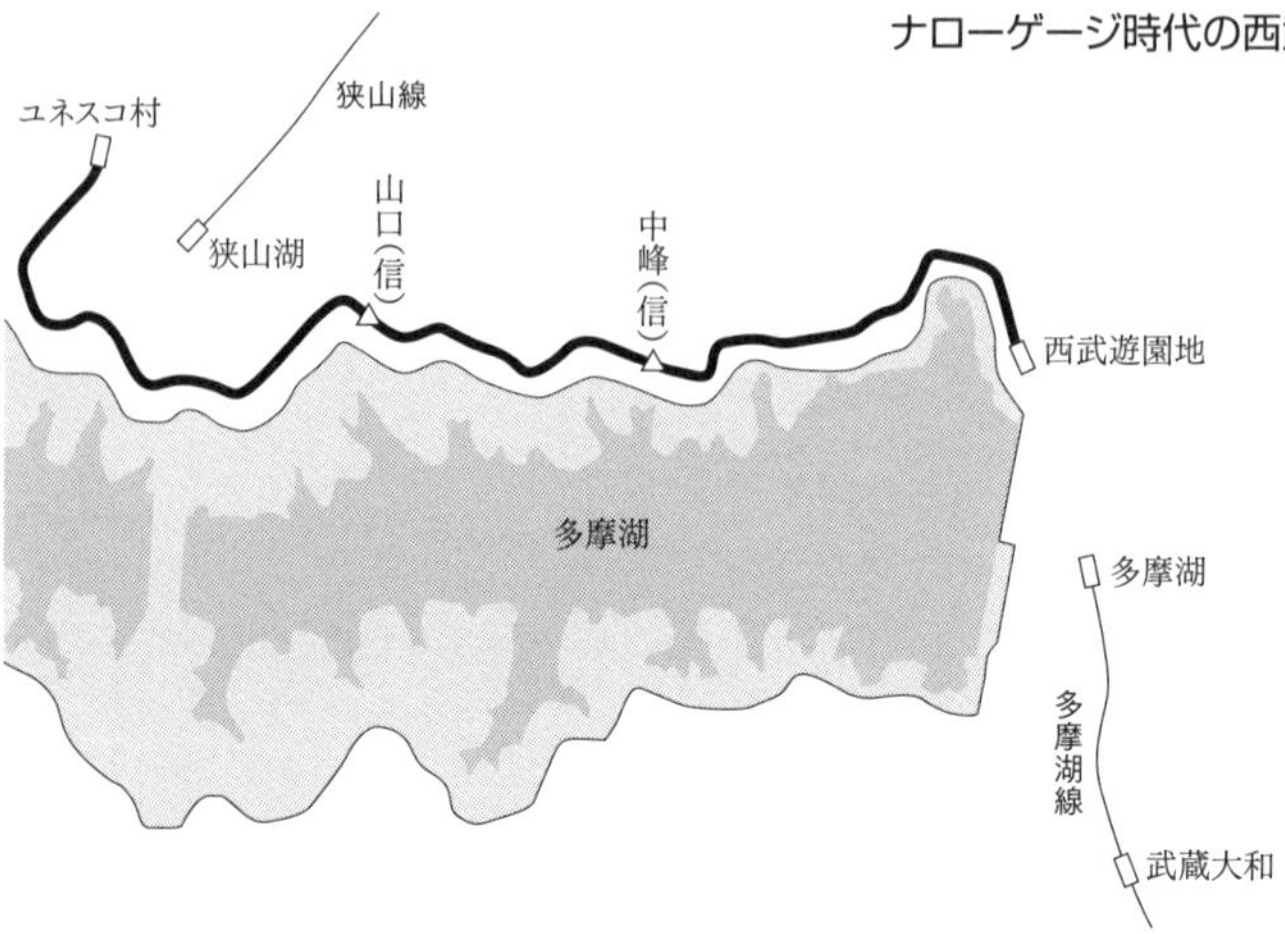

西武山口線(現在)

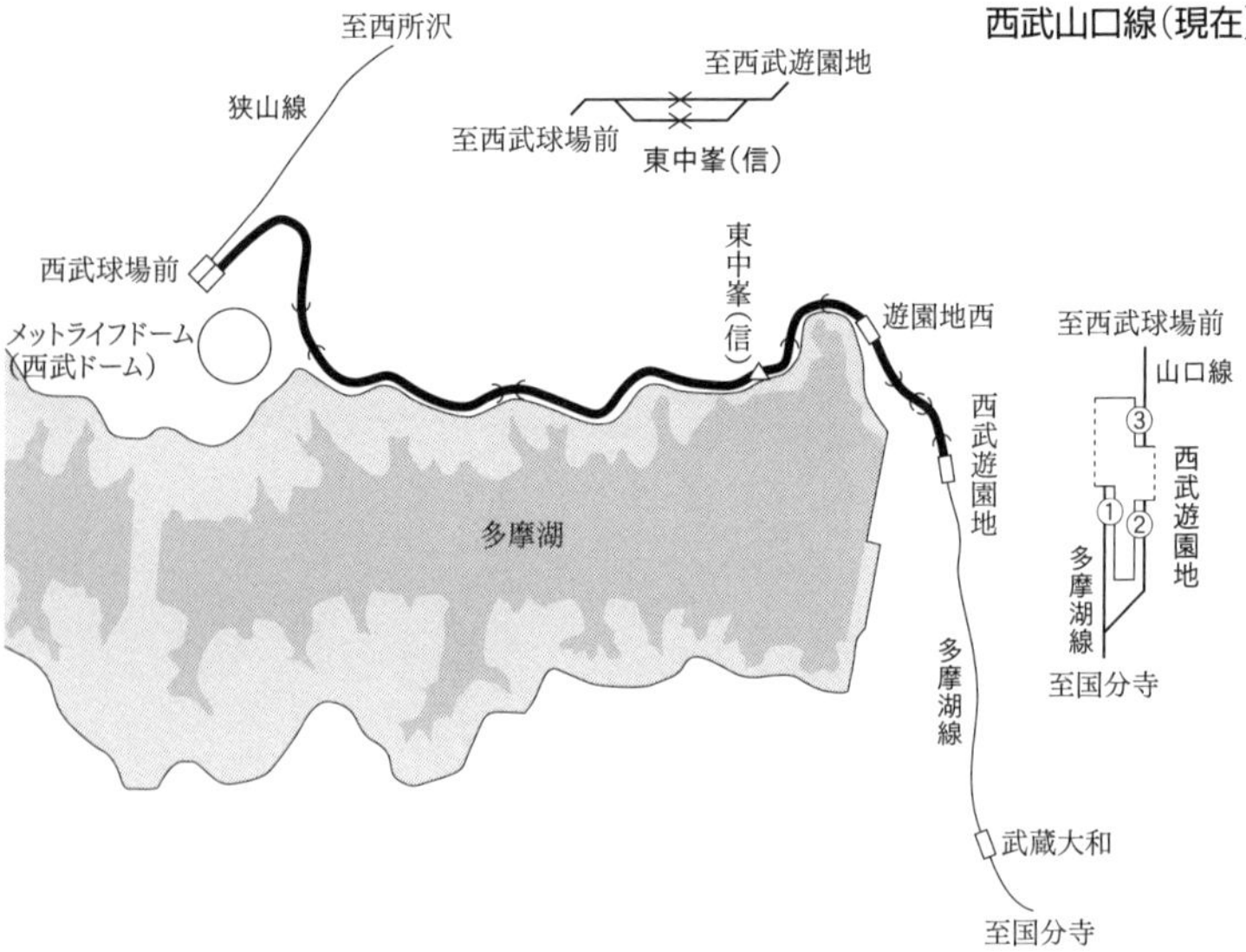

遊園地西駅に停車中のレオライナー

ークロスしてユネスコ村に達していた。

老朽化と輸送力がないなどのために旧山口線は昭和59年（1984）に休止し、代わって現在の山口線が60年に開通した。

山口線の駅を多摩湖線西武遊園地駅の終端に設置して、平面移動かつ中間改札なしで乗換えができるようにした。

駅の先は西武遊園地第1トンネル、続いて第2トンネルがあり、すぐに片面ホームの遊園地西駅がある。

この先で旧山口線のルートに合流する。行違い用の東中峯信号場がある。旧山口線は遅いナローゲージの客車列車なので中峯信号所と山口信号所があったが、営業キロが900m短くなったこともあって東中峯信号場1か所だけになった。

西武球場メットライフドームの北側を回り込むように進むので旧山口線とは別のルートを走っている。

西武狭山線と並行して、頭端島式ホームの西武球場前駅に至る。狭山線より一段高い位置に駅があり、同駅の手前に車庫がある。

所要時間は7分、運転間隔は朝が30分毎、昼間時は20分毎、夕夜間は30分毎となっている。

輸送密度は1865人、平均輸送キロは2・3キロ、輸送密度での定期比率は通勤定期が13％、通学定期が3％、定期外が74％と、観光路線である。また、多摩湖線や新宿線からの西武球場観客輸送もしている。

山口線で試験運用したのちに、高麗《こま》駅を最寄り駅にする武蔵台団地の2次交通機関として側壁案内軌条式を導入する話があったが、立ち消えになっている。

秩父鉄道

貨物列車が頻繁に走る関東では珍しい路線

秩父《ちちぶ》鉄道は、秩父本線羽生《はにゅう》―三峰口《みつみねぐち》間71・7キロと貨物線の三ヶ尻《みかじり》線武川《たけかわ》―熊谷《くまがや》貨物ターミナル（以下熊谷貨物タ）間7・6キロがある。羽生駅で東武伊勢崎《いせさき》線と接続、熊谷駅でもJR高崎線と上越新幹線、武川駅で前記の三ヶ尻線、寄居《よりい》駅で東武東上《とうじょう》線とJR八高《はちこう》線、御花畑《おはなばたけ》駅で西武秩父線に接続する。

羽生駅は東武の島式ホーム2面4線の隣に島式ホーム1面2線がある。東武鉄道の1～4番線に続いて秩父鉄道が5、6番線で連番になっているが、跨線橋上に別々に改札口がある。終端側、東武鉄道の浅草寄りに引上線があり、そこから東武鉄道下り線につながっている。

次の西羽生駅は昭和56年（1981）に開設された駅で、片面ホームだが複線にして行違いができる準備がなされている。その次の新郷《しんごう》駅は島式ホームの行違い駅で、行違い線が長い。これは貨物列車を考慮したものである。

武州荒木《ぶしゅうあらき》駅は島式ホームで旅客用の行違い線のほかに貨物用の3番副本線がある、西武池袋線の高麗《こま》駅などと同じ構造の私鉄形貨物併用行違い駅である。このため3番線は長い。行田市《ぎょうだし》駅も同様だが、併設されていた貨物側線は撤去された。

持田《もちだ》駅は島式ホームで旅客線だけの行違い駅になっている。ソシオ流通センター駅は平成29年に開設された片面ホームの新駅である。上越新幹線をくぐって高崎線を乗越す。

熊谷駅は島式ホーム1面2線のほかに着発線が2線、側線が2線、両方向に引上線がある。発着線2線はいずれの方向にも出発できる。羽生駅の標高は15・2m、熊谷駅は26・3mなので11mほど登っている。熊谷駅までの最急勾配は10・0‰でも、平均勾配は0・7‰程度である。

右カーブして新幹線を斜めにくぐる。くぐった先で高崎線との間に連絡線があるが、線路の上に枕木が載

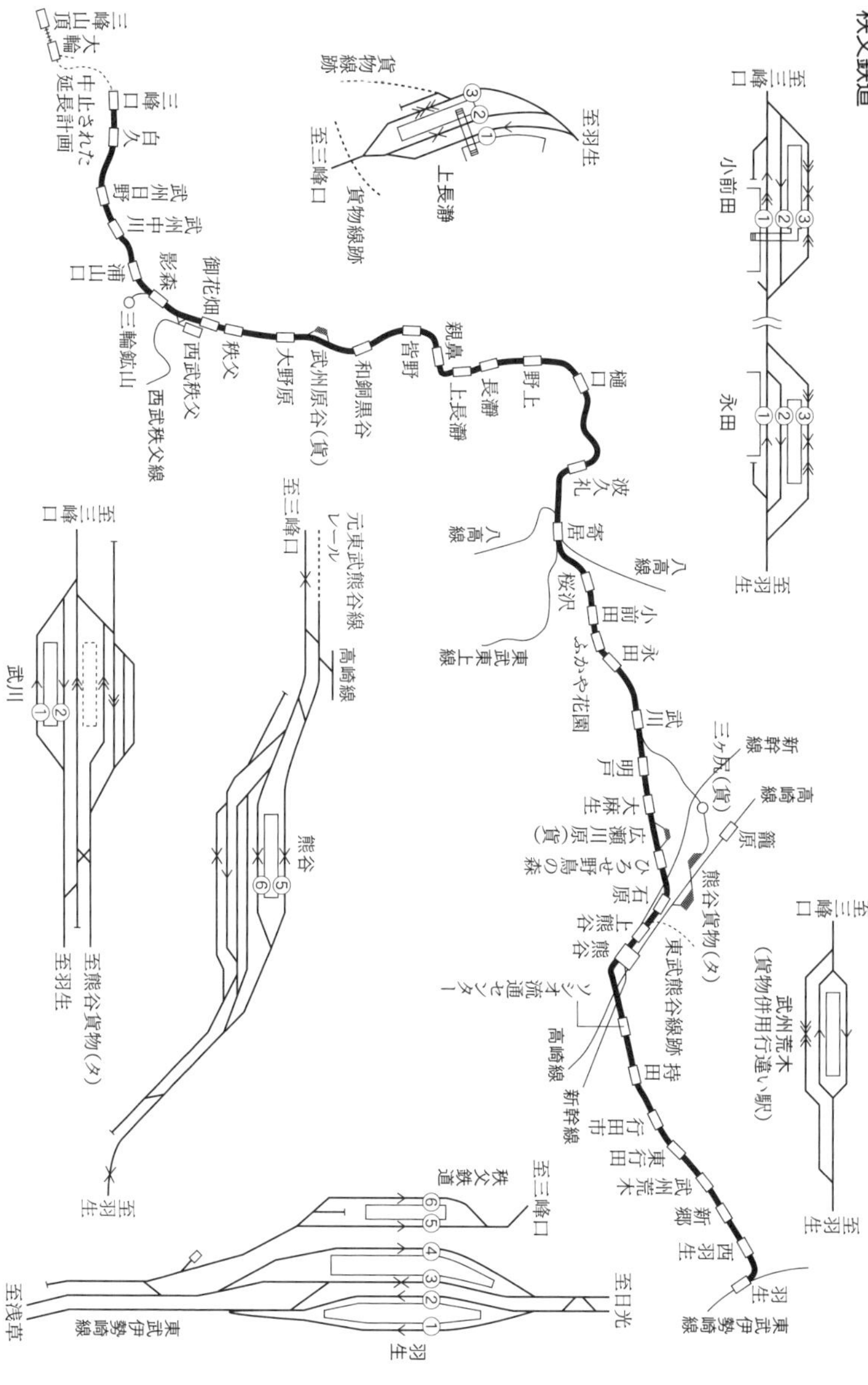
秩父鉄道
至三峰口
小前田
永田
至羽生
至三峰口
武州荒木（貨物併用行違い駅）
至羽生
至羽生
上長瀞
至三峰口
貨物線跡
貨物線跡
三峰口
白久
武州日野
武州中川
影森
浦山口
三輪鉱山
御花畑
西武秩父
秩父
西武秩父線
大野原
武州原谷（貨）
和銅黒谷
皆野
親鼻
上長瀞
長瀞
野上
樋口
波久礼
寄居
八高線
八高線
東武東上線
桜沢
小前田
永田
ふかや花園
武川
明戸
大麻生
三ヶ尻（貨）
広瀬川原（貨）
ひろせ野鳥の森
新幹線
高崎線
籠原
熊谷貨物（タ）
石原
上熊谷
熊谷
東武熊谷線跡
ソシオ流通センター
高崎線
新幹線
持田
行田市
東行田
武州荒木
新郷
西羽生
羽生
東武伊勢崎線
三峰山頂
大輪
中止された延長計画
至三峰口
元東武熊谷線レール
高崎線
熊谷
至羽生
至三峰口
武川
至熊谷貨物（タ）
至羽生
至三峰口
秩父鉄道
至日光
東武伊勢崎線
羽生
至浅草

せられて走れないようにしている。

上熊谷《かみくまがや》駅まで、東武熊谷線の廃線跡の路盤と並行する。路盤にはところどころに線路が残っている。この先、三峰口駅まで上り勾配基調で進む。

石原《いしわら》駅は貨物併用の行違い駅だが、貨物着発線は2線、それに側線が1線がある。再び上越新幹線をくぐる。ひろせ野鳥の森駅の先に広瀬《ひろせ》川原《がわら》車両基地がある。蒸気機関車を走らせているので熊谷寄りに転車台が設置されている。

大麻生《おおあそう》駅は貨物併用の行違い駅で側線も1線ある。

明戸《あけと》駅は島式ホームの通常の行違い駅だが行違い線は長い。右手から三ヶ尻線が近寄ってきて、並行して武川駅となる。秩父本線側は島式ホームの行違い駅、三ヶ尻線側は下り着発線が2線、上り着発線が1線に加えて側線が2線ある。

三ヶ尻線の熊谷貨物タは、ＪＲ貨物のコンテナホームや仕訳線と高崎線下り本線との間に秩父鉄道のヤードがある。上越新幹線と交差するあたりに三ヶ尻駅がある。南側から1番線で1番線は熊谷貨物タ方面の下り本線、2番線は上下本線、3番線は上下副本線である。2、3番線は両方向に出発できる。4〜6番線は太平洋セメント熊谷工場の専用線の貨車を受け渡しする授受線、7〜14番線は仕訳線、その向こうに太平洋セメントの専用線群が広がっている。

永田《ながた》と小前田《おまえだ》の両駅はＪＲ形配線になっているが北側3番線は貨物着発線である。両駅の間に片面ホームのふかや花園《はなぞの》駅がある。同駅近くにアウトレットモールを開設するため、平成30年に新設された。農地を商業用地に転換してアウトレットモールを建設する予定で、令和4年秋に開業予定である。また、蒸機牽引の「パレオエクスプレス」が停車できる長さ１１０ｍのホームになっている。アウトレットモールができたときには停車するという。

島式ホームの桜沢《さくらざわ》駅の先で八高線と寄居駅まで並行するようになる。寄居駅では東武東上線も合流する。

寄居駅は秩父鉄道だけ見ると貨物併用の行違い駅だが、八高線側に2線、東上線側に4線の側線がある。東上線の2番線は秩父鉄道本線に直通できる出発信号機がある。今でも直通運転をしようと思えばできる。八高線と秩父鉄道との接続線は線路の上に枕木が置かれて走れないようにしている。寄居駅の標高は98・7mである。

八高線は左カーブ、秩父鉄道は右カーブし、秩父鉄道が八高線を乗越して分かれる。荒川に沿って進むようになる。貨物列車が走るため最急勾配は10・0‰になっている。次の波久礼《はぐれ》、樋口《ひぐち》、野上《のがみ》の3駅も貨物併用の行違い駅である。樋口駅の先で南向きになる。

長瀞《ながとろ》駅はJR形配線で、東側の荒川寄りの島式ホームに面した3番線が上下貨物着発線である。長瀞駅の標高は141・4mである。宝登山《ほどさん》ロープウェイの最寄駅であり、荒川には岩畳の長瀞渓谷があって、駅から土産物店街が続いている。舟下りの下船場もある。

上長瀞駅も貨物併用行違い駅のJR形配線で、西側の島式ホームの外側が上下貨物着発線である。

この先で9連のデックガーダーの荒川橋梁を渡る。橋梁長は167mである。川を渡った右手にライン下りの乗船場が見える。この先で大きく右カーブして西向きになる。

親鼻《おやはな》駅はJR形配線で、片面ホームの上り線は三峰口寄り、島式ホームは熊谷寄りにずれている。島式ホームの2番線が下り本線、3番線は上下貨物着発線である。大きく左に曲がって南向きになる。

12・5‰の勾配を登ると皆野《みなの》駅となる。JR形配線で島式ホームの外側が上下貨物着発線になっている貨物併用行違い駅である。

和銅黒谷《わどうくろや》駅は右カーブしたところに島式ホームがあり、西側に貨物着発線がある貨物併用行違い駅である。この先で荒川の支流横瀬《よこぜ》川を88mの横瀬川橋梁で渡る。12・5‰の連続上り勾配になる。

勾配が5・0‰に緩むと貨物駅の武州原谷《はらや》駅がある。本線のほかに2線の貨物着発線、3線の側線、北側に秩父太平洋セメント専用線が広がっている。

大野《おおの》原《はら》駅はJR形配線で、武州原谷駅に隣接する旧秩父セメントの専用線が大野原駅まであったが廃止になり、JR形配線の貨物着発線も撤去された。

秩父駅は島式ホームの東側に下り1〜3番の3線の副本線、そして6線の側線がある。東側の国道140号の向こうにあった旧秩父セメントの秩父第1工場まで熊谷と三峰口の両方向から進入できる三角線があった。同工場が閉鎖され三角線も廃止されたが、駅寄り

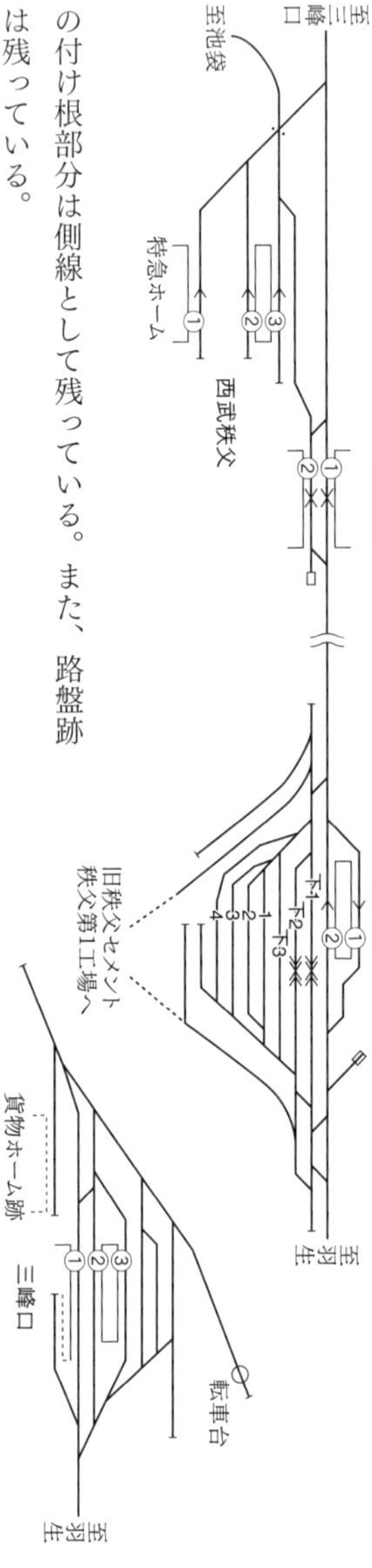

の付け根部分は側線として残っている。また、路盤跡は残っている。

ずっと市街地を走る。御花畑駅は相対式ホームの行違い駅である。上下線はいずれの方向にも出発でき、下り線は西武線への連絡線に接続している。西武線と直通運転をする前は片面ホームだった。

標高は228・6mである。隣接している西武秩父駅は235・5mなので7mの標高差がある。連絡線は上り勾配で西武秩父線に取り付いて横瀬駅に向かう。西武秩父線との接続ポイントはダブルスリップになっており、西武秩父駅から三峰口方向への連絡線が下りてきて秩父鉄道に接続する。

三峰口行の西武直通電車は西武秩父に到着して乗務員が交代し、スイッチバックして秩父本線に入る。長瀞行は西武秩父駅に寄らずに連絡線に入って御花畑駅に停車、ここで乗務員が交代する。

この先には20・0‰の上り勾配がある。影森駅は島式ホームと西側に貨物着発線がある貨物併用行違い駅だが、東側に7線の着発線が置かれている。駅の三峰口寄りで秩父太平洋セメントの三輪《みのわ》鉱業所への構外側線が並行する。

構外側線は途中で左に分かれて鉱業所構内に入るが、鉱業所構内の線路も含めて影森駅構内扱いになっており、独立した専用線ではない。このため構外側線とし、鉱業所構内には影森駅への出発信号機はなく進

武州日野駅付近を走る急行「秩父路」号熊谷行

路等は入換信号機によって示される。

影森駅の先で20・0‰の下り勾配になる。西向きになって浦山口《うらやまぐち》駅となる。駅は片面ホームで斜め左手に浦山ダムが見える。90mの浦山川を渡ると再び20・0‰の上り勾配になる。

勾配が緩んで武州中川駅がある。島式ホームで両外側に貨物着発線があったが、右手側は側線になり、左手側だけが貨物着発線になっている。長さ76mで上路トラス橋の安谷《あんや》川橋梁を渡った先に次の武州日野駅がある。同駅も島式ホームだが貨物着発線はない。

一旦下り勾配となってから再び上り勾配になって、終点の三峰口駅となる。標高は316・2mにもなっている。南側の駅本屋側が片面ホーム、そして島式ホームがあってその北側に3線の側線、続いて転車台がある。転車台の西側と東側に本線と接続していない線路が置かれ、貨車や電気機関車を含む各種車両が保存展示されていたが、現在はリニューアル工事中で、展示車両は撤去解体されてしまった。現在は更地になっているが、「SL転車台公園」として自然庭園のなかで転車風景を楽しめるようにするという。

蒸機列車「パレオエクスプレス」は、牽引機関車はテンダー（炭水車）付のC58形363号機、客車は旧国鉄12系4両編成である。乗車には指定席料金720円か自由席料金（SL整理券）520円が必要である。

蒸気機関車牽引なので遅い。熊谷―三峰口間の所要時間は下りが2時間33分、上りは2時間20分もかかる。このため下りは長瀞駅、上りは長瀞と寄居駅で普通を待避する。

人気がある蒸機列車だが、牽引機のC58が全般検査をすることになり、令和元年12月8日をもって蒸機牽引のパレオエクスプレスの運転は休止になった。運転再開は令和3年からである。

急行「秩父路《ちちぶじ》」は、急行料金210円が必要である。平日は熊谷―影森間で6往復、土休日は羽生―三峰口間が下り2本、上り1本、羽生―影森間が下り1本、上り2本、熊谷―三峰口間が下り1本、上り2本、熊谷―影森間が下り1本である。

停車駅は行田市、熊谷、武川、寄居、野上、長瀞、皆野、秩父、御花畑、影森である。熊谷―秩父間の所要時間は最速の3、9号で51分、表定速度は51・9キロである。

使用車両は元西武101系を3扉から2扉に改造し、元レッドアロー用の座席を設置している。秩父鉄道では6000系と称し、3両編成3本がある。

一般車は元都営三田線6000系を譲受した5000系3両編成3本、元東急8000系と8500系を譲受した7800系2両編成4本、7500系3両編成7本、7000系3両編成2本がある。

貨物牽引の電気機関車は17両あり、蒸気機関車C58が故障したときには代替で牽引することもある。貨車は砕石運搬車が115両、砕石・緩急車が13両、無蓋車が2両、救援車が2両、砂利散布車2両がある。

羽生―熊谷駅間と熊谷―三峰口間で運転間隔が変わるが、両区間を通しで走る電車も多い。朝ラッシュ時は三峰口方から熊谷駅に向かって通勤・通学の流れがある。羽生―熊谷間は両方向の流れがある。

朝ラッシュ時は三峰口方はおおむね15分毎に普通が走る。それよりも間隔が長くなる時間帯に急行「秩父路」が走る。普通を石原駅で追い抜いている。羽生―熊谷間はおおむね20分毎である。

令和元年12月のラストラン時の「SLパレオエクスプレス」

三峰口駅の転車台で方向転換中のC58 363号機

昼間時は羽生—熊谷間は24～30分毎、熊谷—影森間は約30分毎、影森—三峰口間は約60分毎の運転で、平日昼間は急行の運転はなく、土休日は1往復ある。土休日の上り「秩父路」6号は小前田駅で普通を追い抜いている。

平日の夕夜間は「秩父路」号が下り4本、上り3本運転され、休日は上下とも2本の運転である。

西武との直通は、平日では早朝に三峰口発と長瀞発が各1本あり、夜間に三峰口行と長瀞行が各1本ある。休日では朝に池袋発快速急行三峰口行と長瀞行が各2本、15、16時台に三峰口発と長瀞発の池袋行急行が各2本走る。

輸送密度は4596人、うち通勤定期が30％、通学定期が34％、定期外が36％である。平均乗車キロは15・0キロである。貨物の輸送密度は224万3165トン、平均輸送キロは33・6キロである。

営業収益は償却前で91・8％、償却後で99・9％、1日1キロ当たりの収入は11万5339円、支出は11万5268円で71円の黒字、全線で5630円とぎりぎり黒字である。

熊谷駅に停車中の羽生行5000系（右）と三峰口駅から到着した7800系（左）

JR高崎線

特急「草津」の充実を図れ

　高崎線は大宮—高崎間74・7キロの路線で、大宮駅で東北本線と東北貨物線に接続して直通する。熊谷《くまがや》駅で秩父鉄道秩父本線と接続、上越新幹線と連絡する。熊谷貨物ターミナルでは貨物線の秩父鉄道三ヶ尻《みかじり》線、倉《くら》賀野《がの》駅で八高線と接続する。高崎駅では信越本線、上越線、上信電鉄と接続し、上越新幹線と北陸新幹線と連絡する。

　大宮駅の在来線は島式ホーム5面がある。東側から1番線となっている。1、2番線は京浜東北線、3、4番線は東北本線宇都宮方面から東京方面と東北貨物線への発着線である。東北貨物線には湘南新宿ラインの電車と武蔵野線経由の「むさしの」と「しもうさ」号が走る。5番線はホームに面しておらず、上り貨物着発線である。

　6、7番線は東北本線・高崎線から東京方面と東北貨物線に行くとともに、折返しが可能である。8番線は東京方面から宇都宮・高崎方面下り列車の発着線、対面の9番線もそうだが、東京方面への折返しができる。10番線はホームに面していない下り貨物着発線である。11番線も東京方面から宇都宮・高崎方面下り列車の発着線だが折返しも可能である。

　対面の12番線は川越線列車が発着していたが、川越線は埼京《さいきょう》線電車が地下で直通するようになって旅客列車の発着はない。その向こうに13〜15番の側線、16、17番の大宮工場と旧大宮機関区との連絡線がある。

　高崎線の多くの駅は東側の中山道《なかせんどう》に面して駅本屋があるため、東側が1番線になっている。JR形配線の駅では1番線が片面ホームになっている。

　宮原《みやはら》駅は島式ホーム2面4線で1番線は上り1番副本線（以下略して上1線）、2番線は上り本線、3番線が中線、4番線が下り本線である。もともとはJR形配線だったのを上1線を加えた配線になっている。このため中線は両方向に出発できる。

　上尾《あげお》駅はJR形配線、桶川《おけがわ》駅はJR形配線に加えて

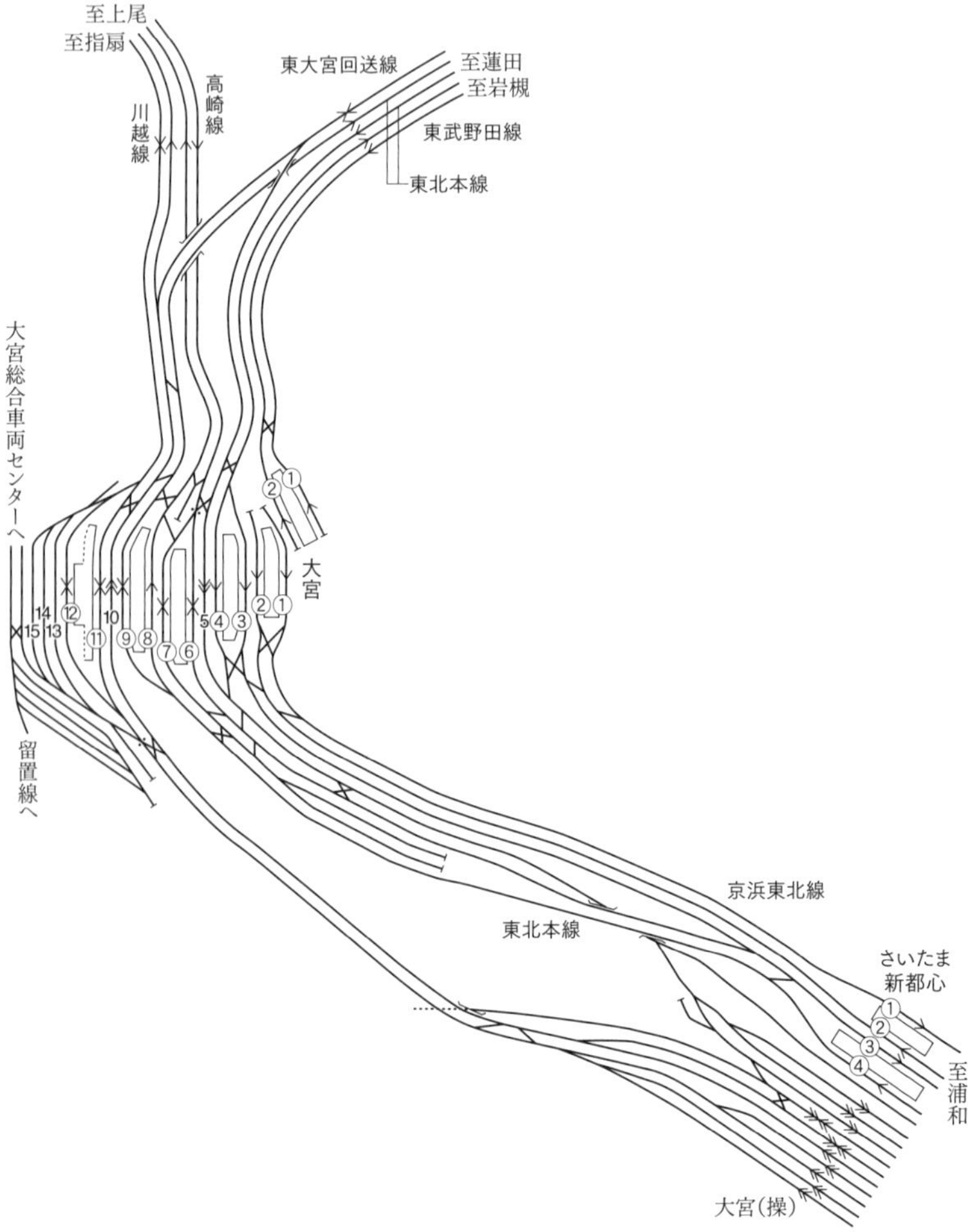
至上尾
至指扇
川越線
高崎線
東大宮回送線
至蓮田
至岩槻
東武野田線
東北本線
大宮総合車両センターへ
大宮
留置線へ
京浜東北線
東北本線
さいたま新都心
至浦和
大宮(操)

JR高崎線

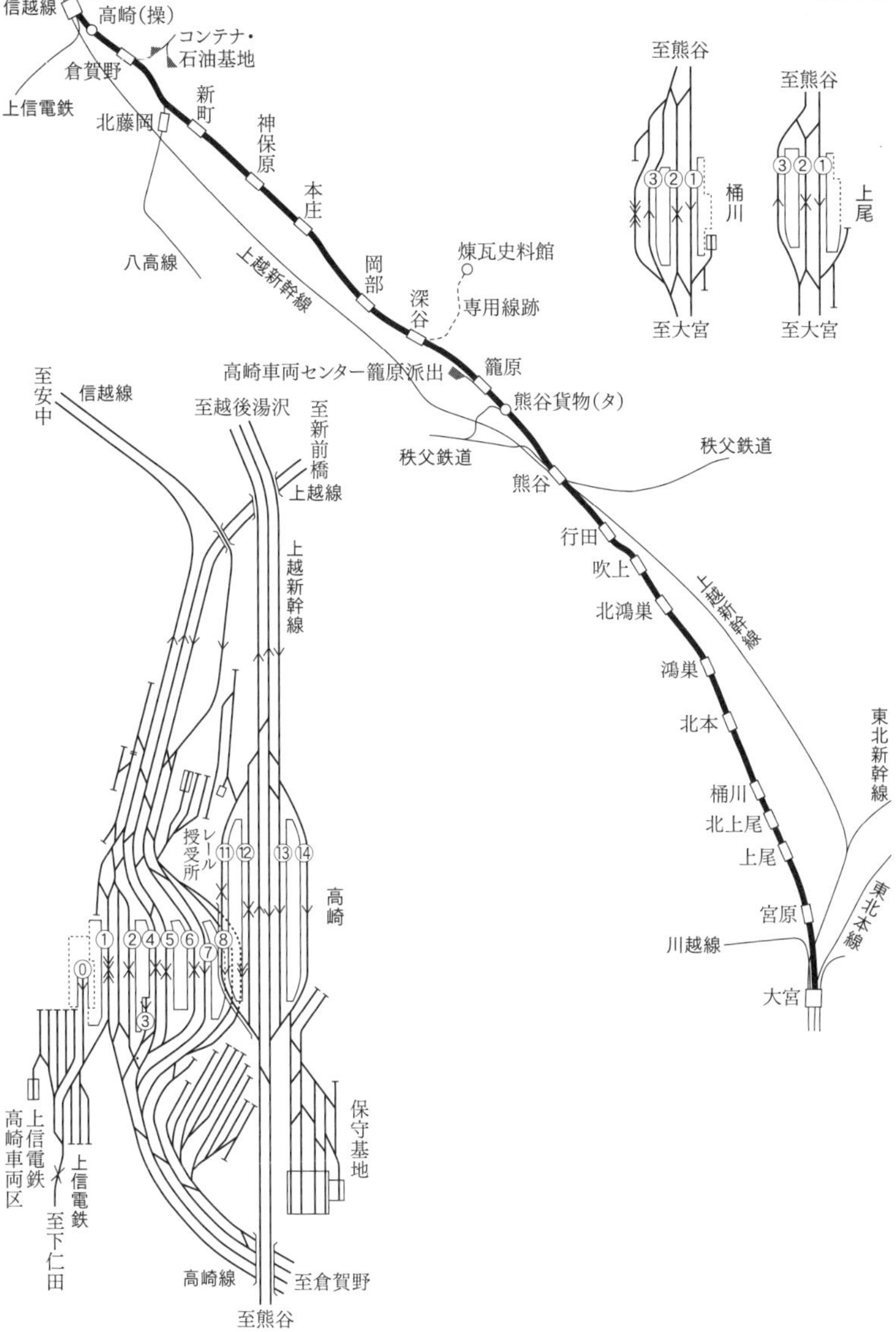
高崎
信越線
高崎(操)
コンテナ・
石油基地
倉賀野
上信電鉄
新町
北藤岡
神保原
本庄
八高線
上越新幹線
岡部
煉瓦史料館
深谷
専用線跡
籠原
高崎車両センター籠原派出
熊谷貨物(タ)
秩父鉄道
熊谷
秩父鉄道
行田
吹上
北鴻巣
上越新幹線
鴻巣
北本
東北新幹線
桶川
北上尾
上尾
東北本線
宮原
川越線
大宮
至熊谷
桶川
至大宮
至熊谷
上尾
至大宮
至安中
信越線
至越後湯沢
至新前橋
上越線
上越新幹線
レール授受所
高崎
保守基地
上信電鉄
高崎車両区
上信電鉄
至下仁田
高崎線
至倉賀野
至熊谷

下り本線の西側に貨物待避線の下り1番副本線（略して下1線）がある。上り貨物列車の待避は中線で行う。北本《きたもと》駅はJR形配線、鴻巣《こうのす》駅はJR形配線に加えて桶川駅と同様に下1線がある。吹上《ふきあげ》駅も桶川駅と同様に下1線があるが使用停止中である。

熊谷駅の手前で秩父鉄道、続いて上越新幹線がオーバークロスしていく。熊谷駅の高崎線ホームはJR形配線で高崎寄りに秩父鉄道への連絡線がある。

熊谷―籠原《かごはら》間に熊谷貨物ターミナルがある。熊谷寄りに抱込式の着発線等があるので上下本線は間隔を開ける。上下線の間の西側から0～4番が着発線、5番が機回線、6～8番が解結線、9番が仕訳通路線である。

仕訳通路線はその他の線路と接続した先で秩父鉄道への通路線が分かれて、高架になった下り本線の下をくぐり抜ける。その先に仕訳線群とコンテナホーム、および秩父鉄道の仕訳線と着発線がある。秩父鉄道の仕訳線からは三ヶ尻貨物駅を経て武川《たけかわ》駅までの三ヶ尻線が延びる。

籠原駅は島式ホーム2面4線で外側が本線、内側が副本線である。副本線のうち2番線は両方向への出発ができる。高崎寄りに旧籠原運輸区、現高崎車両センター籠原派出がある。電留線があるとともに、籠原駅で下りの15両編成は5両を切り離して10両編成にして高崎方面に向かう。上りは10両編成に5両を増結して15両編成になる。

深谷《ふかや》駅はJR形配線だが、2番線が下り本線、外側が下1線である。その下り本線と1番線の上り本線の間が広がっている。ここにホームに面していない中線があったが撤去されている。

東京駅丸の内駅舎などのレンガは近くの日本煉瓦《れんが》製造で造られていたために、深谷駅の橋上駅舎は東京駅の駅舎を模している。また、日本煉瓦製造への専用線跡も残っている。

岡部《おかべ》駅は島式ホーム2面4線だが、やはりJR形配線だったのを2面4線化している。このため1番線が上り本線、2番線が中線、3番線が下り本線、4番線が下1線である。2番線は1日1回だけ夕方に普通が特急を待避するだけだが、一部の貨物列車の待避がある。4番線も貨物列車の待避があるだけである。

大宮寄り東側に関東分岐器岡部工場の専用線があり、ときおりレール運搬の貨物列車が着発している。ＪＸ日鉱日石エネルギー岡部油槽所への専用線もあったが、油槽所自体が閉鎖され更地になったため専用線もなくなった。

本庄《ほんじょう》、神保原《じんぼはら》の両駅はＪＲ形配線、新町《しんまち》駅もＪＲ形配線だが、３番線の向こうに４線の側線がある。かつては日本肥糧新町工場などの専用線のために側線だったが、現在は保守車両の留置線として使われている。

籠原駅を出発した湘南新宿ライン平塚行

左手から八高線が近づいてきて高崎線の下り線と合流、その先で上り線への待機線が分かれる。待機線は３００ｍほどあり、その先で上り線と合流する。

倉賀野駅は島式ホーム２面４線で、同駅は南側の下り線側が１番線になっている。１番線が下り本線、２番線が中線、３番線が上り本線、４番線が上１線である。中線と上１線は定期列車の発着はない。高崎寄りに上下本線抱込式の高崎操車場、北東に倉賀野貨物駅があるために配線は複雑である。

高崎操車場からはＪＲ貨物の高崎機関区（旧高崎第２機関区）、それにＪＲ東日本の高崎車両センター高崎支所（旧高崎運転所）が上り線の外側にある。

高崎駅の在来線は片面ホーム１面と島式ホーム３面がある。１番線は片面ホームに面しているが、使用停止しており発着する列車はない。その１番線の大宮寄りの反対側に上信電鉄の発着線である０番線がある。

その次の２、４番線が面している島式ホームの大宮寄りに切欠きホームの３番線がある。３番線は八高線発着用である。３番線を除いて各発着線は固定されていない。

吹上↓北鴻巣間の乗車客は定期外が2万2528人、定期が4万3766人、定期比率は66％である。平成7年度は定期外が4万4177人、定期が4万5231人、定期比率は51％だった。定期外客が大幅に減っている。

理由としては、郊外では道路の整備によって高崎線に乗らずにクルマで移動するようになったと思われる。また、在来線特急の本数減によって上越新幹線利用が増えたこともあろう。

宮原↓大宮間で平成7年度の定期外客は6万4139人、定期が13万4497人、定期比率は68％だった。平成25年度は定期外が4万7745人、定期が12万7090人、定期比率は73％になっている。

やはり定期外客の落ち込みが激しいとともに定期客も大きく減っている。クルマと新幹線利用への転移、少子高齢化とタワーマンションなどへの都心回帰による人口減少が要因と思われる。

平成25年度の宮原↓大宮間の乗車客の定期外の東北本線東京方面直通は4万2940人（90％）、宇都宮方面へは1203人（2・5％）、埼京線へ2551人（5％）、川越線へ797人（1・7％）である。

定期の東北本線東京方面直通は11万2633人（89％）、宇都宮方面へは4336人（3％）、埼京線へ6438人（5％）、川越線へ3495人（3％）である。

埼京線への乗換客が少ないのは、湘南新宿ラインに乗れば乗換えなしで池袋や新宿、渋谷に行けるからである。

最混雑区間は宮原↓大宮間、ピーク1時間の輸送人員は4万2820人である。輸送力はグリーン車を除く13両が1編成で、これが14本運転され、輸送力は2万5816人としており、公表混雑率は166％となっている。

平均定員は141・8人としているが、グリーン車を除く8両＋5両で、うちセミクロスシート車が6両または4両連結されている。ボックスクロスシート部の定員を4人にして、ボックスクロスシート部を除く有効床面積を0・35㎡で割ったものをセミクロスシートの定員にすると、平均定員は144・9人になり、混雑率は162％に下がる。

最混雑時間は東京都心から離れているので6時57分から7時57分にしている。

その間に前橋発湘南新宿ライン小田原行、前橋発上野東京ライン小田原行、高崎発上野東京ライン品川行、高崎発上野東京ライン大船行、高崎発湘南新宿ライン国府津《こうづ》行、高崎発湘南新宿ライン平塚《ひらつか》行、深谷発上野行、籠原発上野東京ライン国府津行、籠原発湘南新宿ライン平塚行、籠原発上野東京ライン小田原行、籠原発上野東京ライン熱海行、籠原発上野行が各1本、高崎発上野行が2本の計14本が走る。

熊谷発上野行の特急「スワローあかぎ」2号が大宮6時40分着で平日に運転されている。元常磐線特急「ひたち」用651系7両編成で、うち1両はグリーン車である。停車駅は鴻巣、北本、桶川、上尾、大宮、浦和、赤羽、特急料金は桶川―上野間と熊谷―大宮間が750円、それよりも長い距離だと1000円である。

高崎発新宿行の「スワローあかぎ」4号もある。大宮着は8時40分で、停車駅は新町、本庄、深谷、熊谷、鴻巣、北本、桶川、上尾、大宮、池袋である。

これら2本の特急はオール座席指定であることと座席が快適であるものの、たいして速くはなく、かつての通勤ライナーを特急化したものである。ライナーのときは料金500円で乗れた。特急にして実質250円の値上げをしたものである。

自由席利用みたいな制度として座席未指定券《ざせきみしていけん》がある。これを「ざせきまつ指定券」つまり末《すえ》の座席に座るものと勘違いした人がいる。現実には座席の指定はないが、空いている座席に座ってもいいきっぷであり、そのために網棚のところに空席か確保されている席かのランプ表示がある。指定席券よりも安いかと思いきや、同じ料金である。

「スワローあかぎ」は通勤用だが、日中には上野―長野原草津口間に特急「草津」が2往復運転されている。上野―高崎間の停車駅は赤羽、浦和、大宮、熊谷で所要時間は最速1時間18分、表定速度は78・0キロと速い。このくらいの速度で特別快速を頻繁運転すれば、高崎線沿線の人口減少は食い止められるといえる。

事実、関西の新快速が大阪―姫路間を62分、表定速度85・1キロで結び、しかも15分毎に運転されているので、姫路市や明石《あかし》市などは人口減少どころか増加している。この事実を見習うべきところである。

高崎線では東京発8時26分と9時22分に快速「アーバン」高崎行が運転されている。東海道本線の小田原発だが、東海道本線内は各駅に停車する。東京以北の停車駅は上野、赤羽、浦和、大宮、上尾、桶川、鴻巣、熊谷以遠各駅である。東京―熊谷間の所要時間は60分、表定速度は61・1キロである。

昼間時は1時間に熱海―高崎間と上野―高崎間が各1本、小田原―籠原間が2本、これに湘南新宿ラインの特快小田原―高崎間と快速平塚―熱海間が各1本走る。快速は東北本線のさいたま新都心駅を通過、高崎線内は各駅に停車、特快は大宮以北で上尾、桶川、北本、鴻巣、熊谷以遠各駅に停まる。下りは鴻巣駅で熱海発高崎行の普通、上りは桶川駅で籠原発小田原行の普通を追越している。

桶川駅の中線である2番線は、下り本線とで挟まれた島式ホーム側にある。上り普通はここで特快を停車待避する。特快は1番線に停車するので、双方の乗換は跨線橋を通らなくてはならず面倒である。

高崎線のJR形配線の駅はすべて上り線が片面ホームに面しているので、優等列車が普通を追い抜く緩急接続はどうしても跨線橋を通らなくてはならない。これが高崎線の欠点である。多くの駅を通過する特急ならば、それでもよかったが、特快や快速では緩急接続をする必要があるので走らせにくいのである。

タラッシュ時下りは特快に代わって上野発前橋行の通勤快速が約1時間毎に運転される。停車駅は尾久《おく》、赤羽、浦和、大宮、鴻巣、熊谷以遠各駅である。上尾駅で高崎行普通を追い抜き、鴻巣駅で高崎行を停車追い抜きをしている。この間に湘南新宿ラインの快速が熊谷まで3本、上野以南発の高崎行が3本、上野発籠原行が1本走る。

さらに特急「スワローあかぎ」が上野発18時0分から30分毎に20時0分まで、以後は1時間毎に22時0分まで運転され、最終は22時50分である。

特急は本庄駅まで普通を2本程度追い抜くだけでたいして速くない。上野発18時0分の1号の上野―本庄間の所要時間は1時間15分、表定速度65・9キロでしかない。速達サービスとしてはあまりよくない。

埼玉新都市交通

輸送密度が2万人超えの黒字路線

埼玉新都市交通伊奈《いな》線は大宮—内宿《うちじゅく》間12・7キロの路線で、「ニューシャトル」の愛称がある。西武山口線と同じ側壁案内軌条式のゴムタイヤ電車で、保安装置はATCによる手動運転である。

大宮駅は単線ループによって折返しており、丸山《まるやま》駅の手前までは東北・上越新幹線の高架の両側に分かれて上下線がある。丸山駅からは単線となり、上越新幹線の西側を並行し、以遠の駅は行違いができる島式ホームになっている。

大宮駅はJR新幹線の北側の高架下に片面ホームがある。右カーブして上下線とも新幹線の高架とほぼ同じ平面に登って並行する。鉄道博物館駅を過ぎた先で、上り線はNTTのビルのためにいったん新幹線の高架下に潜る。そして再び新幹線とほぼ同一平面になる。

加茂宮《かものみや》—東宮原《ひがしみやはら》間には新幹線への保守用通路があるので、それを避けるために出っ張った形で上下線間が広がる。その先で上越新幹線上り線と東北新幹線が立体交差をする。外側の上越新幹線と内側の東北新幹線の間に、もう1線を追加して6線構造にできるように空間が開けられているのを見ることができる。上り線は両新幹線が立体交差した北側で行う。このとき伊奈線の高架線が移設される。

沼南《しょうなん》駅付近で上越新幹線の上り線が高くなって東北新幹線を乗越す。このあたりでニューシャトルは上越新幹線の下に潜り込む。そこに島式ホーム2面3線の丸山駅がある。中線は丸山車庫への入出庫線がつながっている。入出庫線は大きくカーブして東北・上越両新幹線の間に広がっている車庫へ続く。

ニューシャトル本線は単線になり、上越新幹線の西側を並走する。終点も含めて各駅は島式ホームになっているが、東側に上越新幹線があるため、軌道が膨らむのは西側ばかりである。

終点、内宿駅も島式ホームで、軌道はホームが終わ

埼玉新都市交通

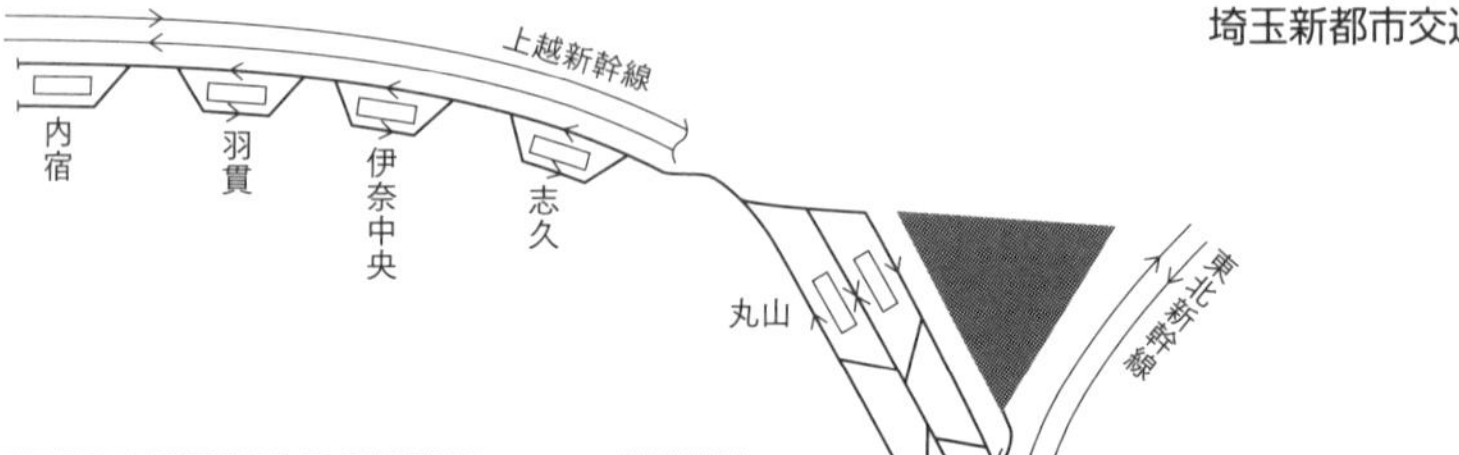
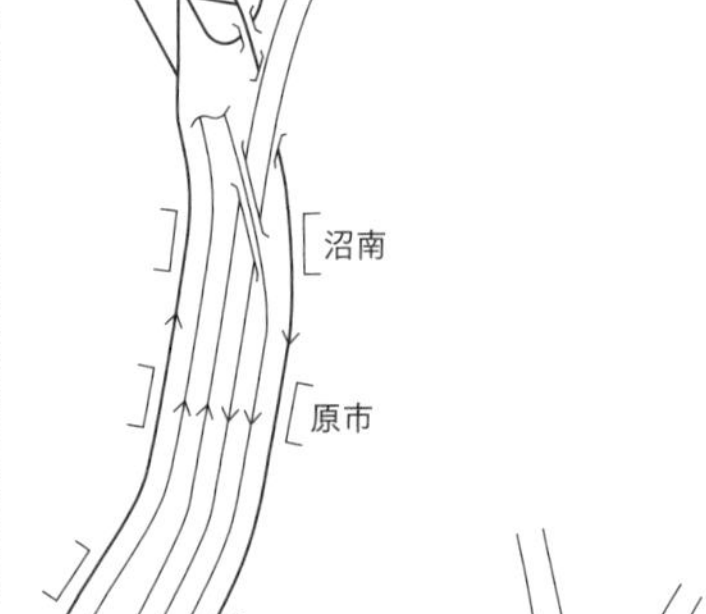
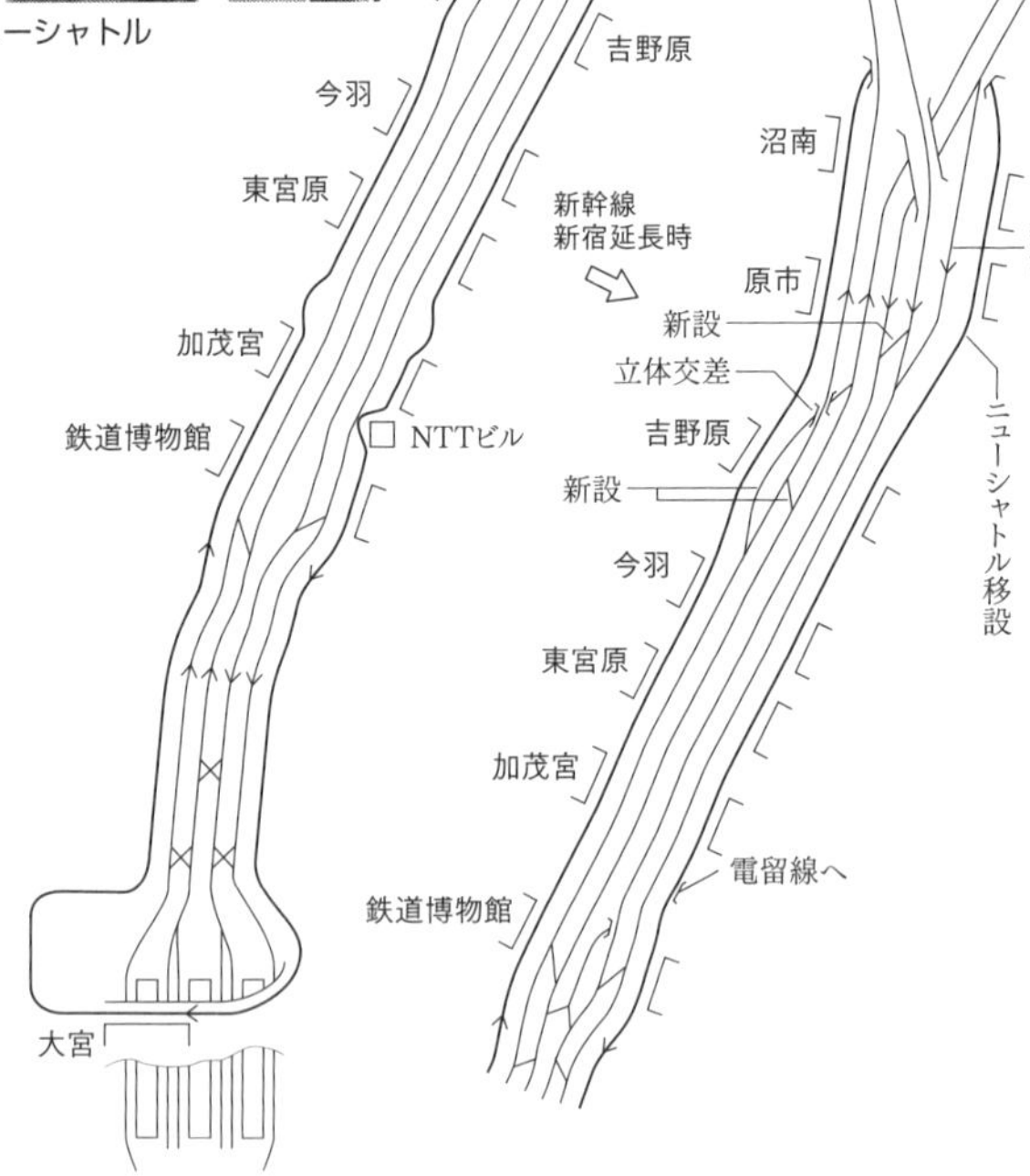

内宿駅に進入するニューシャトル

っても延びており、この先の延伸に備えている。

内宿駅の乗車客は定期外が７４６人、定期が１４１５人、定期比率は65％である。大宮へ向かってずっと漸増し、加茂宮↓鉄道博物館間の乗車客は定期外が６８３４人、定期が１万１８１３人、定期比率は63％である。

鉄道博物館駅で定期外客２２００人が乗車、２００人が降車、定期客は１５４６人が乗車、１３３人が降車するので、鉄道博物館↓大宮間では定期外が８８３５人、定期が１万３２２２人、定期比率は60％になる。

鉄道博物館が開館した平成18年（２００６）より２年前の16年度の同駅（当時の駅名は大成《おおなり》駅）の乗車は定期外が１４９０人、定期が８４４人だったから、大幅に増えている。増加の多くが鉄道博物館への入場者か職員ということになる。

鉄道博物館への入場者数からすると定期外の増加人数が７００人程度というのは少ないように思えるが、毎週火曜日が基本的に休館日であり、年末年始も休館している。定期外客は３６５日で割った１日平均である。また路線バスもあるほか、大宮駅や東武野田線の北大宮駅からの徒歩客、観光バスやマイカーでの入館客もいる。

大宮―内宿間全線の所要時間は24分、表定速度は31・8㌔である。平日朝は大宮―丸山間の区間運転が走り、同区間は５分毎、丸山以遠は10分毎になる。昼間時は大宮発12時30分まで10分毎、以降14時０分までは15分毎、以降は再び10分毎、22時５分から終電まで15分毎である。休日は、夜間を除き10分毎に運転される。

輸送密度は２万４１０８人、輸送密度での定期比率は通勤が44％、通学が22％、定期外が34％、平均乗車キロは６・２㌔である。

営業収支率は償却前で67・8％、償却後で80・6％である。１日１㌔当たりの営業収益は69万９８５３円、営業経費は60万６２８９円、１日当たり９万３５６４円、全線で１１８万８２６３円の黒字である。

内宿駅から上越新幹線に沿って、鴻巣《こうのす》にある埼玉県運転免許センターまでの延伸構想があるが、今のところ具体的な動きはない。

東武伊勢崎線・桐生線・佐野線

伊勢崎線こそ「リバティ」の本領が発揮できる

東武伊勢崎《いせさき》線は浅草—伊勢崎間114・5キロの路線だが、特急「りょうもう」の大半は太田《おおた》から桐生《きりゅう》線に乗入れて同線の終点赤城《あかぎ》駅まで走る。伊勢崎線全線を走る「りょうもう」は1往復しかない。また、佐野《さの》線葛生《くずう》駅までの直通も1往復ある。

とうきょうスカイツリー（旧業平橋《なりひらばし》）—曳舟《ひきふね》間の1駅間と北千住《きたせんじゅ》—北越谷《きたこしがや》間が複々線、館林《たてばやし》以遠が単線、その他の区間が複線である。とうきょうスカイツリー駅というよりも、押上《おしあげ》駅で東京メトロ半蔵門線と接続して相互直通運転をしており、その接続線が伊勢崎線につながるのが曳舟駅である。とうきょうスカイツリー駅と押上駅は同じ駅としており、とうきょうスカイツリー—曳舟間が線路別複々線ということになる。

曳舟駅で亀戸《かめいど》線が接続、牛田《うしだ》駅で京成《けいせい》本線と連絡（駅は京成関屋）、北千住駅でJR常磐線、東京メトロ千代田線、つくばエクスプレスと連絡するとともに、日比谷線と接続し同駅から緩急分離の方向別複々線になる。

西新井《にしあらい》駅で大師《だいし》線と接続、新越谷駅でJR武蔵野線（駅は南越谷）と連絡、春日部《かすかべ》駅で野田線、東武動物公園駅で日光線、久喜《くき》駅でJR東北本線、羽生《はにゅう》駅で秩《ち》父《ぶ》鉄道、館林駅で小泉線・佐野線と、太田駅で小泉線・桐生線と接続し、伊勢崎駅でJR両毛《りょうもう》線と連絡する。

桐生線は太田—赤城間20・3キロの単線路線で、相老《あいおい》駅でわたらせ渓谷鐵道と連絡、終点の赤城駅で上毛《じょうもう》電気鉄道と接続する。佐野線は館林—葛生間22・1キロの単線路線で、佐野駅でJR両毛線と連絡する。

●浅草—東武動物公園間

浅草—東武動物公園間は「東武スカイツリーライン」の愛称がある。

浅草駅は、百貨店の松屋浅草店も入る7階建てビルの2階にあり、昭和6年（1931）に開業した。駅ビルは平成24年に耐震補強をするとともにリニューアルし、百貨店を地下1階から地上3階までに縮小、4

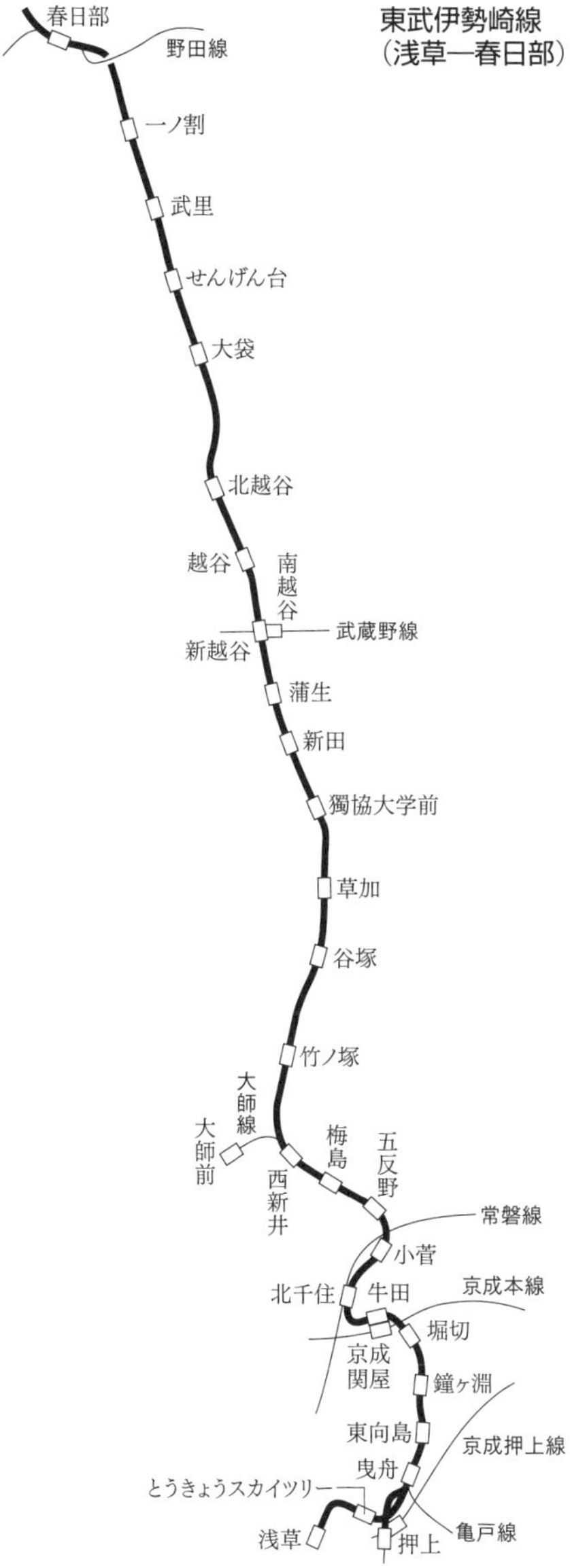

階から上は各種店舗が構える「E《エ》K《キ》IM《ミ》IS《セ》E」に改装した。建物外壁も開業当時の姿に改修している。

頭端櫛形ホーム3面4線で、正面改札口から見て一番左（西寄り）の4番線は、4、5番ホームに挟まれた両側ホームになっているが、5番ホームは狭く、北改札への階段もないため、頭端側に柵を置いて入れないようにしている。

1番線は他の発着線より南のほうまで延びていて8両編成が発着できたが、北千住寄りが大きく右にカーブしているので、ホームと線路の間に2両分の柵を設置して6両対応に変更した。2〜4番線も右に大きくカーブしている。そのため20m4扉車の北千住寄りの1両は扉を締切りにする。3、4番ホームは朝ラッシュ時を除き特急用発着線になっている。北千住寄りの各扉はホームとの間に大きく隙間ができるので、渡し板をかけて乗降できるようにしている。

浅草駅を出ても半径100mという急カーブで右に曲がる。このため15キロ制限を受ける。直線になると155mで中路スルートラス橋の隅田《すみだ》川《がわ》橋梁を渡る。橋梁内の浅草寄りにシーサスポイントがある。

とうきょうスカイツリー駅は島式ホームの高架駅で、北千住寄りのホームは下り勾配になっている。地平に降りるための下り坂である。下り勾配になりはじめた北側の地平に5線、本線が地平に降りた先に、もう5線の留置線が置かれている。

二つの留置線群の境目付近には歩行者用の南北通り踏切、その伊勢崎寄りに自動車併用の桜橋通り踏切がある。これらを取り除くための連続立体交差事業による高架化工事がはじまっている。

完成すると、とうきょうスカイツリー駅は現在の下り勾配区間へ移設する。上り線は片面ホーム、下り線は島式ホームで、ホームの外側は留置線への入出庫線に面することになる。その隣に2線の留置線、桜橋通り踏切の上は上下本線と3線の留置線が高架で置かれることになる。

とうきょうスカイツリー駅は元業平橋駅だった。旅客ホームは現在と同じ島式ホームだが、地上に貨物ヤードがあった。貨物ヤードの一部に業平橋止まりの10両対応のホームが増設され、京成・都営押上駅と連絡駅にして、日比谷線に続く伊勢崎線の都心直通第3ルートにしていた。東京スカイツリーは、この南側の貨物ヤードと折返ホームの跡に建てられている。

京成・都営の押上駅と同一駅扱いになったのち東京メトロ半蔵門線が押上駅に乗入れてくると、半蔵門線との直通を都心への第4ルートにすることにした。島式ホーム2面4線の半蔵門線押上駅の外側2線を曳舟駅まで延伸して、直通するようになったのである。

なお、都心第1ルートは浅草駅での東京メトロ銀座線と都営浅草線乗換え、第2ルートは北千住での日比谷線と常磐線である。第2ルートはのちに千代田線とつくばエクスプレスが加わった。

とうきょうスカイツリー駅を出ると上下線が広がって、その間に押上駅からの連絡線が割り込んできて曳舟駅となる。島式ホーム2面4線に加え、東側に亀戸線の短い片面ホームの5番線がある。

曳舟駅は半蔵門線直通電車が停車するから10両対応

ホームになっている。この先、北千住駅までの各駅も、直通は通過するのに10両対応ホームになっている。これは、かつての業平橋地上ホーム折返で10両編成の準急があり、当時の準急は北千住以南は各駅に停車していたためである。

東向島《ひがしむこうじま》駅は高架の相対式ホームである。高架下には東武博物館があり、上りホームの直下に「ウォッチングプロムナード」があって、電車が行き来する光景を間近で見られる。

鐘ヶ《かねが》淵《ふち》駅は新幹線と同じく通過線と停車線がある相対式ホームの駅だが、通過線の下り線は半径２２０ｍ、上り線は２５０ｍで北千住駅に向かって左カーブしている。そのため45キロに落として通過する。

半径６２０ｍで左にカーブして荒川右岸の堤防の横を通り、再び左カーブしたところに相対式ホームの堀切駅、京成本線をくぐって直線になるあたりに牛田駅がある。少し離れたところに京成本線の京成関屋駅がある。両駅は同一駅扱いの連絡駅で、定期外の連絡運輸も設定されている。

半径３００ｍ前後で今度は右カーブする。上下線が離れて、その間に１〜３番の３線の引上線、３番線が２番線に合流して、今度は４、５番線の２線の引上線がある。ほぼずっと右カーブして、北千住駅の地上ホームに進入する。

地上ホームは島式ホーム２面４線で、東武動物公園に向かって左から１番線になっている。１番線の東武動物公園寄りには特急用の張り出しホームがあるので長い。２階コンコースを挟んでその上に高架ホームがある。高架ホームは島式２面３線で、中線は北千住発中目黒行日比谷線直通用である。

高架ホームから線路が降りてきて地上ホームの緩行線と合流、ここからは方向別複々線になる。外側が急行線、内側が緩行線である。

荒川を４３３ｍで下路スルートラス橋の荒川放水路橋梁で渡る。左に大きくカーブしているところに島式ホームの小菅《こすげ》駅がある。ホームは18ｍ中形車８両分の１５０ｍほどの長さである。さらに左カーブをし、つくばエクスプレス、常磐線を乗越す。その先に島式ホームの五反野《ごたんの》駅がある。

次の梅島《うめじま》駅は、北千住寄りは上り緩行線に向いた片面ホーム、その先に下り緩行線に向いた片面ホームがある。用地を幅広く確保できなかったため、1本の長いホームを真ん中から分けて使っている。

西新井駅は地上にある島式ホーム2面4線で、急行線にもホームが面している。さらに大師線の短いホーム1面もある。

左手に東京メトロの竹ノ塚《たけのつか》車庫（正式には千住検車区竹ノ塚分室）が並行する。下り線は高架になって、その下を竹ノ塚車庫の入出庫線がくぐっていく。

地平を走る複々線で、竹ノ塚駅の前後に踏切がある。開かずの踏切で、過去に人身事故が起こった危険な踏切である。これを除去するために連続立体交差事業が行われ、まずは下り急行線が高架になった。

今後、順次すべての線路とホームを高架にしていくが、草加《そうか》寄りの取付部付近に過去の高架化時の鋼板が約2000枚埋め込まれていたので、これを取り除く作業が必要になり、令和3年（2021）完成予定が1年ずれ込むことになった。

完成時の駅部は下り緩行線、そして島式ホーム、上り緩行線・急行線は一体の躯体になるが、下り急行線は、それらとやや離れた単独の高架になる。

また、ホームを外れると本線は地上に降りるが、緩行線から分岐した2線の引上線は高架のままで設置される。勾配を造るわけにはいかないからである。

毛長川《けながかわ》を渡って埼玉県に入り、高架で進む。島式ホームの谷塚《やつか》駅、次の草加駅は島式ホーム2面6線となっている。一番外側は特急などの通過線、島式ホームの外側は急行などが停車し、時には特急を待避する。

次の島式ホームの獨協大学前《どつきようだいがくまえ》駅は、以前は松原団地という駅名だった。駅の西側に大規模な公団草加松原団地ができたために、昭和37年（1962）に松原団地駅が開設された。団地の建物などが老朽化したために建て替えを行って、平成15年（2003）にコンフォール松原と名称を変えた。それに伴って駅名の変更を地元が要望、平成29年に獨協大学前駅に改称し、副駅名に草加松原を加えた。

島式ホーム2面4線の新越谷駅はJR武蔵野線の南越谷駅と連絡している。高架の武蔵野線を伊勢崎線が乗越している。

次の越谷駅は草加駅と同じ島式ホーム2面6線で、

昼間時の急行は特急を待避する。特急待避がない急行も待避時間と同じ時分停車している。

北越谷駅は島式ホーム2面4線で、東武動物公園寄りに3線の引上線がある。ここから複線になる。下り緩行線はホームがなくなるとすぐに急行線と合流するが、上り緩行線は、より東武動物公園寄りで分岐する。これによって、後追いをする優等列車が信号待ちをできるだけしなくてすむようにしている。

大袋《おおぶくろ》駅は島式ホーム2面4線だったが、急行停車駅である次のせんげん台駅が島式ホーム2面4線の追越駅で開設され、相対式ホーム2面2線になった。もとの待避線の一部は横取線（保守用側線）に転用している。せんげん台駅は武里団地の南側地区の利便性をよくするために昭和42年に開設されたもので、急行停車駅のために乗客は多い。

春日部駅は東武野田線との接続駅である。野田線は島式ホーム1面2線、伊勢崎線は片面ホームと島式ホームが各1面と5線の本線、副本線がある。1番線が上り本線、2番線はホームに面していない中線で浅草方面に発車できる。以前は貨物着発線だった。3番線が島式ホームに面した下り本線、4番線は両方向に出発できる副本線1番線、5番線はホームに面していない副本線2番線で両方向に出発できる。5番線も貨物着発線だった。

4〜6番線は野田線との渡り線が両方向にあり、特急「リバティ」などが野田線と伊勢崎線との間で直通運転をしている。

連続立体交差事業がはじまり、完成後は伊勢崎線と野田線がそれぞれ島式ホーム2面4線になる。

次の北春日部駅は島式ホーム1面5線で、両外側に通過線があるとともに、上り本線通過線（2番線）の東側に春日部車庫（正式には南栗橋車両管区春日部支所）への出庫待機線の1番線がある。

東武動物公園寄りに引上線があり、引上線は上り本線を横切って車庫線につながっている。また、停車・待避線の3、4番線には引上線の付け根に車庫線への接続線がある。やはり上り本線を横断する。

東武動物公園駅では日光線が分岐合流する。島式ホーム2面6線に加えて、北側に保守用側線の1番線がある。2番線が日光線上り本線、3番線が伊勢崎線上

東武伊勢崎線(春日部—館林)

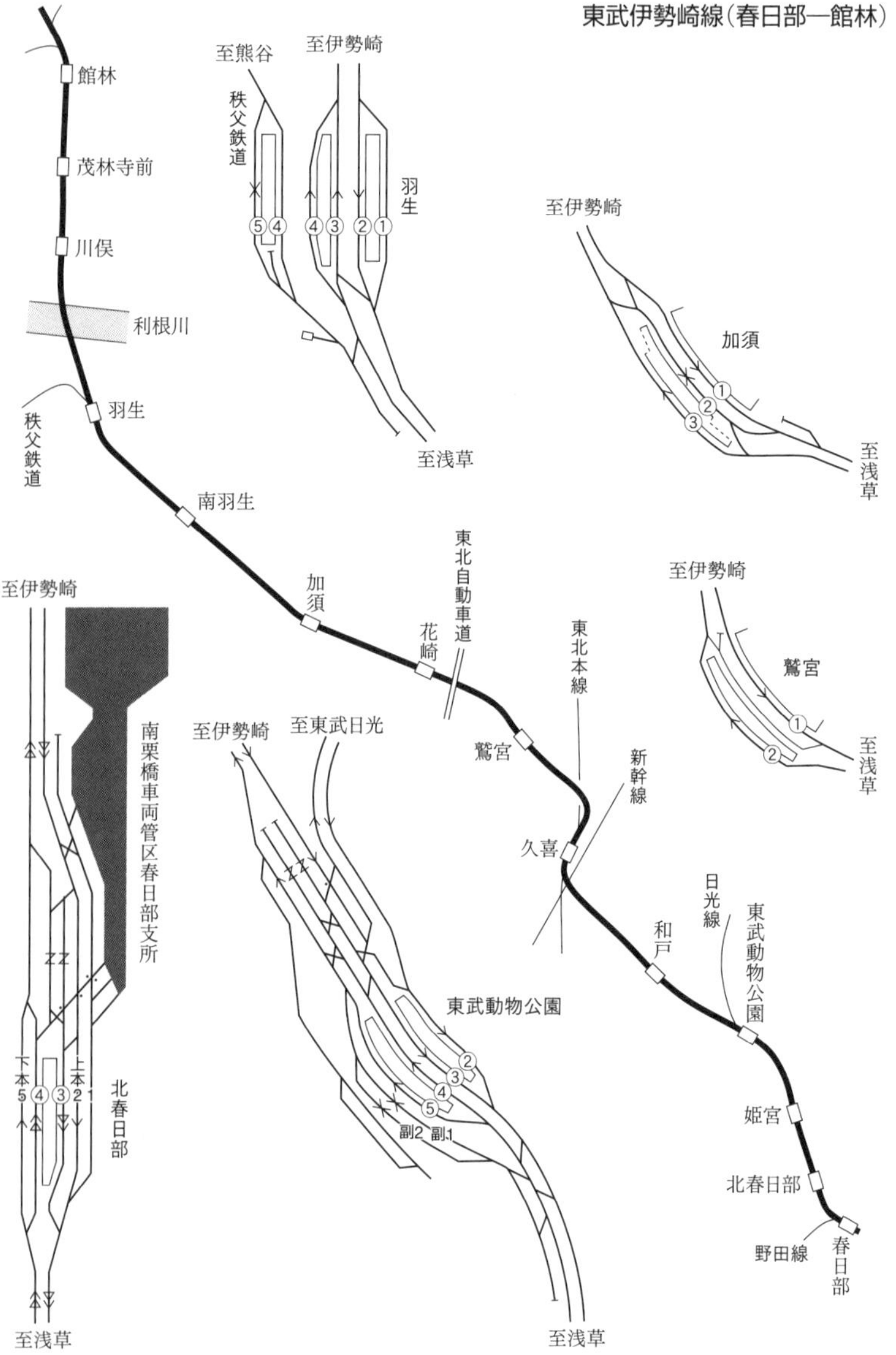

り本線で、3番線は日光線の下りにも出発できる。4番線は日光線下り本線、5番線は伊勢崎下り本線、その向こうに上下副本線1番と2番の2線があり、さらに側線が2線と保守用側線が置かれている。伊勢崎寄りには引上線が2線ある。

駅名にもなっている「東武動物公園」は、駅の南西1キロほどのところにある。

●東武動物公園―伊勢崎間

和戸《わど》駅は島式ホームである。東武動物公園駅からほぼ直線で進む。広い関東平野のため勾配も緩い。

圏央道をくぐると、左手から東北新幹線の高架橋が近寄ってくる。伊勢崎線は右に大きくカーブしながら新幹線をくぐり、久喜駅となる。東北本線と連絡する。伊勢崎線の久喜駅は島式ホーム2面4線で、両方向に引上線がある。

久喜駅を出ると一旦半径2000mで右にカーブしながら10‰の上り勾配になり、今度は左カーブして東北本線を乗越していく。10‰で下って地平に降りる。

鷲宮《わしのみや》駅はJR形配線だったが、中線は保守用側線に転用されている。加須《かぞ》駅は半径750mの右カーブ上にあるJR形配線になっており、中線は両方向に出発できる。

羽生駅では秩父鉄道と接続する。伊勢崎線の駅は島式ホーム2面4線で、浅草寄りに秩父鉄道から延びた引上線と渡り線でつながっている。東武東上《とうじょう》線の車両の配置転換をするときなどは、東上線の寄居駅から秩父鉄道を通って羽生駅で伊勢崎線に入るなどして行き来する。

この先で利根川を渡る。利根川橋梁は単線並列橋で、下り線の橋梁長は632mのスルートラスとスルーガーダー併用橋、上り線は線増線で、640mのスルートラス橋である。橋梁の前後は10‰の勾配になっている。

川俣《かわまた》駅は相対式ホームになっているが、上りホームは平成12年まで島式ホームで、外側に待避線があった。羽生駅の上り線に待避線が設置されたために同年に廃止され、現在は保守用側線になっている。

半径600mで左カーブした先に館林駅がある。カーブしはじめた左側に引上線が並行するようになり、その先に東武車両の製造・改造等を行う津覇《つは》車輛工業の館林工場があり、引上線と線路がつながっている。

館林駅はJR形配線だが、東側にある片面ホームの伊勢崎寄りに切欠きホームの1番線がある。島式ホームも伊勢崎寄りに切欠きホームの4番線がある。2番線が伊勢崎線上り本線、3番線が下り本線である。5番線が副本線1番で、その向こうに副本線2、3の2線がある。

その向こうにあった5線の留置線（一番端は機回線）はすべて撤去されている。これらの線路は東側にある日清フーズ（日清製粉）の麦芽輸送の仕訳線だった。貨物輸送の中止後は館林留置線として旧形車両が留置されていた。

館林駅まで10両編成が走るが、同駅から先の伊勢崎線は6両編成までしか走れない。佐野線は3両、小泉線は4両までである。

館林駅を出ると東側から佐野線、伊勢崎線、小泉線の3路線の単線が並行する。小泉線はすぐに半径430mの左カーブで分かれ、佐野線は館林車庫（南栗橋車両管区館林出張所）の途中から右に分かれていく。

足利市《あしかがし》駅まで基本的に北西に進んでいく。片面ホームの東武和泉《いずみ》駅以外は行違いができる。高架の足利市駅は島式ホームの貨物併用3線行違い駅である。貨物列車が走らなくなったのち、北側にある着発線は非常用の留置線になっている。

足利市駅の先で南西向きになる。太田駅までの各駅はすべて行違いができる。

太田駅は島式ホーム3面6線になっているが、北側の2面は列車が直列に停まれるようにしてホーム番号も二つに分けている。浅草寄りが1、2番ホームと3、4番ホーム、伊勢崎寄りが7、8番ホームと9、10番ホームである。ただし7、8番ホームの発着は現在なくなっている。
1、7番ホームが上り副本線、2、8番ホームが上り本線、3、9番ホームが下り本線、4、10番ホームが下り副本線になっている。南側のもう一つのホームは短いので直列停車はせず、5、6番ホームになっている。5番線が小泉線本線、6番線が小泉線下り副本線である。浅草寄りに引上線が2線ある。
太田駅を出ると左に曲がって桐生線と分かれる。

伊勢崎駅までのすべての駅で行違いができる。多く

東武伊勢崎線（館林—伊勢崎）・佐野線・桐生線

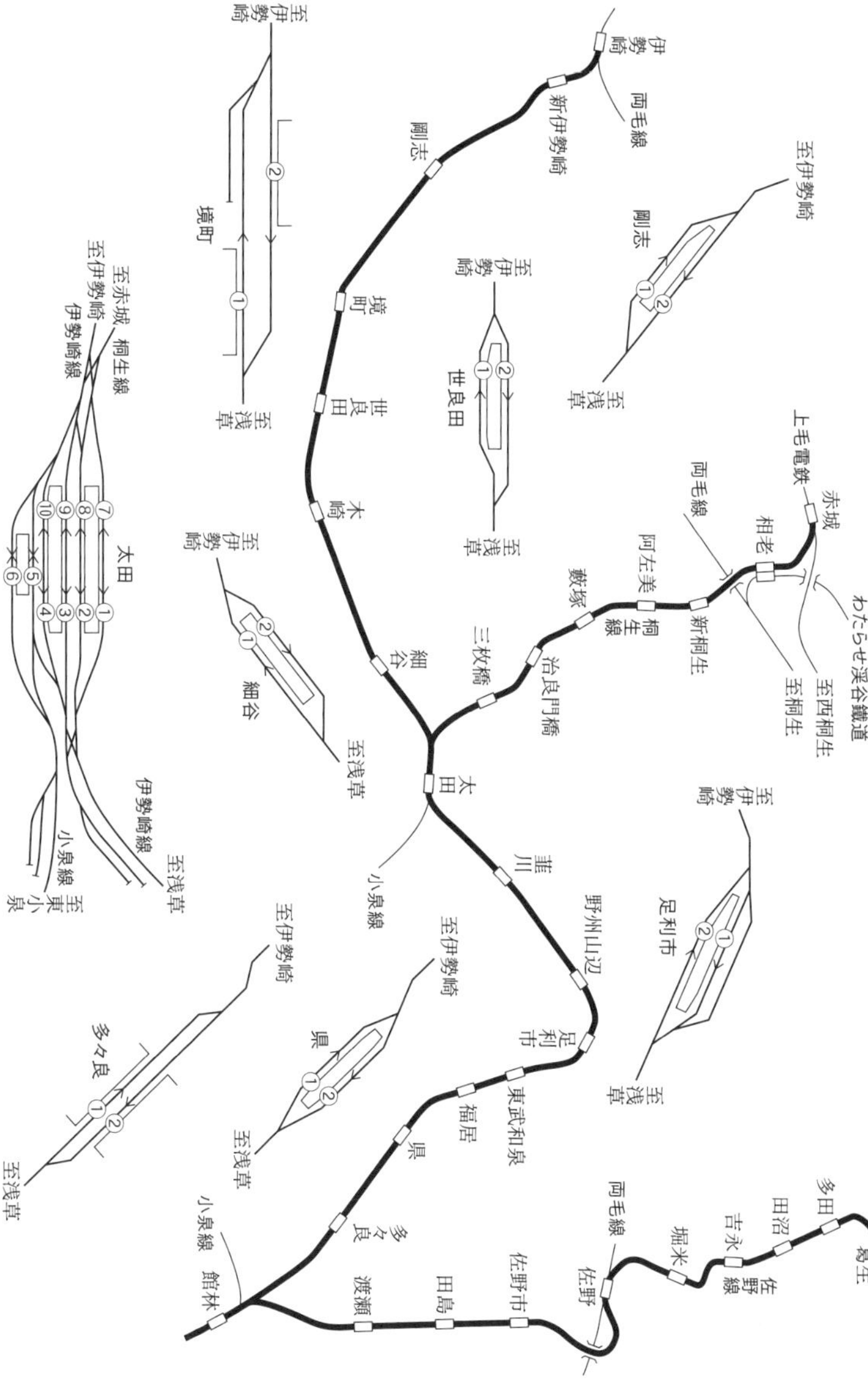

の駅にあった貨物関連の線路は撤去されているか、保守用側線に転用されている。

世良田《せらだ》駅には徳川氏発祥の地の碑が建っている。新伊勢崎駅の手前から高架になる。伊勢崎駅はJR両毛線と連絡しており、ともに高架になっている。伊勢崎線の駅は頭端島式ホームになっている。

伊勢崎駅の標高は地上面で74・2m、浅草駅が20・0mだから54mほどしか登っていない。関東平野をひたすら進むためにきつい勾配はない。あっても河川の土手を登り降りするときであり、その勾配は10・0‰である。

●佐野線

館林を出て大きく右カーブして東北向きになる。渡瀬《わたらせ》駅は貨物併用3線行違い駅になっているが、貨物着発線は使われておらずレールも錆びている。

その先に東武鉄道の資材管理センターがあり、廃車された車両の解体などをしている。続いて渡良瀬川《わたらせがわ》を412mの渡良瀬橋梁で渡る。中央2連がスルートラス、他の15連はデックガーダー橋になっている。

田島駅も貨物併用3線行違い駅だったが、貨物着発線は本線接続ポイントが撤去され使われていない。

佐野市駅はホームに面していない中線もあるJR形配線で、さらに側線があったが、本線接続ポイントが撤去されて、実質相対式ホームになっている。

右に大きくカーブ、続いて左に大きくカーブしながらJR両毛線を乗越し、地上に降りると複線になり、次に半径200mで右カーブして島式ホームの佐野駅に滑り込む。駅はほぼ直線になっており、JRの駅とともに橋上駅舎になっている。

ホームがなくなると半径200mで右にカーブする。葛生駅までの各駅で行違いができる。

終点葛生駅は片面ホームだが、留置線が3線あり、特急「りょうもう」などが夜間滞泊をしている。

●桐生線

高架の太田駅を出て直進し、右に大きくカーブしてから地上に降りる。片面ホームの阿左美《あざみ》駅を除いてすべての駅で行違いができる。

藪塚《やぶづか》駅はJR形配線だったが、中線は撤去され島式ホームの内側面には柵が設置されている。

新桐生駅は渡良瀬川の南側にある。半径600mの左カーブ上に相対式ホームがあり、下りホームの裏側に、ホームに面していない副本線が置かれている。

高い盛土になって、半掘割を進むJR両毛線を乗越す。乗越橋の手前の右手にはJRの電留線と訓練線を見下ろす。

わたらせ渓谷鐵道が右手から並行するようになって相老駅となる。桐生線のほうは島式ホームで駅の手前は右にカーブしている。

この先でわたらせ渓谷鐵道と分かれ、代わって上毛電気鉄道と並行するようになる。合流地点は上毛電鉄の桐生球場前駅付近である。

単線並列でしばらく進んで、左カーブをして左手に桐生線の引上線2線が並行すると赤城駅である。上毛電鉄との共同使用駅で、桐生線は頭端島式ホームである。駅の手前に上毛電鉄への渡り線がある。

●乗客の流れは鷲宮駅から

鷲宮→久喜間の乗車客は定期外が1万1969人、定期が2万1348人、定期比率は64％である。

久喜駅の降車客は定期外が3928人、定期が1622人、JR東北本線乗換客は定期外が248人、定期が7873人、乗車客は定期外が4015人、定期が4570人、東北本線からの乗換客は定期外が1人(年間で274人)、定期が3497人である。

定期外客は、東北本線に乗換えたり乗換えてきた乗客が多い。乗換客のほうが多いために久喜→和戸間の乗車客は定期外が1万1809人、定期が1万9920人に減る。定期比率は63％になる。

東武動物公園駅で日光線から流入してくる。流入客は定期外が8817人、定期が1万5617人である。伊勢崎線から日光線への乗換客は微々たるものであり、同駅乗車客は降車客よりも圧倒的に多い。そのため東武動物公園→姫宮間の乗車客は、定期外が2万4068人、定期が4万2889人とほぼ倍増する。定期比率は64％である。

ずっと漸増していき、春日部駅で野田線から多数の乗換客がある。このため春日部—一ノ割間の乗車客は定期外が3万3333人、定期が6万3578人と増え、定期比率は66％になる。野田線沿線はまだ住宅開発がなされており、そのため定期比率が高い。それら乗換客によって伊勢崎線の定期比率も上がっているのである。

この先も漸増する。せんげん台、北越谷、越谷の3駅の乗車客は多い。このため越谷↓新越谷間の乗車客は定期外が4万9478人、定期が10万7243人になる。定期比率も69％と跳ね上がる。

小菅↓北千住間の乗車客は定期外が7万9665人、定期が17万8994人になる。定期比率は70％になってしまう。

平成7年度では定期外が7万9261人、定期が22万4813人、定期比率は74％だった。定期客が大幅に減少し、定期外客は心もち増えている。伊勢崎線も少子高齢化と都心回帰で通勤客が大きく減少しているといえる。高齢化率が高くて、リタイア後はパスモやきっぷを買って電車に乗るのもおっくうになった人も多いと考えられる。また、草加松原団地などがリニューアルしたことによって通勤人口が減ったとも考えられる。

ともあれ、定期外客で北千住駅降車が1万9763人（25％）、JR常磐線乗換が1286人（1・6％）、東京メトロへ3万9474人（50％）、浅草方面直通が1万8642人（23％）である。

同駅乗車は7834人、常磐線からの乗換客が691人、東京メトロからが1077人である。なお、つくばエクスプレスとは定期外の連絡運輸はしていない。また降車客の多くは各線への乗換客である。

定期の降車は1万2033人（7％）、常磐線へは1万8786人（11％）、東京メトロへは10万5950人（60％）、つくばエクスプレスへ2182人（2％）、通過が3万5799人（20％）である。東京メトロへの乗換客が多いのは相互直通している日比谷線への乗換客が圧倒的に多いためである。

その結果、北千住↓牛田間の乗車客は定期外が2万8744人、定期が5万1744人に減り、定期比率は65％になる。半蔵門線と相互直通していなかった平成7年度では定期外が2万5472人、定期が4万3938人だった。当時の北千住駅での東京メトロ乗換客は定期で15万1396人にもなっていた。少子高齢化もあるが、半蔵門線との直通で北千住駅での東京メトロ乗換客は5万人弱減っている。

牛田駅で京成電鉄と連絡している。定期外は657

人しかいないが、降車客は3081人いる。堀切―東向島間の各駅の降車客に比べて3～5倍多い。降車客の多くは京成乗換客である。定期の乗換客も4163人いる。

その結果、牛田→堀切間の乗車客は定期外が2万5981人、定期が4万6391人に減る。定期比率は65%である。

実際には曳舟駅で半蔵門線連絡線が分岐しているが、統計上の乗換駅はとうきょうスカイツリー駅になっている。定期外でみると降車客は7156人、半蔵門線直通客は7231人、浅草線乗換客は39人、京成乗換客は0である。定期では降車が5592人、半蔵門線直通客は2万4077人、浅草線乗換客は2730人、京成乗換客は576人になっている。

とうきょうスカイツリー→浅草間の乗車客は定期外が1万7321人、定期が1万661人、定期比率は38%に落ちる。特急など長距離客の占める割合が高くなるからである。

浅草駅は、定期客のうち降車が6261人(59%)、銀座線へは3900人(37%)、浅草線へ501人(4%)となっている。

乗換客を含む定期外の浅草駅乗車は1万8194人と873人多い。特急客などは、行きは浅草から乗って日光・鬼怒川や赤城に向かうが、帰りは北千住駅で降りて乗換各線を利用したほうが便利ということで、乗車と降車の人数に差が出ているといえる。

●最混雑区間は小菅→北千住間

北千住駅で乗換える客が多いために、最混雑区間は小菅→北千住間になる。1時間の輸送人員は6万7956人、大形車10両編成12本、8両編成7本、6両編成4本、中形車の8両編成か大形車の7両編成が18本走っており、輸送力は4万5314人、混雑率は150%である。

中形車8両編成か大形車7両編成とは、日比谷線直通電車のことである。中形車編成の輸送力は991人、大形車編成の輸送力は972人である。大形車に置き換わると混雑率は150%よりも若干高くなるが、平成30年度はまだ大形車の割合が少ないためにすべて中形車として計算してもいい。ということで修正はしていない。

混雑時間帯は7時30分から8時30分だった。現在は7時29分から8時29分までとなっている。この間に半蔵門線直通の急行が7本、半蔵門線直通の準急が4本、浅草行の区間急行が7本、北千住止まりの区間急行が1本、日比谷線直通普通が17本、竹ノ塚→浅草間の普通が2本運転されている。

急行と準急、北千住止まりの区急は10両編成、浅草行の区急が8両編成、竹ノ塚→浅草間の普通が6両編成で、日比谷線直通は中形車8両編成か大形車7両編成である。

急行の停車駅は下りでみて、とうきょうスカイツリー、曳舟、北千住、西新井、草加、新越谷、越谷、せんげん台、春日部、東武動物公園以遠各駅である。区間急行は急行の停車駅に加えて、曳舟—北千住間の各駅にも停車する。準急は急行の停車駅に加えて新越谷以遠の各駅に停車する。

特急は伊勢崎線系統の「りょうもう」と日光・鬼怒川系統の「けごん」「きぬ」、会津鉄道直通の「リバティ会津」、野田線直通の「アーバンパークライナー」「スカイツリーライナー」と、多くの名称がある。

「スカイツリーライナー」は浅草—春日部間の運転で、朝上り2本、夕方下り4本が運転される。春日部車庫と浅草との間を走る回送を通勤ライナーとして活用している。停車駅はとうきょうスカイツリー、北千住、せんげん台で、4、5号と土休日の1号は100系スペーシア、残りは500系リバティを使用している。下りの「スカイツリーライナー」と「アーバンパークライナー」はせんげん台駅にも停車する。

朝上りは浅草着6時10分に春日部発の「スカイツリーライナー」2号、続いて6時37分に館林発の「りょうもう」2号、6時43分に「スカイツリーライナー」4号、7時6分に新栃木発の「けごん」206号、7時22分に太田発の「りょうもう」4号、7時33分に新栃木発の「リバティけごん」208号が走る。

「けごん」の停車駅は栃木、春日部、北千住、とうきょうスカイツリー、「りょうもう」は足利市、館林、羽生、加須、久喜、北千住、とうきょうスカイツリーである。「りょうもう」は春日部駅を通過して東武動物公園駅に停車する。

ラッシュ時のピークの40分ほどは特急の運転はな

薮塚駅に進入する特急「りょうもう」浅草行

い。他の路線では1時間ほど走らせないが、伊勢崎線は複々線区間が長くダイヤに余裕があるから40分間ほど走らせないだけですんでいる。

浅草着8時18分に館林発「りょうもう」6号が走る。以後、「りょうもう」は10時55分まで約20分毎に走る。8時58分着は赤城発、9時19分着は伊勢崎発、9時43分着は葛生発である。赤城発の太田駅までの停車駅は相老、新桐生、藪塚、伊勢崎発は新伊勢崎、境町、木崎、葛生発は田沼、佐野、佐野市である。日光線系統は浅草8時49分着の「きぬ」110号からはじまる。

下りでみて浅草発毎時0分、30分が日光・鬼怒川系統、20分、50分（夕夜間は10分、40分）が「りょうもう」になっているのが基本である。ただし20時0分発は「リバティけごん」と「リバティりょうもう」を東武動物公園まで併結し、同駅で分割して「リバティりょうもう」は館林駅まで走る。

「りょうもう」の停車駅はとうきょうスカイツリー、北千住、東武動物公園、久喜、加須、羽生、館林、足利市、太田、藪塚、新桐生、相老だが、下りの浅草発14時50分の21号までと上りの赤城発8時5分の14号から15時5分の32号までは加須駅と羽生駅を通過する。
浅草発11～14時の間は毎時50分が伊勢崎行、10分発があるときは太田折返である。上りも同様である。19時40分発は伊勢崎行、20時40分発は葛生行である。

昼間時の浅草—東武動物公園間で一般電車は基本的に10分サイクルになっている。半蔵門線直通の急行が10分毎に運転され、日比谷線直通の普通も10分毎である。違うのは浅草—竹ノ塚間と浅草—北千住間の普通が10分交互、各20分毎に運転されていることである。北千住—竹ノ塚間では5分毎に普通がやってくるときと10分毎のときが交互になっている。

北千住駅で浅草発普通と日比谷線直通の東武動物公園行普通は1分の接続になっている。1階のホームから3階の日比谷線直通ホームに行くのは、1分ではぎりぎりである。普通のダイヤは見直してもらいたいものである。なお、L／Cカーによる座席指定の日比谷線直通電車の運行が今後予定されている。

急行のうち2本に1本は北千住駅で竹ノ塚行普通を追い抜き、全急行が草加駅で普通と接続をする。越谷駅では特急を待避するが、待避をしない急行も待避時間と同じ時分停車している。これによって越谷以南でも10分毎に運転されている。

せんげん台駅で普通と緩急接続をする。ここでも特急の通過待ちもするが、特急が走らないときでも同じ時分停車する。

東武動物公園以遠では急行が日光線へ30分毎に直通する。伊勢崎線へは残りの急行が久喜駅まで直通する。このため10分もしくは20分毎の間隔になる。

久喜—館林間は1時間に3本、間隔は16分、20分、24分の3種になっている。

館林—太田間は1時間に2本の運転で、館林発でみて24分と36分の間隔だが、普通同士の行違い、特急との行違いがあるために太田到着でみて23分と37分の間隔になる。普通同士は県《あがた》駅と野州山辺《やしゅうやまべ》駅、特急とは福《ふく》居《い》駅で行違う。太田—伊勢崎間は1時間毎の運転で、行違いはしない。

桐生線も1時間毎の運転で、こちらは三枚橋駅で行違いをする。下り普通は新桐生駅で上り特急と行違いをする。上り普通は特急との行違いはしない。特急同士は藪塚駅で行違いをする。

佐野線も1時間毎で、堀米駅で行違いをする。

伊勢崎線の輸送密度は11万４７００人、定期比率は通勤定期が50％、通学定期が16％、定期外が34％である。平均乗車キロは12・６キロである。

桐生線の輸送密度は３９７５人、定期比率は通勤定期が９％、通学定期が44％、定期外が47％、平均乗車キロは13・０キロである。

佐野線の輸送密度は２９６６人、定期比率は通勤定期が15％、通学定期が55％、定期外が30％、平均乗車キロは10・７キロである。

伊勢崎線は都市部の影響が強く出てきて輸送密度は多く、定期比率も都市部の特徴が出ている。桐生線と佐野線はローカル路線の傾向が出ている。マイカー通勤がほとんどなので通勤定期客は少なく、車を利用できない通学生が約半数を占めている。

東武鉄道全体の営業収支率は償却前で55・8％、償却後で77・5％、1日1キロ当たりの営業収益は95万１１０円、営業経費は73万６６９６円で、21万３４１４円、全線で９８８７万４７０７円の黒字である。

特急「リバティ」は３両編成で、通常2本連結して６両編成で走る。この車両を使う「リバティりょうもう」は東武動物公園で分割して館林駅まで走る。

今後、リバティ車両が増備されることになろう。そのときには太田駅で伊勢崎行と赤城行とに分割することも考えられる。また、館林駅で分割する赤城行と葛生行を走らせることもありうる。

さらには館林駅や太田駅で分割した3両編成のリバティを、上毛電鉄の中央前橋駅まで直通してもいい。停車駅は粕川《かすかわ》、大胡《おおご》として、所要時間30分程度で走らせるのである。

赤城と粕川、大胡、中央前橋の各駅はホームの延伸が必要である。それが無理ならリバティを２＋４の６両編成にして2両が直通すればいい。

朝、昼、夕、夜間の4往復の運転とする。これらは増発列車とし、上毛電鉄に乗入れない６両編成は赤城行と葛生行にすればいい。

また、わたらせ渓谷鐵道の相老―大間々《おおまま》間を電化して大間々駅への直通運転をしてもいい。変電所は新設せず、東武の饋電《きでん》線から電力を供給することで電化費用を極力抑えることができる。

わたらせ渓谷鐵道

一部電化で東武特急「リバティ」の乗入れを

わたらせ渓谷鐵道《けいこくてつどう》は桐生《きりゅう》―間藤《まとう》間44・１キロの路線で、桐生―下新田《しもしんでん》信号場間はＪＲ両毛《りょうもう》線と共用し、相《あい》老《おい》駅で東武桐生線と連絡する。

もともとは国鉄足尾《あしお》線だったが、「日本国有鉄道経営再建促進特別措置法」（昭和55年公布）によって、輸送密度４０００人未満の赤字ローカル線を廃止または第三セクター鉄道に転換することになった。対象路線を特定地方交通線と称し、第1次～3次の3段階に分けて処理をすることにした。第1次廃止対象特定地方交通線は、輸送密度２０００人未満で営業キロ30キロ以下の行止まり路線か、５０００人未満で50キロ以下の路線、第2次廃止対象は輸送密度２０００人未満で1次線に指定されなかった路線、第3次廃止対象は輸送密度２０００人以上４０００人未満の路線とされた。

足尾線は第2次廃止対象に選定され、群馬県と関係市町村、地元銀行3行などが出資して、わたらせ渓谷鐵道を設立、国鉄分割・民営化後の平成元年（１９８９）3月に転換された。

ＪＲ桐生駅の1番線がわたらせ渓谷鐵道の発着線になっている。２５２ｍの渡良瀬川《わたらせがわ》橋梁を渡った先に下新田信号場があり、ここから単独路線になる。すぐに片面ホームの下新田駅があって、その先で半径４０２ｍのカーブで右に曲がり、両毛線と分かれる。終点の間藤駅まで上り勾配基調で進む。相老駅まで10・４‰になっている。

相老駅は相対式ホームで、かつては中線があったために上下線は離れている。左手に東武桐生線の島式ホームがある。

上毛《じょうもう》電鉄をくぐった先に片面ホームの運動公園駅がある。半径２４０～４０５ｍで右に左に大きく曲がっていく。勾配も12・５‰になっている。

大間々《おおまま》駅はＪＲ形配線に加えて、貨物ホームを旅客ホーム化して0番線にした。0番線は「トロッコわたらせ渓谷号」など、機関車牽引の客車列車の発着用で

わたらせ渓谷鐵道

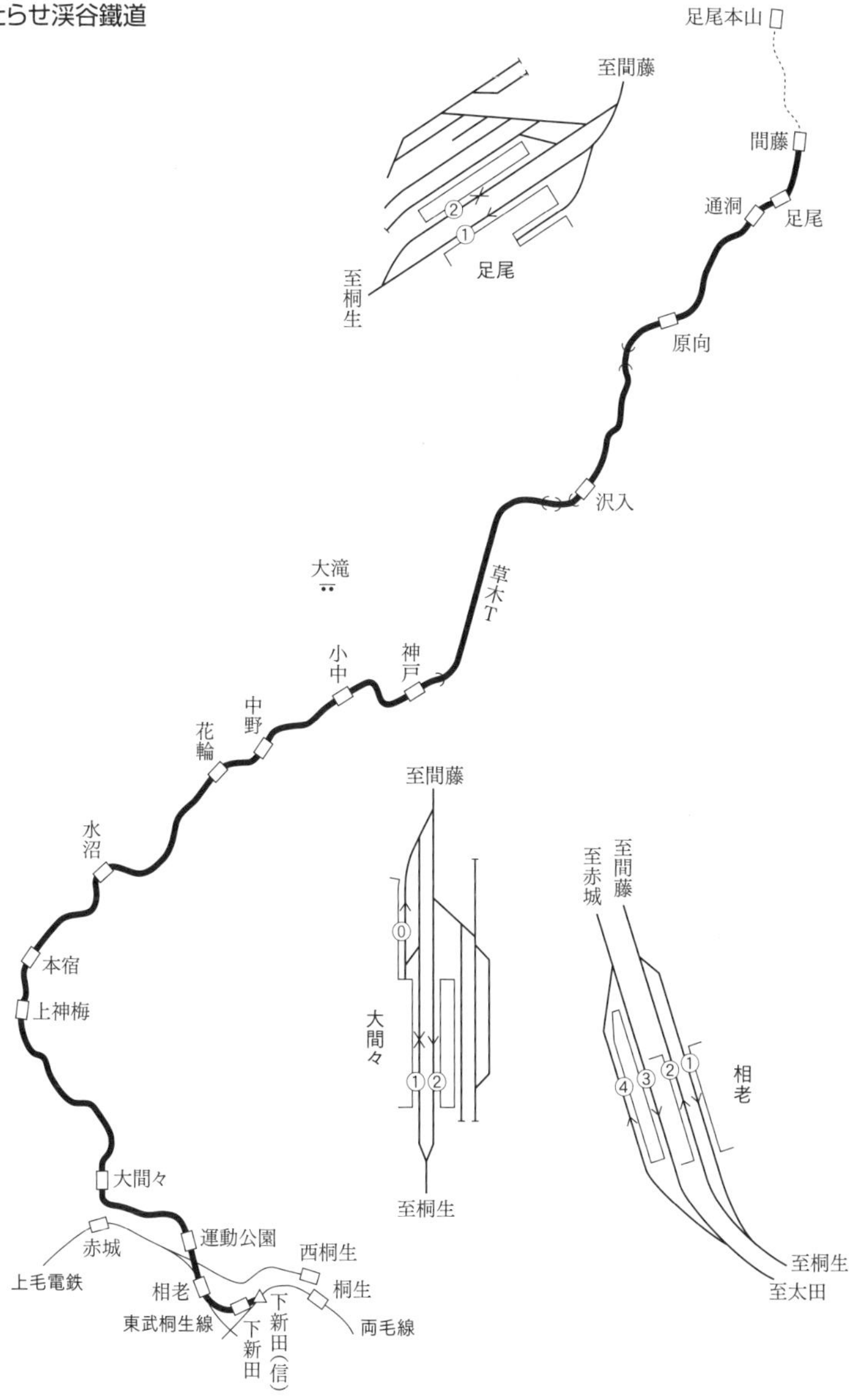
足尾本山
至間藤
至桐生
足尾
間藤
通洞
足尾
原向
沢入
大滝
草木T
神戸
小中
中野
花輪
水沼
本宿
上神梅
大間々
運動公園
赤城
上毛電鉄
西桐生
相老
桐生
東武桐生線
下新田(信)
下新田
両毛線
至間藤
大間々
至桐生
至赤城
至間藤
相老
至桐生
至太田

ある。島式ホームの外側は車庫線になっていて旅客列車の発着はない。側線群はすべて留置線や洗浄線、検修線に転用されている。片面ホームで下り本線の1番線は両方向に出発でき、島式ホームの内側で上り本線の2番線は桐生方向のみ出発できる。桐生駅の標高は116・7mで、大間々駅は182・1m、7・3キロで65・4m登っている。平均勾配は9・0‰である。

渡良瀬川の右岸に沿って登っていくので、右手に渡良瀬川を見下ろすが、左手は切通しになっていて土手しか見えない。土手の上は日光と桐生を結ぶ国道122号が通っている。線名どおり渓谷に沿って進み、勾配を緩和するために最小曲線半径152mの急カーブで右に左に曲がっていく。足尾銅山の貨物輸送をしていたので最急勾配は12・6‰にしている。

上神梅《かみかんばい》駅までの間に第1~3の三つの神梅トンネルをくぐる。渓谷が緩やかになって視界が広がり、国道122号とほぼ同じ高さになったところに相対式ホームの水沼《みずぬま》駅がある。足尾寄りに入換信号機があり、桐生方面への折返しができるようになっている。折返列車は下り線に停車後、足尾寄りの本線上に引上げ、入換信号機によって上り線に入線して折返している。

上りホームに面して「水沼駅温泉センター」がある。国道122号の沿道には、食堂やレストランは道の駅か、レトロな自動販売機が置かれている食事処くらいしかないが、水沼駅温泉センターには食堂があり、温泉に浸かる客以外に食事に来る客も多い。しかし、列車の利用客で食事をする人はあまり見かけない。マイカー客ばかりである。運転本数が少ないから途中下車しにくいのである。

その先はまた渓谷に沿って進むが、再び視界が開け渡良瀬川の流れも緩やかになる。しばしの間、渡良瀬川と離れて平地を進み花輪《はなわ》駅となる。国鉄時代は島式ホームだったが、貨物列車の運転中止によって行違い設備は不要になり、棒線駅化されている。

その先で再び渡良瀬川に沿って進むようになる。神《ごう》戸《ど》駅は半径800mの右カーブ上にある。相対式ホームで、下り本線は桐生方向へも出発できる。

国鉄時代は神土《ごうど》という駅名だった。地名は神戸だが、東海道・山陽本線の境界駅の神戸《こうべ》と重複しないように神土としていた。また、国鉄時代はJR形配線に側線があり、C12形蒸機機関車が駅構内を行き交っていた。神土駅から先は最急勾配26・7‰にもなっており、機関車の重連で列車を牽引していたためである。

上り線側が島式ホームだったが、外側の線路に面しているホームは中央部付近だけの2両ぶんほどが線路に面していた。現在はそこに廃車となった東武ＤＲＣ（デラックスロマンスカー）１７２０系の中間車2両が置かれ、「レストラン清流」として営業している。車内はほぼそのままで、4人向かい合わせ座席の間にテーブルが設置されている。

観光バスツアーでわたらせ渓谷鐵道に乗る客はここで乗り降りする。このため乗降客は多い。崖の上に神戸の街が広がっており、国道１２２号はその中央を通っている。わたらせ渓谷鐵道は崖の下にあり、路線バスの発着も少ないので、地元利用はあまりない。

神戸駅を出ると半径４００ｍで左カーブして、直線になって５２４ｍの草木《くさき》トンネルに入る。トンネルの前後も含めて22・2‰の連続上り勾配になる。足尾寄り坑口手前で半径８００ｍで右に大きく曲がる。

草木トンネルを出ると１９６ｍの第1渡良瀬川橋梁を渡り、今度は沢入《そうり》トンネルに入る。トンネル内は半径３００ｍの左カーブになっていて勾配は24・0‰である。そして相対式ホームの沢入駅となる。

神戸―沢入間は、草木ダムの建設によって水没するために線路を付け替えた区間である。そのため線形はよく、スラブ軌道で乗り心地もいい。神戸駅の標高は３３４・４ｍ、沢入駅は４６９・２ｍ、１３４・８ｍの標高差がある。

再び渓谷に沿って、急カーブ、急勾配の連続である。左岸を通るようになるので、左手に渓谷が見える。名越、笠松の短いトンネルを抜け、片面ホームの原向《はらむこう》駅の先で第2渡良瀬川橋梁を渡る。

その先で足尾の街に入る。盛土を走るようになり、左手に古河《ふるかわ》機械金属の足尾事業所の精錬工場、右手に「足尾銅山観光」のトロッコ線路が見えた先に、片面ホームの通洞《つうどう》駅がある。

足尾銅山観光のトロッコ線路は、通洞坑の本物のトロッコ線である。わたらせ渓谷鐵道で走っているのは、言うなれば〝トロッコ風〟である。

トロッコ線は通洞坑の中に入って、坑内駅のホーム

銅山観光で機回し中のラックレール式機関車

で下車する。足尾銅山観光の開設当初は坑口広場にホームがあって、ここから乗車していた。しかし、正門は一段も二段も上にあり、バリアフリーでなかった。そこで正門近くから坑口広場駅までラックレール式の軌道を設置、トロッコ列車はラックレール式機関車によって坑口広場駅まで降りていく。そしてラックレール式機関車を切り離して自力で坑道に入っていく。

乗客は正門乗り場から坑内降り場までの一方通行でしか乗れない。降ろしたトロッコ列車は回送で坑口広場駅まで戻り、ラックレール式機関車に押されて正門駅まで登っていく。

足尾駅はJR形配線に貨物ヤードや側線が多数あったが廃止され、実質、相対式ホームになっている。下り本線は桐生方向にも出発できる。島式ホームの外側の線路は夜間滞泊用の留置線として残っているが、桐生寄りの線路は撤去され、本線との接続は絶たれている。この側線には「あしおトロッコ館」により、キハ30形とキハ35形気動車が各1両、タンク貨車2両、車掌車1両、構内入換機関車、通称スイッチャー2両などが保存留置されている。なお、通洞駅の山側にある

「古河足尾歴史館」にも、ナローゲージのガソリン機関車などが展示されている。

この先も急カーブ、急勾配の連続で進む。終点間藤の手前には24・0‰の勾配がある。間藤駅の標高は661・0m、桐生駅から544・3m登っている。片面ホームの棒線駅で、降りても周囲には古河機械金属関連の施設以外なにもない。そこで駅に隣接して公園を整備、駅を見下ろすお立ち台が設置されている。

間藤駅の先で線路は止まっているが、かつては足尾本山《ほんざん》貨物駅まで貨物線が延びていた。足尾本山駅は間藤駅から1・6㌔、標高は705・7mである。トンネルから駅の手前まで30・3‰の勾配になっている。線路は、並行する県道との交差付近以外で残っている。松木川を渡る橋梁やトンネルも残る。足尾本山駅には腕木式信号機も残っている。

JRから転換したとき、足尾本山駅付近を観光開発して、同駅まで旅客化するつもりで免許も取得したが、結局、観光開発は中止になり免許も失効した。

トロッコ風列車として、客車のわ99形4両、それを牽引するDE10形2両がある。わ99形は4両編成を組み、中間の2両がオープンカーになっている。オープンカーは元京王電鉄5000系（初代）である。

もともとは、無蓋貨車のトラ90000形4両にベンチを設置し、その前後に控車《ひかえしや》として、クローズされた通常客車を連結してトロッコ列車として走らせていた。これらはJRから借入れていたが、検査期限がきたことと国交省の保安基準が強化されたために使用できなくなってしまった。わたらせ渓谷鐵道のホームの長さの関係で、オープンカーは20m車を改造するわけにはいかない。

そんなとき、解体寸前だった京王5000系があり、譲受した。5000系は18m車体である。これを改造して、わ99―5020号、わ99―5070号とした。控車はJR東日本から12系客車を譲受した。座席定員は5020号が91人、5070号が94人だが、雨天時に避難する控車の12系客車の定員が80人なので、控車に合わせてそれぞれ80人しか乗せない。

「トロッコわたらせ渓谷号」として走らせているが、多客時には満席になることから、次なるトロッコ風列車として、気動車によるオープンカーのWKT―55

0形1両を平成24年に登場させた。こちらは「トロッコわっしー号」と名付けている。

　気動車なら機回しの必要はない。このため桐生駅に乗入れができる。また、着脱式のガラス窓を装着して、控車なしの単行運転もできるようにした。オープンカーとして使用時には、一般車のＷＫＴ―５１１号を控車として連結する。

　一般車は8両ある。ロングシートの2両を除いてボックス式セミクロスシートである。

「トロッコわっしー号」は3往復、「トロッコわたらせ渓谷号」は1往復が設定されている。行楽シーズンと土休日を中心にして走る。ともにトロッコ整理券５２０円が必要である。

「トロッコわたらせ渓谷号」は桐生駅だけでなく、機回しができない相老駅と間藤駅にも入線できず、大間々―足尾間の運転になっている。このため桐生―大間々間に専用列車を走らせて連絡している。この列車には「わたらせ渓谷号」の整理券がないと乗れない。

　一般列車は桐生―間藤間で11往復（最終の下り1本は足尾止まり）、桐生―大間々間が下り7本、上り9本、足尾―間藤間が早朝下りに2本、深夜上りに1本走る。桐生―大間々間の区間列車があるのはもっとも多いからである。といっても桐生駅の1日平均乗車人員は、平成30年度で５７４人にすぎない。

　輸送密度は４１５人しかないので、観光客の乗車に頼らざるをえない。平均乗車キロは16・2キロである。

　輸送密度での定期比率は通勤が5％、通学が23％、定期外が72％である。

　営業収支率は償却前で１６３・１％、償却後で１６６・７％の赤字、1日1キロ当たりの営業収益は１万２９３３円、営業経費は２万１５５９円、赤字額は８６２６円、全線で38万４０７円の赤字である。

　これではやっていけないということで、沿線の住宅1戸当たり年間１０００円ほどの支出をしてもらって年間パスを支給することも検討されたが、この検討自体に無理があるということで沙汰やみになった。

　利用されにくい一番の理由は、都心からあまりにも離れていることである。相老―大間々間を電化して東武の特急「りょうもう」が乗入れれば、少しは都心に近づく。こういうことも考える必要がある。

東武日光線・鬼怒川線・宇都宮線

日光線は半分が平坦線、半分山岳線

東武《とうぶ》日光《にっこう》線は東武動物公園―東武日光間94・5キロの路線で、全線複線である。東武動物公園駅で伊勢崎《いせさき》線と接続して、浅草まで直通運転をしている。栗橋《くりはし》駅でＪＲ東北本線と接続、ＪＲ新宿駅発着の特急が直通している。栃木《とちぎ》駅ではＪＲ両毛《りょうもう》線と連絡する。新栃木駅で宇都宮《うつのみや》線と、下今市《しもいまいち》駅では鬼怒川《きぬがわ》線と接続、やはり直通電車が走る。

宇都宮線は新栃木―東武宇都宮間24・3キロの路線で、全線単線である。鬼怒川線は下今市―新藤原《しんふじわら》間16・2キロの路線で、全線単線。新藤原駅で野岩《やがん》鉄道と接続して直通運転をするだけでなく、野岩鉄道を経て会津《あいづ》鉄道とも直通運転されている。

●日光線

東武動物公園駅を出ると右に曲がってから直線になり、古利根川の土手を10‰の前後勾配で登り降りして57ｍの古利根川橋梁で渡る。杉戸高野台駅は島式ホーム2面4線の追越駅である。次の幸手《さって》駅は相対式ホームだが、杉戸高野台駅ができる前は下り線に待避線があった。

南栗橋駅は島式ホーム2面4線で東武動物公園寄りに引上線、日光寄りに車庫の南栗橋車両管区がある。車庫と南栗橋駅との間を東北新幹線が横切っている。

東北本線を12・5‰の前後勾配で乗越し、回り込んで東北本線と並行して栗橋駅となる。東北本線は南側にホームがあり、日光線は北側にホームがあって、ずれている。

東北本線が東武日光線と交差する手前の上下線間に逆渡り線があり、くぐった先に下り1番副本線（下1線）が分岐、下1線には小さなホームが2か所置かれている。ここで東武・ＪＲ双方の運転士と車掌が交代する。下1線はそのまま日光線の上り線に接続、その先で逆渡り線で下り線に転線できるようにしている。

栗橋駅を出ると左に大きく曲がって利根川といっとき並行してから右に大きく曲がって11・8‰の勾配で土

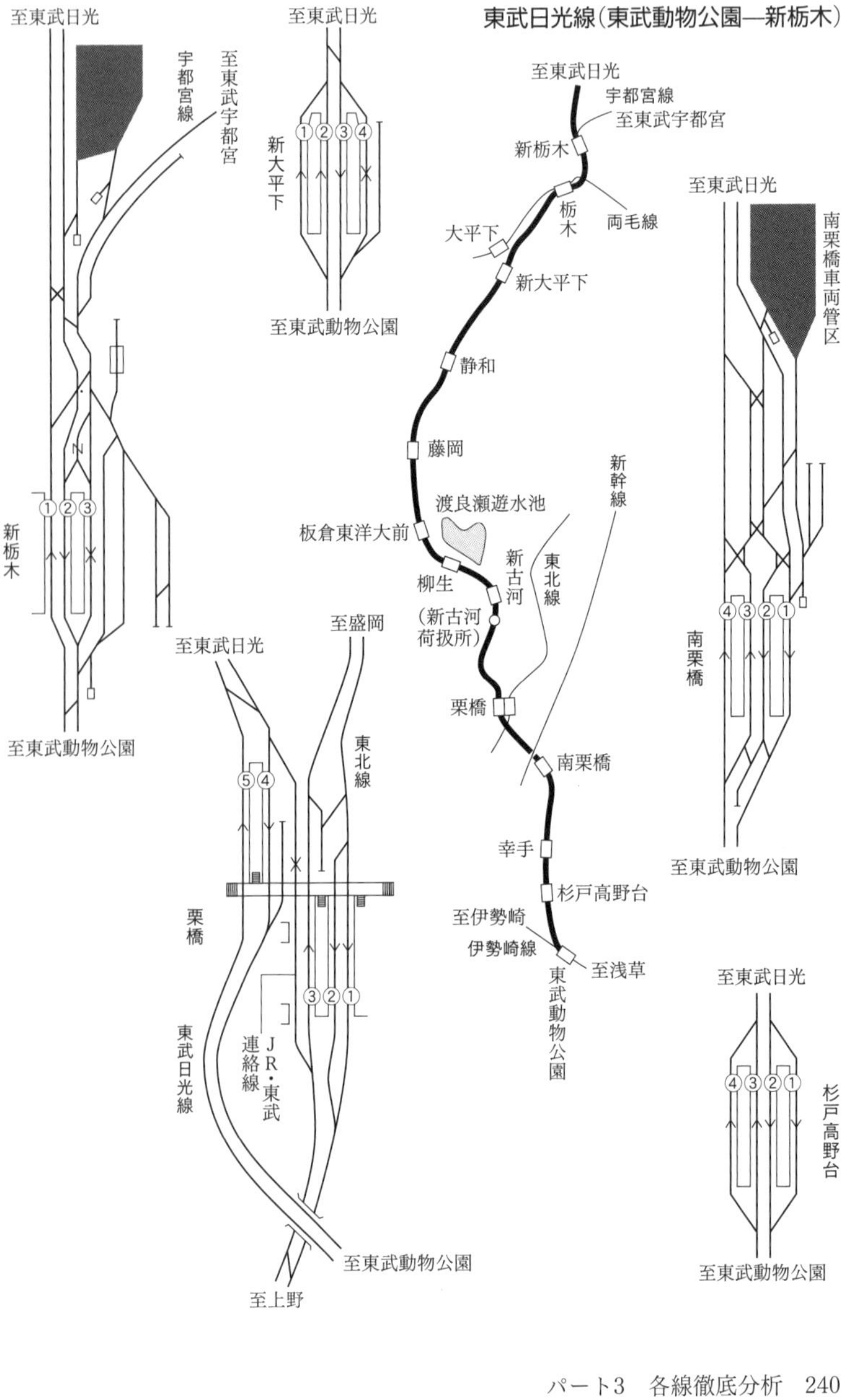

東武日光線（東武動物公園―新栃木）
至東武日光
宇都宮線
至東武宇都宮
新栃木
栃木
両毛線
大平下
新大平下
静和
藤岡
渡良瀬遊水池
板倉東洋大前
柳生
新古河
（新古河荷扱所）
東北線
新幹線
栗橋
南栗橋
幸手
杉戸高野台
至伊勢崎
伊勢崎線
至浅草
東武動物公園
至東武動物公園
新大平下
南栗橋車両管区
南栗橋
至盛岡
東北線
栗橋
東武日光線
JR・東武連絡線
至上野
杉戸高野台

手を登り、長さ650mの下路スルートラス橋の利根川橋梁を渡る。今度は12・5‰で下って進む。半径400mで左に大きくカーブして渡良瀬《わたらせ》遊水地を避ける。

谷田川の土手を12・5‰の前後勾配で登り降りして105mの谷田川橋梁で渡る。谷田川橋梁は中央が下路トラス橋、前後がガーダー橋になっている。埼玉県から群馬県に入って、島式ホーム2面4線の板倉東洋大前駅となる。次の藤岡駅は栃木県なので、日光線で唯一の群馬県にある駅である。名前の由来となった東洋大学板倉キャンパスは駅の西側にあり、東側には渡良瀬遊水地がある。

藤岡駅は島式ホームだが上り線の向こうに片面ホームが残っている。板倉東洋大駅が開設される前はここで普通が特急を待避したり折返したりしていたが、板倉東洋大駅で待避するようになり折返電車もなくなった。上下渡り線も含めて保守用横取線になり、各ポイントは乗り心地をよくするために乗上げポイント化された。

この先で渡良瀬川を228mの下路スルートラス橋の渡良瀬川橋梁で渡る。新大平下《しんおおひらした》駅は島式ホーム2面4線になっている。西に400m離れたところにJR両毛線の大平下駅がある。

高架になって右カーブしながら両毛線と並行すると栃木駅である。両毛線の駅は島式ホームの行違い駅、日光線のほうは東武動物公園寄りの右カーブしたところに引上線がある。下りは本線と引上線からの副本線に挟まれて島式ホームがあり、上りは片面ホームになっている。引上線は主として宇都宮線直通の折返電車が使っている。

この先で両毛線を斜めに乗越しながら左に曲がっていく。地上に降りてしばらく進むと新栃木駅となる。片面ホームと島式ホームが各1面あり、下り本線が片面ホームに面した1番線、島式ホームの内側は上り本線の2番線、外側は主として宇都宮線が発着する3番線になっている。日光寄りに車庫（南栗橋車両管区新栃木出張所）があり、2線の発着副本線が3番線と並行している。

東武金崎《とうぶかなさき》駅は島式ホーム1面4線で外側の線路は通過線、内側は停車線になっている。左手に山が近寄ってきて関東平野の北限に近づいてきているのがわか

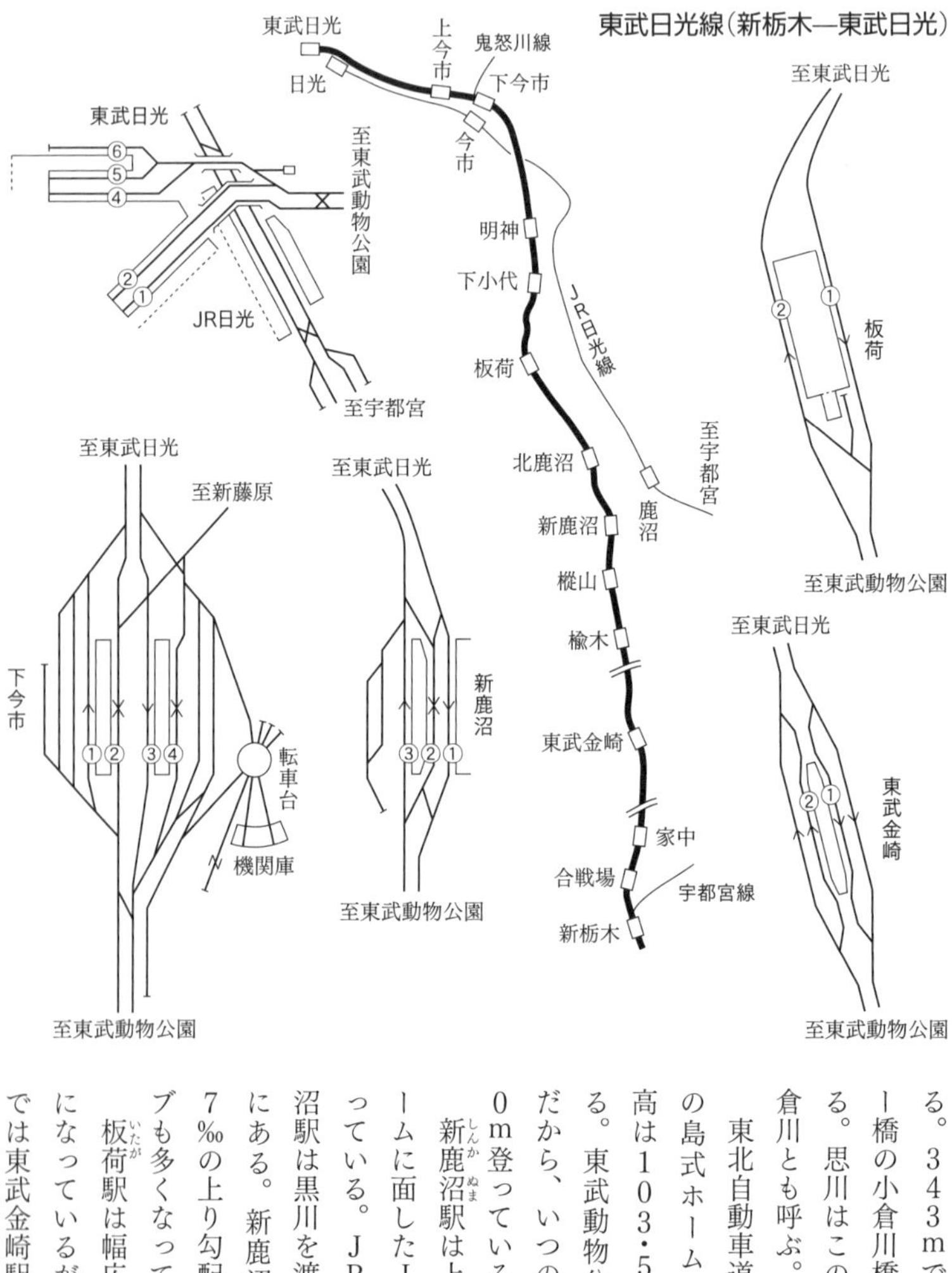

る。３４３ｍでデックガーダー橋の小倉川橋梁で思川《おもいがわ》を渡る。思川はこのあたりでは小倉川とも呼ぶ。

東北自動車道をくぐり、次の島式ホームの楡木《にれぎ》駅の標高は１０３・５ｍとなっている。東武動物公園は７・３ｍだから、いつの間にか約１００ｍ登っていることになる。

新鹿《しんか》沼《ぬま》駅は上り線が片面ホームに面したＪＲ形配線になっている。ＪＲの日光線の鹿沼駅は黒川を渡った川向こうにある。新鹿沼駅の先に16・7‰の上り勾配があり、カーブも多くなってくる。

板荷《いたが》駅は幅広い島式ホームになっているが、平成18年までは東武金崎駅と同様に、通過線と停車線がある待避駅だった。停車線を廃止して通過線までホームを拡幅するとともにホーム自体を日光寄りに移設して6両編成が停まれるようにした。合わせてホームを嵩上《こうじょう》して電車とホームの段差を小さくした。このため東武動物公園寄りに拡幅・嵩上前のホームが少しだけ残っている。

　山の中に入っていくために25・0‰の勾配がある。次の島式ホームの下小《しもご》代《しろ》の先で連続25・0‰になる。相対式ホームの明神《みょうじん》駅はレベルになっているが、この先にも25・0‰の上り勾配が少し続く。40mの十石坂トンネルをくぐり、JR日光線を乗越すと下今市駅となる。

　下今市駅は島式ホーム2面6線に加えて南側に側線が2線、北側には蒸機列車の「SL大樹《たいじゅ》」の運転開始により転車台と機関庫、機待線などが新設され、東武動物公園寄りにも機関車列車用の引上線が設置されている。転車台はJR西日本の山陰本線長門《ながと》市《し》駅にあったものを譲受した。両側のホームに面していない副本線はもともと貨物列車用だった。南側が副本線1番線、北側が副本線2番線である。

　1番線は日光方向へしか出発できない。2番線は日光・鬼怒川の両方向に出発できる。3番線は日光方向からしか進入できない。4番線は日光・鬼怒川の両方向から進入できる。

　下今市駅を出ると最急勾配25・0‰で進む。相対式ホームの上今市駅の先から東武日光駅の手前まで連続25・0‰になる。

　左手にJR日光駅が見えるようになる。かつては頭端行止式のJR形配線に加えて東側に側線群、JR宇都宮寄りに留置線群があったが、1、2番線と3線の留置線を残して撤去されてしまっている。ただし風格がある駅本屋はそのままである。

　東武日光線はJR日光線を回り込むように進む。JR日光駅1番線の北端は東武日光線の下をくぐり、その奥に機折線があって、2番線を機回線にして機関車列車が発着できる機能を残している。

　東武日光駅は頭端櫛形ホーム3面5線で、1、2番線と4〜6番線とは扇形に広がっている。3番線はない。1、2番線は一般電車が、4〜6番線は特急が発着する。

東武日光駅に到着したJR新宿発の特急「日光」号。右はスペーシア

JR日光駅の構内はがらんとしている。右奥に走っているのは東武スペーシア

東武日光駅の標高は５３７・５ｍ、新栃木駅は47・３ｍだから、47・３キロの距離で４９０ｍ登っている。平均勾配は10・３‰である。新栃木駅は日光線のほぼ中間にある。東武動物公園駅の標高は７・４ｍ、標高差は39・９ｍ、両駅間は47・１キロなので平均勾配は０・85‰と平坦線である。ほぼ同じ距離の新栃木—東武日光間は10・３‰の勾配線である。とくに下小代駅からは最急25・０‰になっている。

●鬼怒川線は元軽便鉄道だが意外と直線も多い

鬼怒川線は下今市駅を出ると右に急カーブして、長さ３１９ｍでスルーガーダー橋の大谷川《だいやがわ》橋梁を渡る。渡ってすぐに上下線が分岐して相対式ホームの大谷向《だいやむこう》駅となる。分岐した先で下り線は半径１１０ｍ、上り線は２２０ｍで右にカーブする。ホームにかかると緩和曲線区間になって新藤原寄りは直線になる。

大桑《おおくわ》駅まで大きく左にカーブする箇所はあるが、その前後は概ね直線になっている。

大桑駅は島式ホームである。下今市寄りで上り線が下り線に合流する形になっている。分岐した先で下り線は半径２６０ｍで右に曲がる。このとき上り線は半径４００ｍになっている。ホームは途中まで右カーブするが、端部は直線になっている。新藤原寄りでは下り線が上り線に合流している。

ホームの長さは4両ぶんしかないが、行違い線は長く6両編成の特急電車が行違うことができる。行違いではみ出し停車するので新藤原寄りに車掌用の小さなホーム、というよりお立ち台が置かれている。

駅を出ると左に曲がって国道１２１号と並行、小百川を下路プラットトラスとデックガーダー橋の砥川《とがわ》橋梁で渡り、右に急カーブして鬼怒川橋梁で渡る。

渡ると左に急カーブする。直線になってすぐに両側分岐で上下線が分かれて新高徳《しんたかとく》駅となる。下り線側の左手に保守用側線（横取装置）が並行している。同駅のホームは6両ぶんの長さがある。

この先は左に鬼怒川、右に国道３５２号に挟まれて進む。カーブはさほどきつくなくなる。次の小佐越《こさごえ》駅は島式ホームで、下今市寄りは上り線が合流する形の片開きポイント、新藤原寄りは両開きポイントになっている。ホームの長さは4両ぶんで、新藤原寄りのホームにかかっていないところに乗務員用のお立ち台ホ

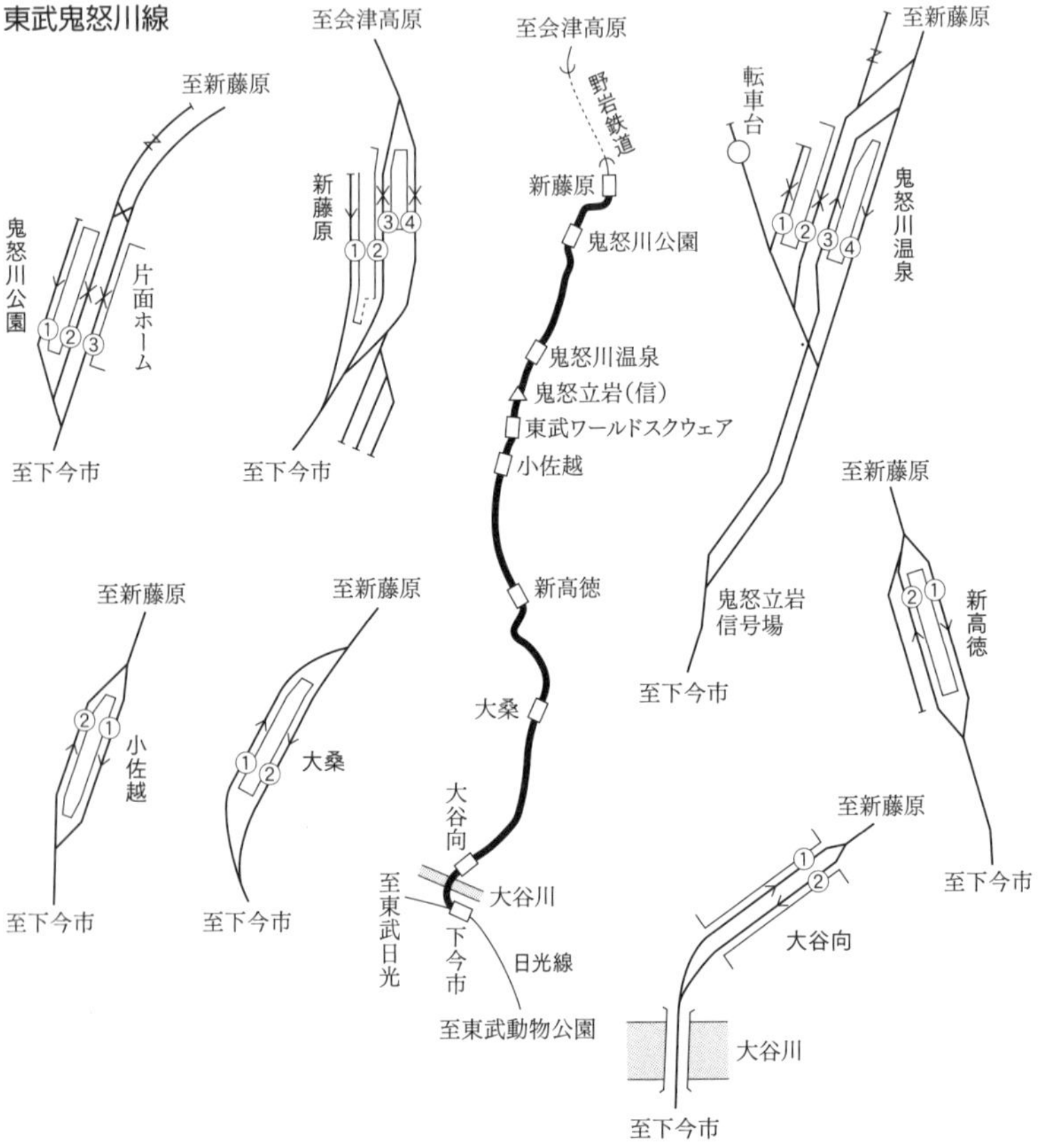

ームが置かれている。

次の東武ワールドスクウェア駅は片面ホームで、目の前のワールドスクウェア開園時間のみ、特急を含めて停車する。

この先で鬼怒川と分かれてまっすぐ進む。途中の鬼《き》怒《ぬ》立岩《たていわ》信号場から複線になり、国道121号をくぐると鬼怒川温泉駅になる。

島式ホーム2面4線で駅前広場寄りの1、2番線は特急用だが、2番線は快速「AIZU《あいづ》マウントエクスプレス」と「SL大樹」も停車する。1番線と3番線は下今市方面に出発でき、2番線と4番線は両方向に出発できる。

1番線は行止りになっており、鬼怒川温泉折返特急用である。1番線の途中から駅前広場に線路が延び、そこに転車台が置かれている。この転車台はJR西日本の三次《みよし》駅にあったものを譲受した。C11形207号機は2番線に到着すると、客車を切り離して3、4番線を機回線代わりにして転車台に入る。そして向きを変えて客車の下今市寄りに連結する。

鬼怒川温泉駅を出ると左手に引上線が並行、その先で右手を並行していた道路が鬼怒川線を横断して右手は切通しになる。左手はホテル街だが、廃業して廃墟になっている建物もある。

鬼怒川公園駅は島式ホームと片面ホームがある。西側が島式ホームに面した1番線で、行止り線で特急の折返用になっている。2番線は新藤原方面、3番線は下今市方面の列車が発車するが、両線とも反対方向への出発は可能である。

左手に鬼怒川そして国道121号が並行して進む。

終点新藤原駅は島式ホーム2面3線で、西側の出口側が1番線でやはり行止りになっている。2番線は2番ホームと3番ホームに挟まれた両側ホームだが、島式ホームの3、4番ホームは短い。いずれにしろ4両編成以下でしか走らないので問題はない。

1番線は特急の折返用である。現在、新藤原駅での折返しはないが、朝の上りに6両編成の「きぬ」と3両編成の「リバティきぬ」が回送で来て発車する。また、4両編成の野岩鉄道直通列車は新藤原駅で後ろの2両を切り離して、前の2両だけが直通する。

●宇都宮線

宇都宮線は新栃木駅を出ると曲線半径300mで右にカーブして伊勢崎線と分かれる。野州平川《やしゅうひらかわ》駅は相対式ホームで、上り線が片開きポイントで分岐合流する。

野州大塚駅も相対式ホームだが、新栃木寄りは上り線が合流側の片開きポイント、宇都宮側は上り線が左へシフトした途中で下り線が分岐している。高速で進入して一段ブレーキで停まれるよう、進入側のポイントによる速度制限がないようにしているためである。宇都宮線の多くの駅がこの分岐方法をとっている。

下り線側の向こうに側線がある。これは貨物着発線だった。この先で思川を387mでデックガーダー橋の小倉川橋梁で渡る。その手前にあった柳原信号所から思川の河川敷まで、砂利採取線が延びていた。

半径400mで左にカーブした先に壬生《みぶ》駅がある。左曲線の途中で下り線が分岐している。幅が広い島式ホームになっており、その両側に空地が広がっている。以前は貨物側線があった。1線だけ横取線として残っている。

158mでデックガーダー橋の黒川橋梁を渡り、まっすぐ進んで黒川駅となる。下り線が新栃木寄りにある斜向かい配置の相対式ホームである。斜向かいになっているのは、タブレット閉塞だったとき、通票を交換しやすいように上下列車の運転席を近づけるためである。

おもちゃのまち駅も幅が広い島式ホームになっている。東口には東武鉄道の5号蒸気機関車が保存されている。安塚駅も斜向かい配置の相対式ホーム、西川田駅は宇都宮競馬場の最寄駅のために幅が広い島式ホームで、宇都宮寄り下り線側に貨物側線を流用した横取線が1線ある。

江曽島《えそじま》駅も島式ホームで、その先で盛土になってJR日光線を乗越す。その手前ではJR鶴田駅から延びている富士重工専用線の線路も乗越している。同専用線は廃止になったが、鶴田駅には本線にはつながっていない授受線や側線が残り、そこから東武宇都宮線まで延びている。その先は撤去され宮原運動公園が整備されて線路跡はわからない。

島式ホームの南宇都宮駅をへて、終点東武宇都宮駅となる。頭端島式ホームで発着線2線と留置線1線がある。留置線が1番線で、発着線は2、3番になっている。

●栗橋─東武動物公園間を見ると人口が減っている

乗降等の統計は栗橋─東武動物公園間しかないが、新古河→栗橋間の乗車客は栗橋駅の乗降人数で把握できる。定期外が6069人、定期が5623人、定期比率は48%である。

栗橋駅で東北本線に乗換える人は定期外が332人、定期で1526人、降車は定期外が734人、定期が252人である。一方、東北本線からの乗換客は定期外が年間で73人しかいない。定期は500人である。乗車は定期外が725人、定期が1461人である。東北本線への乗換客のほうが東北本線からの乗換客よりも多いため、栗橋↓南栗橋間の乗車客は定期外が5737人、定期が5806人、定期比率は51％になる。

杉戸高野台駅まで漸増して、杉戸高野台↓東武動物公園間の乗車客は定期外が9847人、定期は1万7020人と定期客が大きく増え、定期比率は64％に跳ね上がる。

幸手駅の定期客の乗車は4980人、杉戸高野台駅は4552人と多い。しかし平成7年度の幸手駅は7999人だったので大きく減っている。杉戸高野台駅は4033人とこちらは増えている。

また、杉戸高野台↓東武動物公園間の乗車客は定期外が1万2243人、定期が1万8948人と、定期外、定期とも大幅に減っている。定期比率は61％と平成25年度のほうが高い。少子高齢化というよりも都心回帰する人が多く、沿線人口そのものが減っているといえる。

乗客減を止めるためにも行楽電車を充実させて観光客を集める必要がある。

●車両と輸送状況

特急は浅草―東武日光間の「けごん」、浅草―鬼怒川温泉間の「きぬ」が基本である。500系リバティを使用するときは、リバティを冠して「リバティきぬ」「リバティけごん」にする。これに浅草―会津田島間の「リバティ会津」が加わる。

リバティは3両固定編成で、通常は2本連結した6両編成を組み、東武動物公園駅や下今市駅で分割して3両ずつ違う方面へ発車する。夜間には春日部《かすかべ》駅で館林《ばやし》行の「リバティりょうもう」の切離しもある。

「リバティ会津」の運転開始で鬼怒川温泉発着の「きぬ」はなくなり、新藤原駅では上りだけに「きぬ」と「リバティきぬ」が各1本走るのみになっている。

「けごん」「きぬ」は100系スペーシアを使用している。6両編成で浅草寄り6号車はコンパートメント個室になっている。1室4人が定員で、個室料金は平日3150円、土休日3770円である。

リバティを使用する列車も含めて「けごん」「きぬ」の浅草―下今市間の停車駅は、とうきょうスカイツリー、春日部、栃木、新鹿沼だが、下りの1号は

「リバティけごん」号

板倉東洋大前、１３９号以降は杉戸高野台駅にも停車し、最終の２本の２５５号と２５７号は新栃木止まりである。上りの２０６号と２０８号は新栃木始発、36号は板倉東洋大前駅にも停車する。

「きぬ」の鬼怒川線内はノンストップが基本だが、下りは浅草発８時０分から14時０分まで、上りは鬼怒川公園発10時12分から15時45分（休日は16時45分）まで東武ワールドスクウェア駅に停車する。「けごん」は下今市―東武日光間ノンストップである。

新藤原発の「リバティきぬ」１１４号は鬼怒川線内で鬼怒川公園、鬼怒川温泉、小佐越、新高徳、大桑、大谷向に停車する。下りの「きぬ」１１０号と１１２号には東武日光→下今市間の特急連絡電車が運転され、この電車と接続している。

「リバティ会津」は、伊勢崎・日光線内は「けごん」と同じ停車駅、鬼怒川線内は大谷向、大桑、新高徳、小佐越、鬼怒川温泉、鬼怒川公園、新藤原と停まるのが基本だが、下りの１０１号は板倉東洋大前にも停車する。野岩鉄道線内と会津鉄道線内は各駅に停車するのが２往復と、野岩線内で男鹿《おじか》公園を、会津線内で会津田島駅までの中間駅をすべて通過するのが2往復ある。

　これに浅草—東武宇都宮間の「しもつけ」が朝上り、夕方下りに走る。停車駅はとうきょうスカイツリー、北千住、春日部、栃木、新栃木、壬生、おもちゃのまち、江曽島である。使用車両は旧急行用の３５０系4両固定編成で、もとは「りょうもう」に使われていた。その後、リニューアルされたものの、座席は回転式ながらリクライニングはしない。土休日には、３５０系を使用した「きりふり」が午前中に浅草—東武日光間に走る。

　特急料金は40キロまで５２０円（３２０円）、41キロ以上60キロまで８４０円（５２０円・九五〇円）、61キロ以上１２０キロまで１１５０円(８４０円・一二五〇円)、１２１キロ以上１３６０円（１０５０円・一四七〇円）である（カッコ内は午後割・夜間割適用列車と、漢数字は土休日料金）。野岩線内３８０円、会津線は３１０円になっている。

「リバティ」は座席が少しよいために全日、「けごん」などの土休日料金と同額になっている。「しもつけ」「きりふり」は座席がリクライニングしないため午後割料金と同じにしている。

　これらの特急のほかに、ＪＲ新宿発の「日光」「きぬがわ」「スペーシアきぬがわ」が走る。「日光」は新宿—東武日光間、「きぬがわ」と「スペーシアきぬがわ」が新宿—鬼怒川温泉間で、新宿駅を出ると東北貨物線、大宮駅からは東北本線、栗橋駅で東武日光線に転線する。スペーシアを冠しているのが東武１００系スペーシアを使用、冠していないのはＪＲの元「成田エクスプレス」用の２５３系を使用している。新宿寄り先頭にあったグリーン車は、他と同じシートピッチを拡大したリクライニングシートに交換、個室は車販準備室にしている。

　新宿発7時31分は「日光」、10時31分発は「スペーシアきぬがわ」、13時0分発は「きぬがわ」、17時32分発は「スペーシアきぬがわ」である。新宿着10時18分は「スペーシアきぬがわ」、12時47分着は朝に新宿駅を発車した「日光」を東武日光駅から鬼怒川温泉駅へ回送して折返してきた「きぬがわ」、17時19分着は「スペーシアきぬがわ」、19時14分着は鬼怒川温泉から東武日光駅まで回送して折返す「日光」である。

スペーシア「きぬ」号

スペーシアの4人個室

「SL大樹」号。客車は通常4両だが、3両のときもある。このときは後部に補機を付けず、C11単機で牽引する

蒸気機関車牽引列車「SL大樹」の機関車は、JR北海道から借り入れているC11形207号機である。

かつては東武鉄道にも蒸気機関車が85両もあり、そのほかに貨物鉄道の日鉄羽鶴線の蒸気機関車などが多数走っていた。保存されているものもあるが復活させるには費用と労力が必要である。

そのためにJR北海道のC11を借入した。国鉄発注のC11では東武に縁もゆかりもないと思いきや、東武にも1両だけC11が走っていた。奥多摩電気鉄道の注文流れ機といわれ、番号はC11 2号である。国鉄のC11 2号機を譲受したわけではなく、東武のC11の2号機であり、1号機はない。昭和38年（1963）に廃車されている。

今後真岡鐵道から譲受したC11 325号機を整備して戦列に加わる。

客車は国鉄12系と14系をJR四国から譲受、東武鉄道の保安装置を搭載するための緩急貨車（車掌車）のヨ8634号とヨ8709号をJR貨物とJR西日本から譲受、補助機関車（補機）としてDE10形1099号をJR東日本から譲受した。

合戦場付近を走る特急「ゆのさと」号

「SL大樹」は、C11の後部に車掌車、次に客車、最後尾にDE10が連結されて走る。補機なしで走ることもある。

　日光線の一般優等列車は急行と区間急行が走る。急行の停車駅は東武動物公園─栗橋間各駅、板倉東洋大前、新大平下、栃木、新栃木、新鹿沼、下今市だが、南栗橋駅で運転系統が分かれている。同駅以南は東急田園都市線直通の急行、同駅以北が日光線急行になっており、乗換えが必要である。

　土休日、平日ともに下り4本、しかも午前中の運転である。区間急行は急行の停車駅に加えて新大平下以遠を各駅に停車する。午前中に上り3本、午後から夕方にかけて上り3本の運転である。

　上下とも昼間時に1時間に1本程度の急行の運転が欲しいところである。人口減少を食い止めるためにもそれが必要である。

　東武日光─会津若松間に2往復、鬼怒川温泉─会津若松間に1往復の快速「AIZUマウントエクスプレス」が走る。東武線と野岩線の停車駅は、というよりも通過する駅が上今市と男鹿高原《おじかこうげん》のみで、会津線内の停車駅は会津田島、会津下郷《しもごう》、塔《とう》のへつり、湯野上《ゆのかみ》温泉、芦ノ《あしの》牧《まき》温泉、西若松、七日《なぬか》町《まち》である。会津鉄道の回転リクライニングシートのディーゼルカー、AT700形とAT750形を使用している。

　不定期列車として「お座トロ展望列車湯めぐり」号が鬼怒川温泉─会津若松間を1往復する。東武線内走行区間は鬼怒川温泉─新藤原間だけである。会津鉄道と野岩鉄道については、拙著『全国鉄道事情大研究東北・西部篇』を参照していただきたい。

日光線の南栗橋以北を走る普通電車は新栃木駅を境に運転系統が分かれている。

南栗橋—新栃木間は朝ラッシュ時20分前後、昼間時30分毎、夕方20分前後の間隔になっている。新栃木—東武日光間は朝ラッシュ時19〜26分、昼間時約60分、夕方30分前後の間隔で、ときおり下今市—東武日光間の区間電車が走る。

大桑付近を走る「リバティ会津」

鬼怒川線は朝に20分程度の間隔もあるが、概ね40〜50分毎の運転で、多くが野岩線に直通している。

宇都宮線はほとんどが栃木—東武宇都宮間の運転で朝ラッシュ時は13〜20分毎、昼間時は概ね30分毎、夕ラッシュ時は概ね20分毎の間隔である。

日光線の輸送密度は1万5688人、輸送密度での定期比率は通勤が21%、通学が22%、定期外が57%となっている。都心から離れているためにクルマ社会の地域ということもあって通勤定期客が少ない。平均乗車キロは20・1キロと長い。

鬼怒川線の輸送密度は3114人、輸送密度での定期比率は通勤が4%、通学が10%、定期外が86%となっている。もう通勤で電車を使う人はわずかであり、通学生も少子化で減っている。平均乗車キロは11・0キロと、営業キロが16・2キロしかないことを考慮すると長い。観光客であることを反映している。

宇都宮線の輸送密度は9325人、輸送密度での定期比率は通勤が29%、通学が33%、定期外が36%と通学生が多い。通勤も県都宇都宮へ通うために多い。平均乗車キロは、路線が短い割には13・8キロと長い。

JR東北本線（東京—黒磯間）　人口減対策には快速の充実が必要

東北本線は東京—盛岡間535・3キロだが、かつては東京—青森間だった。東北新幹線の盛岡以北が延伸して、盛岡以北の東北本線は第3セクターのいわて銀河鉄道と青い森鉄道が引き継いで運営している。東京—盛岡間のうち東京—黒磯《くろいそ》間163・3キロが首都圏の区間といえるので、本書では同区間を取り上げる。

東京駅で東海道本線と接続して相互直通運転を行っている。上野駅で接続する常磐線（正式な起点は日暮里《にっぽり》）から、東京方面に常磐線電車が直通している。

東京—田端間では山手線と京浜東北線が並行するが、これは正式には東北本線の電車線である。ただし東北本線は尾久《おく》駅の前後、西日暮里駅付近—上中里《かみなかさと》付近間では別線を通っている。この別線は尾久支線と呼ばれている。尾久支線が再び京浜東北線と並行しだすのは上中里駅の黒磯寄りである。また田端付近からは、山手貨物線に接続する東北貨物線も並行する。

大宮駅で高崎線と接続して直通運転をしている。久喜《くき》駅で東武伊勢崎《いせさき》線と連絡するほか、栗橋《くりはし》駅では東武日光線と接続して特急が相互直通運転をしている。宇都宮駅でJRの日光線、宝積寺《ほうしゃくじ》駅で烏山《からすやま》線と接続する。黒磯駅までは直流1500V電化で、黒磯駅の盛岡寄りにデッドセクションがあって、以遠は交流50Hz 20kV電化になっている。

東北本線の東京駅は、東海道本線と共用の島式ホーム2面4線である。黒磯寄りで複線になりシーサスポイントが置かれている。

その先は東北新幹線が下、東北本線が上の重層高架になっている。東京—上野間の高架線は当初、電車線4線、列車線2線の計6線として建設された。これに東北新幹線を加えることはできず、まずは列車線を東北新幹線に転用し、その後、東北新幹線の上に列車線を設置する重層化が国鉄時代に決定していた。新幹線の上に東北本線の高架線が載ることを前提に東北新幹線が建設された。

重層化が完成したとき、東京―上野間に「上野東京ライン」という愛称が付けられた。

重層高架は秋葉原駅の手前で終了する。秋葉原駅の総武緩行線の下には電車線4線、列車線2線のほかに単線の貨物本線と11線の貨物仕訳線があったために十分、東北新幹線の複線が割り込むことができた。そして貨物仕訳線の高架の多くは撤去され、秋葉原駅前広場が設置された。

新幹線は地下に潜り、その先に貨物仕訳線を流用した4線の電留線がある。電留線は元貨物本線と合流して、東北本線は3線で上野駅の高架線に進入する。

上野駅の高架線は、山手・京浜東北線の島式ホーム2面4線、列車線の島式ホーム2面4線のほかに、常磐線の片面ホーム1線と常磐線電車の折返用の櫛形ホーム2面3線がある。さらに地平ホームとして櫛形ホーム3面5線がある。

上野―日暮里間は東北本線列車線が複々線、その西側に山手線と京浜東北線電車の複々線、それに常磐線電車用複線の計10線が並んでいる。

日暮里駅の手前で京成本線が斜めに乗越していき、日暮里駅で並行する。現在の京成日暮里駅は上下2段式になってしまったが、それでも京成本線の複線が加わり12線が日暮里駅で並ぶ。さらに日暮里駅構内で電車線と列車線の間に東北新幹線が地上に顔を出すので、少しの距離だが14線が並んでしまう。その先は京成本線と常磐線が離れるので、西日暮里駅までは10線になる。

この先で東北本線は尾久支線回りになる。尾久支線と呼ばれるのは、もともと京浜東北線の線路が東北本線だったからである。尾久支線は複々線である。途中で尾久車両センターへの入出庫線が分かれ、その先で複線になって島式ホームの尾久駅がある。

東北新幹線をくぐり、京浜東北線と東北貨物線と並行するようになる。東北貨物線は田端駅の北側で山手貨物線に接続して「湘南《しょうなん》新宿ライン」の電車が走る。

京浜東北線が西側から合流して東側に移る。赤羽駅は京浜東北線、東北本線、東北貨物線、埼京《さいきょう》線のそれぞれが島式ホーム1面2線になった8線が並び、埼京線の上に東北新幹線が覆いかぶさっている。

赤羽―大宮間は京浜東北線と東北本線、東北貨物線

JR東北本線(小山—宇都宮)

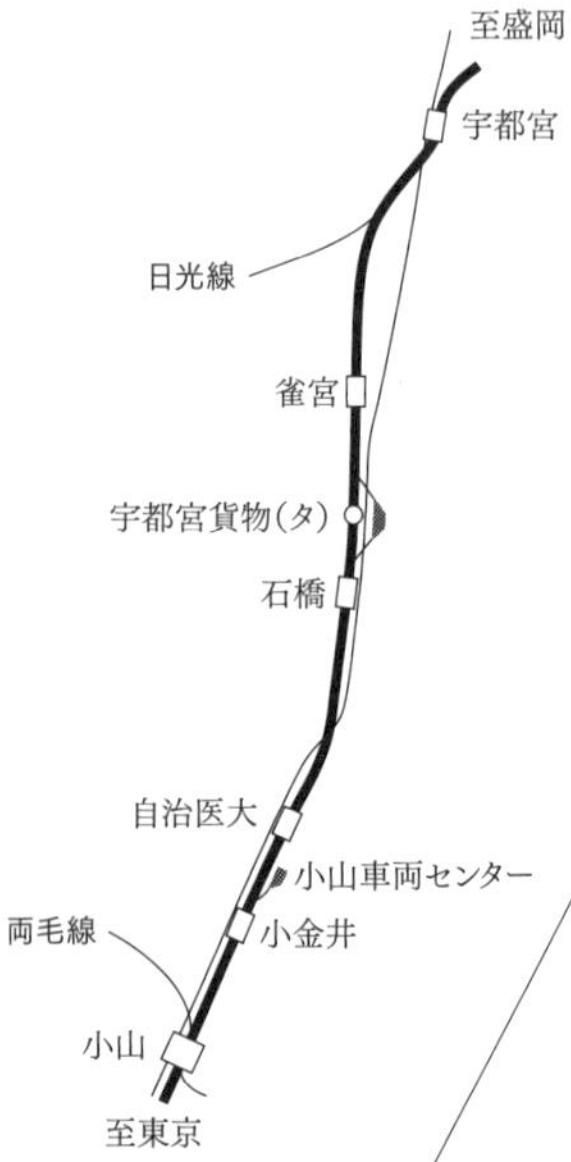

JR東北本線(大宮—小山)

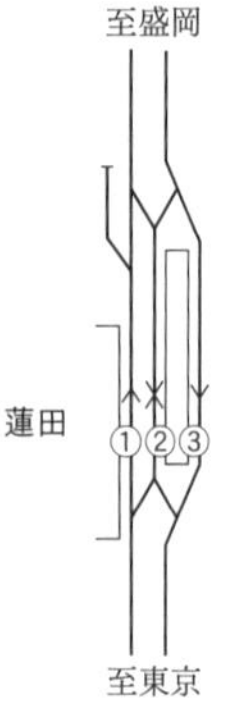

の6線が並ぶ。浦和駅は東北貨物線にもホームがあり、島式ホーム3面6線になっている。さいたま新都心駅に隣接して東北貨物線に大宮操車場がある。大宮操車場の手前で武蔵野線の大宮支線が合流する。

大宮駅は京浜東北線の島式ホーム1面と東北本線の島式ホーム3面6線に加えて、上下貨物線着発用の2線、それに東北貨物線下り線用の島式ホーム1面2線がある。地下には埼京線の島式ホーム2面4線、高架には東北・上越新幹線の島式ホーム3面6線、さらに東武野田線の頭端島式ホーム1面2線がある。

1、2番線が京浜東北線、3、4、6、7番線が東北本線・高崎線上り線用、5番線は貨物着発用でホームに面していない。3～7番線は東北貨物線ともつながっている。6～9番線が東北本線・高崎線下り線用、10番線は下り貨物着発線用、11、12番線は東北貨物線を走る湘南新宿ラインと武蔵野線直通の「むさしの」「しもうさ」の下り発着用である。9番線も東北貨物線から入線できる。12番線は高崎線にしか直通できない。

高崎線と分かれるが、東武野田線と単線のJR東大宮センター（旧東大宮操車場）への回送線が並行する。東武野田線の北大宮駅の先で同線が分かれ、土呂《とろ》駅で回送線も離れる。

蓮田《はすだ》駅と白岡《しらおか》駅はJR形配線、久喜駅もJR形配線だが片面ホームの1番線と島式ホームの内側の下り本線の2番線の間に上下貨物着発線の中線がある。

東武伊勢崎線にも久喜駅があるが、東北本線とはレールがつながっていない。東武伊勢崎線が斜めに東北本線を乗越していく手前で貨物着発線が分岐している。着発線は上り貨物待避用で、その先は東北新幹線鷲宮《わしのみや》保守基地とつながっている。

その鷲宮保守基地に隣接して下り着発線があるが、鷲宮保守基地からの側線が東北本線上り線をくぐって着発線につながっている。そのため上り線は高架になっている。高架は東鷲宮駅まで続くので、東鷲宮駅は上り線が高架、下り線が地上になっている。

栗橋駅は上り線が片面ホームのJR形配線のほかに、下り本線から分岐する東武連絡線（上1線）がある。乗務員用の短いホームが前後にあり、東武と相互直通する特急はJRと東武の乗務員が交代する。

栗橋駅を出ると東北本線は半径624mで右に曲が

東武連絡線に入ったJR253系の特急「きぬがわ」号

り、左に曲がる東武伊勢崎線と分かれる。10‰の勾配で築堤を上り、753mの利根川橋梁を渡り10‰の勾配で下る。

高架になって進んで古河《こが》駅となる。島式ホーム2面4線で西側から1番線になっている。1番線が下り1番副本線（下1線）、2番線が下り本線、3番線が上り本線、4番線が上り1番副本線（上1線）である。

長い貨物列車が待避できるように、上下副本線の東京寄りはホームを外れてもまだ延びている。両端に逆渡り線があり、上下副本線は両方向に出発ができる。

高架から降りて国道4号をくぐる。小山《おやま》駅の手前までほぼ直線で進む。カーブがあるのは、島式ホームの野木駅と元JR形配線で中線を撤去した間々田《ままだ》駅のあいだに半径1200mの左カーブ、同1600mの右カーブがあるだけである。間々田駅付近から上り勾配基調になる。

間々田駅の先で新幹線が近寄ってくる。新幹線は半径4000mで右に曲がりながら東北本線を乗越して、左手を並行するようになる。

小山駅は島式ホーム4面がある。高架の新幹線は片面ホームと島式ホーム各1面の5線で、各本線は通しで発着番線が振られている。1番線が新幹線下り停車線（下1線）、2番線が下り通過線（下本線）、3番線が上り通過線（上本線）、4番線が上り停車線（上1線）、5番線が上り2番副本線である。上下副本線3線は東京、新青森の両方向に出発できる。

番号は、地平にある在来線に続いている。6番線と8番線が頭端島式ホームの両毛線の発着線である。この島式ホームは切欠きホームになっていて7番線があったが撤去されている。

次に東北本線下り1番線の9番線、下り本線の8番線、ホームに面していない中線の11番線は上下貨物待避線、上り本線の12番線、上り1線の13番線、ホームに面していない上2線は14番線で上下貨物待避線、そして水戸線の島式ホームに面した15、16番線がある。さらに黒磯寄り東側には電留線が4線と東光高岳《とうこうたかおか》小山事業所の専用線が並んでいる。

在来線小山駅の標高は37・8m、間々田駅が27・2mだから10mほど上っている。

ずっと新幹線と並行して進む。東北本線は直線、新幹線は小山駅を出ると半径1200mでS字カーブになっている。新幹線の西側の地上に小山新幹線車両センターがあるので、上下本線の両側から入出庫線が降りてくる。

小金井《こがねい》駅は島式ホーム2面4線で1番線が下り本線、2番線が下り中線、3番線が上り本線、4番線が上1線である。下り中線は両方向に出発できる。小金井駅を出ると上下本線の間に分割併合用引上線（分併線）が2線、東側に入出区線が2線置かれ、これらは在来線の小山車両センター（旧小山電車区）につながっている。

分併線は合流して高架になった上り本線をくぐる。右手に広大な小山車両センターを見ながら進む。駅部分を除いて宇都宮駅までほぼ直線である。

島式ホームの自治医大駅の先で東北本線は半径3200mで左カーブ、新幹線は5000mで左カーブするので東北本線は新幹線の西側を走るようになる。相対式ホームの石橋駅の上りホームの一部は新幹線の高架の下にかかっている。

ほぼ直線になっているのは下り本線である。上り本線は緩く右カーブして新幹線をくぐり高架になって、宇都宮貨物ターミナルのコンテナホームと、オイルターミナルや使われていないが日本たばこ産業の専用線から着発仕訳線群への3線の連絡線を乗越す。

上下本線の間に着発仕訳線がある抱込みヤードになっている。下り本線の東側に下り着発線3線がある。うち2線は新幹線の高架下にある。仕訳線は6線、上り着発線も3線があり、そして上り本線がある。下り着発線は下り本線に、上り着発線は上り本線にそれぞれ小金井寄りと宇都宮寄りでつながっている。さらに宇都宮寄りには機関区があり、4線の機留線はゼブラ配線をしている。ほかに機引上線、機待線や入換線がある。

上り線が下り線に近寄り、新幹線をくぐって通常の複線になる。新幹線は半径６０００ｍで右カーブして東北本線と分かれる。新幹線と分かれた少し先にＪＲ形配線の雀宮《すずめのみや》駅があり、新幹線との間には新幹線保守基地が隣接している。

東北本線も半径３０００ｍと２０００ｍで右カーブする。西から日光線が近寄ってきて並行し、新幹線をくぐって宇都宮駅となる。宇都宮駅の標高は１１２・７ｍになっている。

宇都宮駅も各本線、副本線は新幹線と連番で付番されている。新幹線下り停車線が1番線、下り通過線が2番線、上り通過線が3番線、上り停車線が4番線である。1番線は両方向に出発できる。

在来線は片面ホームに面しているのが5番線、続いてホームに面していない中線の6番線がある。6番線は下り貨物着発線である。島式の第2ホームに面した7、8番線、島式の第3ホームに面した9、10番線がある。第3ホームは少し盛岡寄りにずれている。次にホームに面していない上1線の11番線がある。上り貨物着発線である。

さらに6線の留置線があり、盛岡寄り東側の宇都宮運転所は7線の気留線（気動車留置線）、2線の気検修線がある、いわば気動車区になっている。

東北本線は半径８００ｍで右に、新幹線は１万ｍで左にカーブして分かれる。岡本駅はＪＲ形配線だったが、中線は保守用に転用されている。

４８３ｍの鬼怒川橋梁を渡って宝積寺駅となる。烏山線の分岐駅で、ＪＲ形配線の３番線が烏山線の発着線である。また1番線と2番線の間に貨物着発線がある。

黒磯駅手前の那須塩原《なすしおばら》駅までの各駅はＪＲ形配線だったが、新幹線開通後、蒲須坂《かますさか》、片岡、野崎、西那須《にしなす》野《の》の4駅は中線が撤去もしくは保守用側線に転用されている。

野崎—西那須野間で新幹線と並行するようになる。ともに上り勾配の直線で進み、那須塩原駅は新幹線駅が併設されている。

黒磯以遠は交流電化、以南は直流電化で、黒磯駅構内で直流か交流かを切り替える地上切替方式をとっていたが、平成30年に盛岡寄りに交直デッドセクションを設置して車上切替方式となった。

黒磯以遠はＥ５３１系交直両用電車かキハ１１０系気動車、貨物牽引機も交直両用のＥＨ５００形を使用するようになったが、相変わらず1～3番線が上野・宇都宮方面、4、5番線が白河行になっている。また、宇都宮寄りの機留線は使用されなくなった。なお、黒磯駅の標高は２９３・３ｍである。

●各駅発着状況は栗橋駅から

古河→栗橋間の乗車客は定期外が１万６３８８人、定期が２万３３１６人、定期比率は55％である。

栗橋駅の降車は定期外が５００人、定期が４８０人、東武日光線への乗換えは、定期外では年間72人しかない。定期は４４８人である。乗車は定期外が２５２４人、定期が６１８５人、東武日光線からの乗換えは定期外が３７８人、定期が１６１８人である。

この結果、栗橋→東鷲宮間の乗車客は定期外が１万８７９０人、定期が３万１９１人、定期比率は62％に上がる。古河以北では通勤定期客が少なくなっているということである。

平成7年度の栗橋→東鷲宮間の乗車客は定期外が３万９６８８人、定期が３万２６８７人、定期比率は46％だった。定期外客が半分以下に、定期客が小幅に減っている。少子高齢化だけでは説明がつかない。当時と平成25年度との違いは湘南新宿ラインの運転を開始したくらいである。

統計上の錯誤があるかもしれないので、平成8年度を見てみると定期外は３万９８３０人、定期は３万２

968人と少し増えている。

さらに平成14年度を見ると、定期外が3万4031人、定期が3万1115人、平成19年度は定期外1万9769人、定期3万1098人と定期外が急激に減っている。

少子高齢化のほかにクルマ利用へのシフトと人口減という要素もあろう。いずれにしても閑散時は現実に減ってきていることを実感する。

大宮までずっと漸増する。久喜駅で降車は定期外が1970人、定期が1800人、東武伊勢崎線へ定期外は年間309人、定期は2874人、乗車は定期外が8120人、定期が1万2896人、伊勢崎線からは定期外が215人、定期が8666人である。

久喜→新白岡間の乗車客は定期外が2万6321人、定期が5万7828人、定期比率は69％である。平成7年度の定期外は4万6653人、定期が6万6079人だったので、同区間でも減少している。

土呂→大宮間は定期外が4万1663人、定期が10万5878人、定期比率は72％である。平成7年度は定期外が5万7562人、定期が11万6213人、定期比率は67％だった。定期外客がやはり大きく減っている。つまり東北本線に乗らなくなったのである。

平成25年度の定期外客の大宮降車は9303人（22％）、東武野田線乗換が36人（0・09％）、東北新幹線乗換が153人（0・37％）、上越新幹線乗換が112人（0・27％）、北陸新幹線乗換が53人（0・13％）、川越線乗換が875人（2・2％）、埼京線乗換が2456人（6％）、高崎線乗換が1203人（3％）、大宮駅通過が2万7472人（66％）である。

定期は大宮駅降車が1万1395人（11％）、野田線へは1282人（1・21％）、定期のみ連絡運輸している埼玉新都市交通へは342人（0・33％）、東北新幹線へは18人、上越新幹線へは120人（0・12％）、北陸新幹線へは7人、川越線へは3851人（3・64％）、埼京線へは5097人（4・82％）、高崎線へは4336人（4・10％）、通過が7万9409人（75％）である。

最混雑区間は土呂→大宮間で、ピークの輸送人員は3万6580人である。最混雑時間帯は6時56分から7時56分、グリーン車2両を除く13両編成が14本走り、輸送力は2万5816人として混雑率は142％にしている。厳密に輸送力を計算すると2万6376人なので、混雑率は139％に減る。

東北本線系統の特急は、栗橋駅から東武日光線に直通する「日光」「きぬがわ」「スペーシアきぬがわ」が新宿―東武日光・鬼怒川温泉間に走るだけである。これらについては東武日光線・鬼怒川線の項を参照していただきたい。

快速「ラビット」は国府津《こうづ》・上野―宇都宮間に走る。上野以北の停車駅は赤羽、浦和、大宮、蓮田、久喜、古河、小山以遠の各駅である。湘南新宿ラインの快速が閑散時を中心に走るために、朝下り2本と土休日の夕夜間に下り4本、上り3本が走る。夕夜間の「ラビット」は上野発着である。上野東京ラインができたために上野駅から座れなくなった、という不満にこたえたものである。

平日の夕夜間は「ラビット」に代わって通勤快速が走る。上野以北の停車駅は尾久、赤羽、浦和、大宮、久喜、古河、小山以遠各駅で、上野発着である。

昼間時は大宮発でみて、東京経由の熱海―古河間、熱海―小金井間、小田原―宇都宮間、上野―小金井間、新宿経由の湘南新宿ラインの逗子《ずし》―宇都宮間の快速と普通が各1本の計6本が走る。新宿以北で快速の停車駅は池袋、赤羽、大宮、蓮田、久喜、古河、小山以遠各駅である。

黒磯―宇都宮間は区間運転が基本で昼間時は1時間に2本の運転だが、早朝の黒磯発のほとんどが上野行か東海道本線直通で20～30分毎に運転され、夜間の下り1本も熱海発である。

関西地区の東海道・山陽線に走る新快速のように、停車駅が少ない特別快速を東京―宇都宮間に走らせて、人口減に悩む小山以北を活性化させてもいい。

その場合の上野以北での停車駅は大宮、古河、小山とする。120㌔運転をすれば東京―宇都宮間は1時間28分で結ぶことができる。

関西の新快速のように15分毎に走らせるのは無理だろうから、まずは1時間毎に走らせ、評判がよければ新宿―宇都宮間の特別快速を追加、そして東京発と新宿発を1時間それぞれ2本走らせるというように段階を経て増発すればいい。

真岡鐵道

関東鉄道とつくばエクスプレスとの連携で乗客増を図るのがいい

真岡《もおか》鐵道真岡線は下館《しもだて》―茂木《もてぎ》間41・9キロの単線非電化路線で、国鉄真岡線が第2次特定地方交通線に選定され、昭和63年（1988）に第三セクター鉄道の真岡鐵道に転換されている。

下館駅でJR水戸線に接続している。同駅では関東鉄道常総《じょうそう》線も接続しているが、関東鉄道は水戸線南側の水戸寄りで連絡線が、真岡鐵道は北側の小山寄りで渡り線がJR線につながっている。両鉄道同士の直通運転は、できなくはないが、非常に面倒である。両鉄道ともJR水戸線と直通運転はしておらず、連絡線や渡り線の使用は車両の搬入のときに限られている。

下館駅を出ると半径302mで右に曲がって、五行《ごぎょう》川《がわ》に沿って北上する。

折本《おりもと》駅は相対式ホームで、東側の上り線に駅本屋がある。久下田《くげた》駅はやや斜向かいになった相対式ホームで、下り線側に出入口がある。

真岡駅は真岡鐵道の中心駅で、JR形配線に加えて、機関庫があるため側線や引上線、転車台がある。

駅本屋は蒸気機関車を模しており、その東隣に同様な建屋の「SLキューロク館」がある。圧縮空気で走行する蒸気機関車9600形49671号機をはじめ、元国鉄スハフ44形25号客車、緩急車《かんきゅうしゃ》（車掌車）ヨ8593号が保存されている。隣の本線とつながっていない線路には、D51形146号機、有蓋緩急貨車《ゆうがいかんきゅうかしゃ》、有蓋貨車、無蓋《むがい》貨車、車掌車各1両と、キハ20形247号、DE10形1014号が置かれている。

駅西側の側線には、キハ20形213号、DE10形95号、車掌車2両、無蓋貨車2両などもある。

西側にある機関庫は、ディーゼル機関車庫と蒸気機関車庫の二つがある。その北側に転車台がある。JR形配線だが、島式ホームの外側は側線で副本線ではないため、営業列車の走行はできない。

真岡駅の先で半径905mで右に大きくカーブし、北真岡駅の先で五行川を44mの勤行川《ごんぎょうがわ》橋梁で渡る。

真岡鐵道

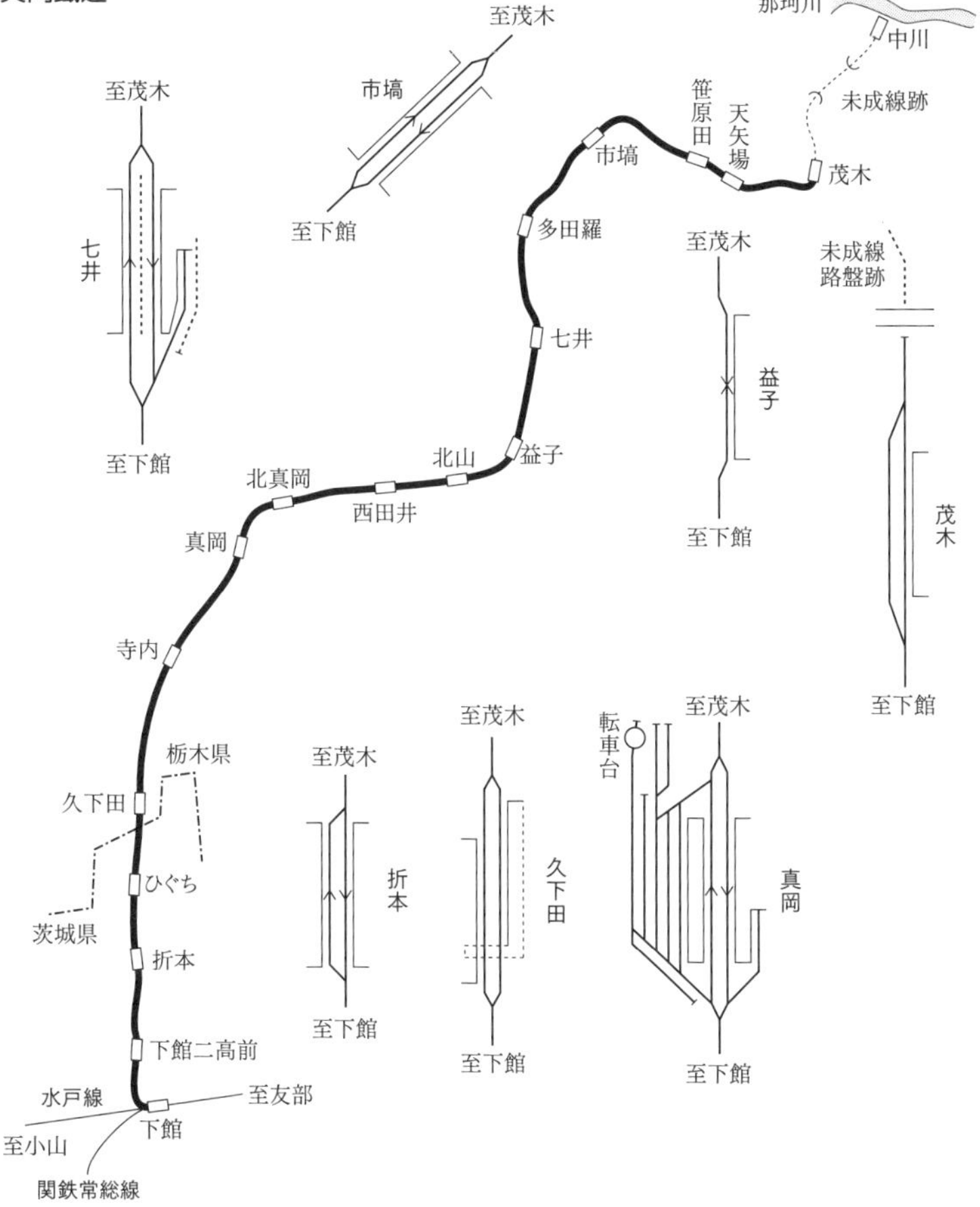

那珂川
中川
未成線跡
茂木
天矢場
笹原田
市塙
多田羅
七井
益子
北山
西田井
北真岡
真岡
寺内
栃木県
久下田
ひぐち
茨城県
折本
下館二高前
水戸線
至友部
下館
至小山
関鉄常総線
至茂木
市塙
至下館
至茂木
七井
至下館
至茂木
益子
至下館
未成線路盤跡
茂木
至下館
至茂木
折本
至下館
至茂木
久下田
至下館
転車台
至茂木
真岡
至下館

西田井《にしだい》駅は相対式ホームで、国鉄時代に棒線化されたが、平成6年に市塙《いちはな》駅とともに再び行違い駅となった。

43mの小貝川《こかいがわ》橋梁を渡った先で半径362mのカーブで左に曲がり、再び北向きになって進む。

益子《ましこ》駅は益子焼の里として知られ、東側にある駅舎には高い時計台がある。益子町観光協会とレストランが入っている。国鉄時代に棒線化されたが、跨線橋は残され、西側から駅に行けるようになっている。

七井《なない》駅は相対式ホームだが、ホームに面していない中線があったために上下線間は広がっている。同駅から上り勾配基調になる。七井駅の標高は79・0m、下館駅は31・2mなので48mほど登っているが、急な勾配はあまりなく下り勾配もある。

多田羅《たたら》駅の先で10・0‰の上り勾配になるが、いったん16・7‰で降りる。その先では上り勾配になる。

市塙駅は相対式ホーム、この先で右にカーブして東南向きになる。ずっと上り勾配が続き片面ホームの笹《ささ》原田《はらだ》駅付近が標高128mのサミットになる。その先からは25‰の下り連続勾配で降りていく。上り蒸機列車はパワーを上げるために、思いっきり煙が上がる。

片面ホームの天矢場《てんやば》駅を出てしばらく行くと、右手に「道の駅もてぎ」がある。ここに真岡鐵道の駅もってもいいかもしれない。

半径261mで左カーブすると終点、茂木駅である。片面ホーム1面1線と遠くに機折線、西側に機回線があり、途中に転車台が置かれている。

廃止された改正鉄道敷設法の別表36に「栃木県茂木ヨリ烏山《からすやま》ヲ経テ茨城県大子《だいご》に至ル鉄道及栃木県大桶《おおけ》附近ヨリ分岐シテ黒磯《くろいそ》ニ至ル鉄道」が予定線として取り上げられていた。それを元に、茂木駅の先から烏山線烏山駅に向けて500mほど路盤が造られた。多くは盛土だったが撤去され、駅近くの一部が自転車道に転用されている。

一般列車は、平成14年から導入されたモオカ14形気動車を使用、ほとんどが単行で走る。朝は真岡→下館間の区間列車も走り、同区間は下館着でみて24分の間隔になるが、その他の区間では上下列車ともおおむね40分前後の間隔になる。昼間時は約1時間毎、夕方はおおむね40分毎である。

土休日に「ＳＬもおか」が1日1往復走っている。下館駅を10時35分に出発、折本、久下田、寺内、真岡、西田井、益子、七井、多田羅、市塙と停まって、茂木駅に12時6分に到着する。所要時間は1時間31分で、6駅通過するのに普通列車よりも遅い。帰りは茂木駅を14時26分に発車、下館駅には15時56分と1時間30分かかっている。

Ｃ12形66号機が元国鉄50系客車3両を牽引する。予備機のＣ11形３２５号機は、東武鉄道へ譲渡された。乗車整理券５００円（小児半額）が運賃のほかに必要である。

「ＳＬもおか」運転日には、真岡駅発15時31分の下館行と下館発16時4分の茂木行は下館—真岡間を運休する。代わって、「ＳＬもおか」として走ってきた蒸機列車が、折返し下館発16時3分の快速真岡行になる。停車駅は折本、久下田である。乗車整理券不要で蒸機列車に乗れる。

輸送密度は１３７５人、輸送密度での定期比率は通勤が5％、通学が64％、合計の定期比率は69％となるものの通学生が多数を占めている。沿線の通学生にはなくてはならない路線である。定期外は31％である。

平均乗車キロは18・4キロ、行楽客のうち「ＳＬもおか」に乗る客は全線を乗り通す人が多いが、途中駅利用客の多くは、益子の陶器などを見学し下館—益子間を乗る。

営業収支は償却前が１１７・７％、償却後１２１・２％、1日1キロ当たりの営業収入は2万１６８９円、営業経費が2万６２７７円で４５８８円の赤字、全線で19万２２３８円の赤字である。

赤字脱却の一つの方法としては、平日の朝の上りと夕方の下りに快速を運転し、水戸線と連携して水戸駅と小山駅へ行くのに便利なダイヤを組むことである。

また行楽客に関しては、土休日の朝の下り、夕方の上りの快速を運転、こちらは関東鉄道と連携して常総線にも快速を運転し、さらに、つくばエクスプレスとも連携して秋葉原—守谷—下館—茂木間の所要時間を短縮するとともに、全区間の割引きっぷを発売すればいい。

輸送密度１４００人なら、このような施策でまだなんとか黒字にできるといえよう。

蒸気をふかして坂を登る「SLもおか」号

茂木駅に停車中の下館行。左側に転車台がある

JR常磐線(上野―水戸間)　在来線特急では「ひたち」はずば抜けて速い

正式な常磐線は日暮里《にっぽり》―岩沼《いわぬま》間３４３・７キロの路線で、上野―日暮里間２・２キロは常磐線専用の複線が敷かれているものの、東北本線に含まれる線路である。中央線と同様に、上野―取手《とりで》間は電車区間、取手以遠は列車区間に分けられている。列車番号の末尾に付ける英文字は、電車区間だけ走る電車（快速）はＨだが、列車区間に直通する電車は中央線と違ってＭのままにしている。

というのは、取手以北は交流電化なので交直両用の中距離電車か特急しか走らず、中央線のように通勤電車は乗入れていないから、列車番号を変える必要がないのである。それに中距離電車もすべて上野駅に乗入れている。中央線と同様にＭ電と呼ばれている。

本書では上野―水戸間について述べる。

上野駅で東北本線と接続する。Ｍ電の多くが東北本線を経て東海道本線の品川駅まで乗入れている。

日暮里駅からが正式な常磐線である。南千住《みなみせんじゅ》駅で東京メトロ日比谷線とつくばエクスプレスが合流し、北千住駅まで３路線が並行する。北千住駅では東京メトロ千代田線と東武伊勢崎《いせさき》線も合流する。日比谷線は北千住駅で終了して東武伊勢崎線の緩行線に接続する。千代田線は綾瀬《あやせ》駅で常磐緩行線と接続して相互直通運転をする。常磐線は綾瀬駅から緩行線と急行線による線路別複々線になる。運賃面では北千住―綾瀬間はＪＲ線とみなして、運賃が設定されている。

金町《かなまち》駅で京成金町線、松戸《まつど》駅で新京成電鉄、馬橋《まばし》駅で流鉄《りゅうてつ》と連絡、新松戸駅で武蔵野南線と接続し流鉄と連絡する。流鉄の駅は幸谷《こうや》である。柏《かしわ》駅で東武野田線と連絡、我孫子《あびこ》駅で成田線と接続して一部の電車が直通運転をする。取手駅では関東鉄道常総《じょうそう》線と連絡する。

列車区間に入って、佐貫《さぬき》駅で関東鉄道竜ヶ崎《りゅうがさき》線と連絡、石岡《いしおか》駅ではかつて鹿島《かしま》鉄道と連絡していた。同鉄道は廃止されたものの、石岡駅の日暮里寄りのＪＲ

JR常磐線（日暮里—取手）

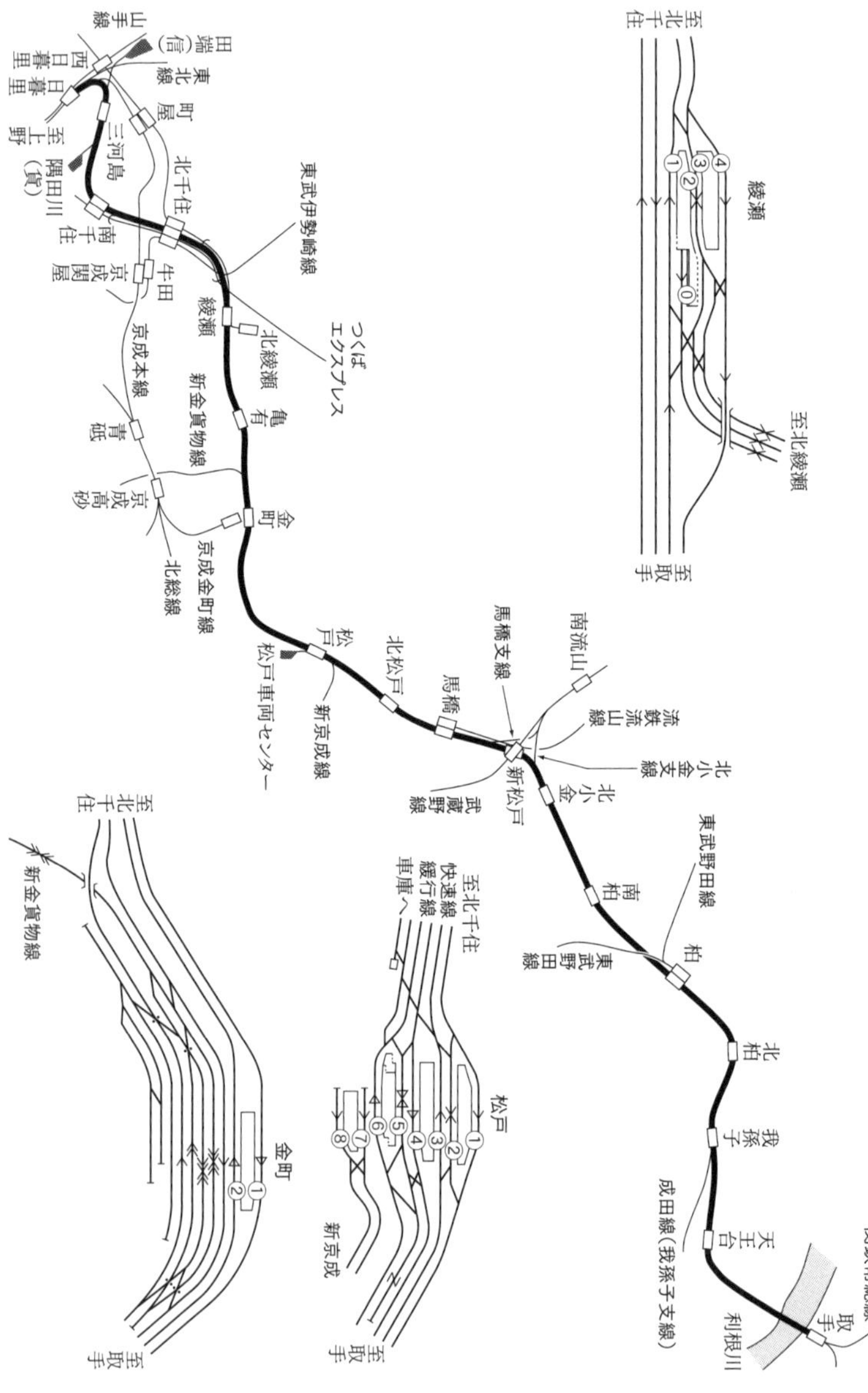

綾瀬
至北千住
至取手
至北綾瀬
田端（信）
山手線
東北線
西日暮里
日暮里
至上野
至隅田川（貨）
町屋
三河島
北千住
南千住
京成関屋
牛田
東武伊勢崎線
つくばエクスプレス
北綾瀬
亀有
新金貨物線
京成本線
青砥
京成高砂
金町
京成金町線
北総線
松戸
松戸車両センター
新京成線
北松戸
馬橋
馬橋支線
南流山
流鉄流山線
北小金支線
新松戸
武蔵野線
北小金
南柏
東武野田線
柏
北柏
我孫子
成田線（我孫子支線）
天王台
取手
関鉄常総線
利根川
至北千住
快速線
緩行線
車庫へ
新京成
新金貨物線

から分かれた個所から四箇《しか》村駅《むらえき》バス停まではＢＲＴ（Bus Rapid Transit）化され、かしてつバス（関鉄グリーンバス）が鹿島鉄道時代の終点鉾田《ほこた》駅《えき》まで連絡している。友部《ともべ》駅で水戸《みと》線、水戸駅で水郡《すいぐん》線と鹿島臨海鉄道と接続する。

上野駅の地平ホームの16、17番線は常磐線特急用ホームである。しかし、多くが上野東京ラインを通って品川駅まで直通するようになって、16、17番線で発着する特急は朝の上りと夕ラッシュ時の上下特急の一部だけになっている。

残りの電車は高架ホームで発着する。上野駅折返電車は頭端櫛形ホームの10、11番線で発着する。

日暮里駅の先で半径２５０ｍの急カーブで右に曲がりながら、京成本線、日暮里・舎人《とねり》ライナーをくぐる。次の三河島《みかわしま》駅で常磐貨物線が合流する。常磐貨物線は田端《たばた》—隅田《すみだ》川《がわ》間7・3キロの路線で、田端信号場で東北貨物線と接続する。隅田川駅は南千住駅に隣接している貨物駅である。

常磐貨物線は旅客線の両側に張り付くが、下り貨物線はすぐに下り旅客線に合流する。上り旅客線の外側に張り付いた貨物線は上り旅客線とは渡り線で接続するが、そのまま並行して隅田川駅に向かう。このため隅田川行の下り貨物列車も走る。

旅客線との並行区間で貨物線は上り本線と下り本線、折返線の3線になってから隅田川駅に入る。引上線も並行しこれら4線から単線の連絡線が分かれて南千住駅の取手寄りで上り旅客線と接続、さらに上下渡り線で下り旅客線に転線できる。

南千住駅では高架に日比谷線があり、地下につくばエクスプレスの線路がある。南千住駅の先でつくばエクスプレスが地上に出て6線の線路が並行する。途中で京成本線が横切ってから北千住駅になる。

地下に千代田線の島式ホーム、地上に常磐線と東武伊勢崎線のホーム、高架のつくばエクスプレスと日比谷線・東武緩行線ホームがある。各線ごとに改札口があるが、つくばエクスプレスを除いて地下でそれぞれの路線とは改札内でつながっている。

常磐線の北千住駅は上り線側が島式ホームのＪＲ形配線になっている。朝のラッシュ時の上り線では交互発着をして、長い15両編成でも運転間隔を3分10秒に

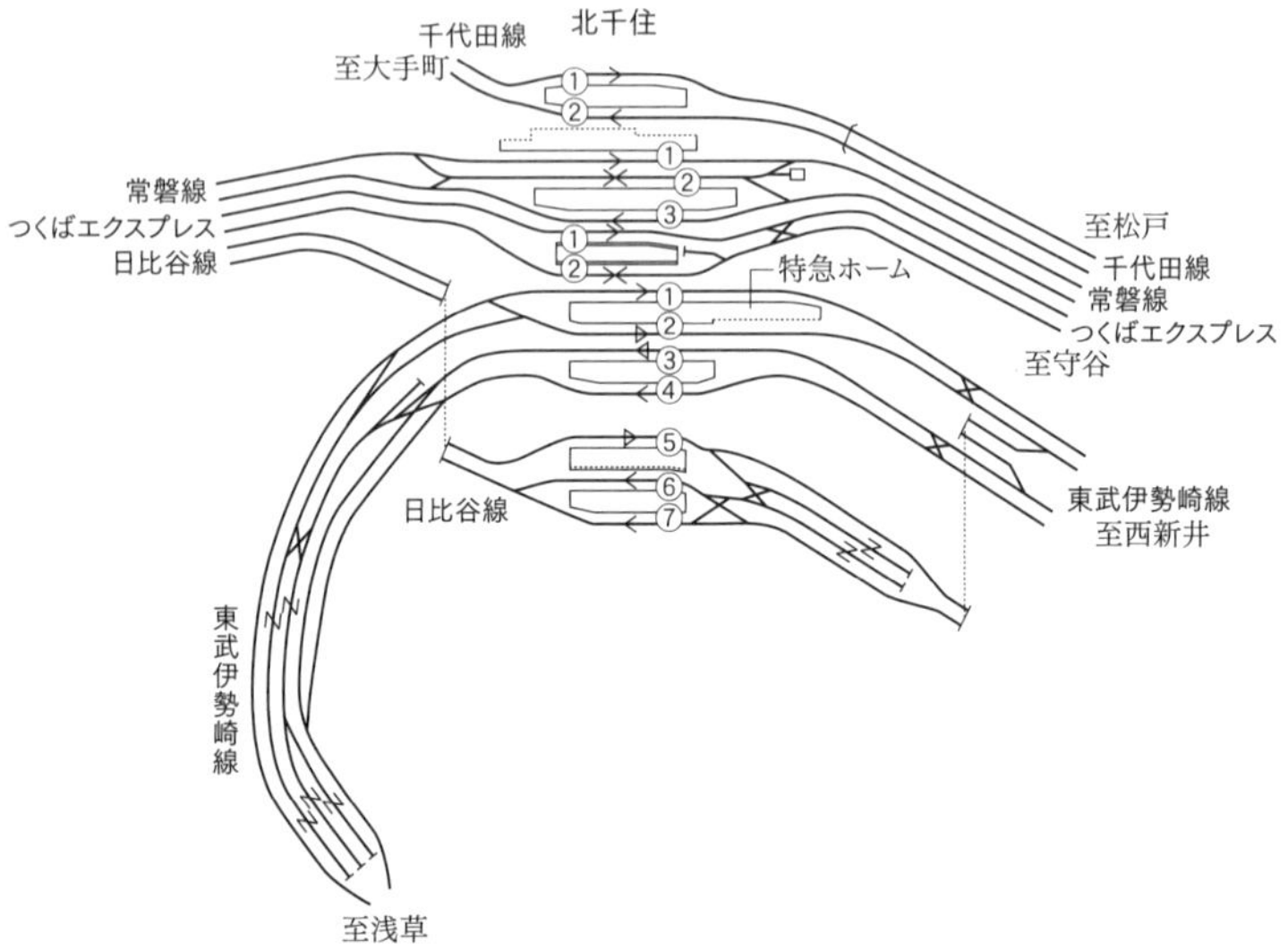

している。

綾瀬駅で千代田線と常磐緩行線が接続している。島式ホーム2面3線だが、1、2番線の北綾瀬寄りに切欠きホームがある。この切欠きホームは綾瀬―北綾瀬間の3両編成の区間電車が発着する。中線は千代田線の折返電車が発着するのが基本である。綾瀬駅から緩急分離の線路別複々線になる。

金町駅で京成金町線と連絡するが離れており、京成が冠された別駅名になっている。緩行線に島式ホームがあり、快速線にはホームはないが、貨物線の新金《しんきん》線が接続するので急行線（以下快速線）の上下線の間に3線の貨物着発線がある。線路番号は緩行線の下り線が1番、上り線が2番、快速線の下り線が3番、上下着発線の2線が4、5番、上り着発線（機回線）が6番、上り快速が7番である。着発線の取手寄りに機待線がある。

松戸駅手前で緩行線と快速線がクロスして取手駅に向かって左側が快速線、右側が緩行線になる。その先で松戸車両センターからの入出庫線が合流して松戸駅になる。

緩行線と快速線がクロスする区間を走る本厚木行各停

松戸駅は快速線と緩行線それぞれがJR形配線になっている。快速線の下り線側が中線とで挟まれた島式ホーム、上り線側が片面ホームになるところだが、緩行線の下り線の片面ホームと合わせた島式ホームになっている。

松戸駅でも快速線は朝ラッシュ時上りで交互発着している。しかし、中線が下り線側の島式ホームにあるため、交互発着をする電車は中線の2番線か、別ホームの3番線に交互に発着するので、どちらのホームに行けばいいのか注意が必要である。

緩行線もJR形配線になっているのは松戸車両センターからの入出庫のためだが、朝ラッシュ時上りに限って4番線を快速線の副本線にしてしまえば、交互発着電車は同じホームで発着できる。このためには渡り線を設置して信号回路も変更することが必要である。

新京成電鉄のホームは緩行線の向こう側にある。JRとは連絡改札口がある。

北松戸駅の取手寄りの快速線に貨物の着発線がある。4番線は上下着発線、6番線は下り着発線である。5番が下り快速線、3番が上り快速線である。6

上野寄りから松戸駅を見る。右から車庫回送線、緩行上り線、緩行下り線、快速上り線、快速下り線

番着発線は下り快速線と合流する。4番着発線は上下快速線との転線用の渡り線があるが、そのまま進んで武蔵野線の馬橋支線になる。馬橋支線は途中から複線になって武蔵野線の南流山方面につながっている。

馬橋支線が分岐するところの緩行線に馬橋駅がある。快速線の向こう側に流鉄の馬橋駅がある。6番貨物着発線と流鉄の側線とつながっているが、線路の上に枕木が置かれて出入りができないようにしている。

新松戸駅で武蔵野線と直交する。北小金駅の手前で武蔵野線の支線である北小金支線が分岐・合流する。北小金支線も南流山方面と行き来できる。

柏駅の手前で東武野田線が乗越していく。柏駅は快速線にもホームがあり、緩行線の取手寄りに引上線がある。東武野田線へは2階コンコースで行く。

北柏駅の取手寄りの上下快速線の間に2線の着発線がある。1線は上下、1線は上りの着発線である。

我孫子駅は緩行線がJR形配線、快速線は島式ホーム2面4線に加えて、上下線の間に貨物用の上下着発線がある。成田線への貨物列車用で上野寄りに機待線もあるが、ほとんど使用されていない。

緩行線も快速線も旧松戸電車区我孫子派出所、現松戸車両センター我孫子派出所への入出庫線が出ている。快速線は成田線と接続している。成田線電車は2、4番線で発着する。我孫子―天王台間の快速線の上下線間に、抱込み式の我孫子派出所がある。

天王台駅は快速線と緩行線の両方に島式ホームがあるが、各停が走るのは朝夕ラッシュ時のみである。

利根川橋梁は新しく架け替えられている。その先に取手駅がある。快速線は島式ホーム2面4線で内側2線が折返用だが、M電が特急を待避することもある。緩行線は島式ホーム1面2線である。

取手駅の標高は10・2m、日暮里駅は6・2mで、4m登ったことになるが、松戸駅は5・1m、南柏駅は22・1m、柏駅は19・4m、我孫子駅は17・7m、天王台駅は19・8mと、アップダウンを繰り返している。取手駅までで一番高いのは南柏駅である。

取手駅を出て少し走ると、交直切換えのためのデッドセクションを通る。デッドセクションとは架線に電気が流れていない区間で、手前は直流1500V、通り過ぎると交流50Hz20kVになっている。

交直デッドセクションを過ぎると藤代《ふじしろ》駅がある。相対式ホームだが貨物待避線（着発線）の中線がある。その先で171mの小貝川《こかいがわ》橋梁を渡り、半径1040mで大きく左に曲がる。カーブの途中で牛久《うしく》沼から流れる谷田川《やたがわ》を35mの八軒堀《はっけんぼり》橋梁で渡る。

その先に佐貫駅（令和2年3月から龍ヶ崎市《りゅうがさきし》駅に改称）がある。同駅の手前は半径500m、ホーム部分では840mのカーブになっている。東側に片面ホームがあるJR形配線で、やや離れたところに関東鉄道竜ヶ崎線の片面ホームがある。藤代駅もそうだが、このあたりは湿地帯なので佐貫駅の標高は5・8mと低い。

佐貫駅を出ると北上する。6・7‰の上り勾配が続き、レベルになって相対式ホームの牛久駅がある。特急と特別快速はこのあたりで130キロの高速運転をする。右手に牛久大仏が見え、半径1200mでやや右に曲がり、また直線になる。

ひたち野うしく駅は半径1700mのカーブ上にあり、島式ホーム2面4線の追越駅である。

中線の貨物待避線がある相対式ホームの荒川沖《あらかわおき》駅の

JR常磐線（取手—土浦）

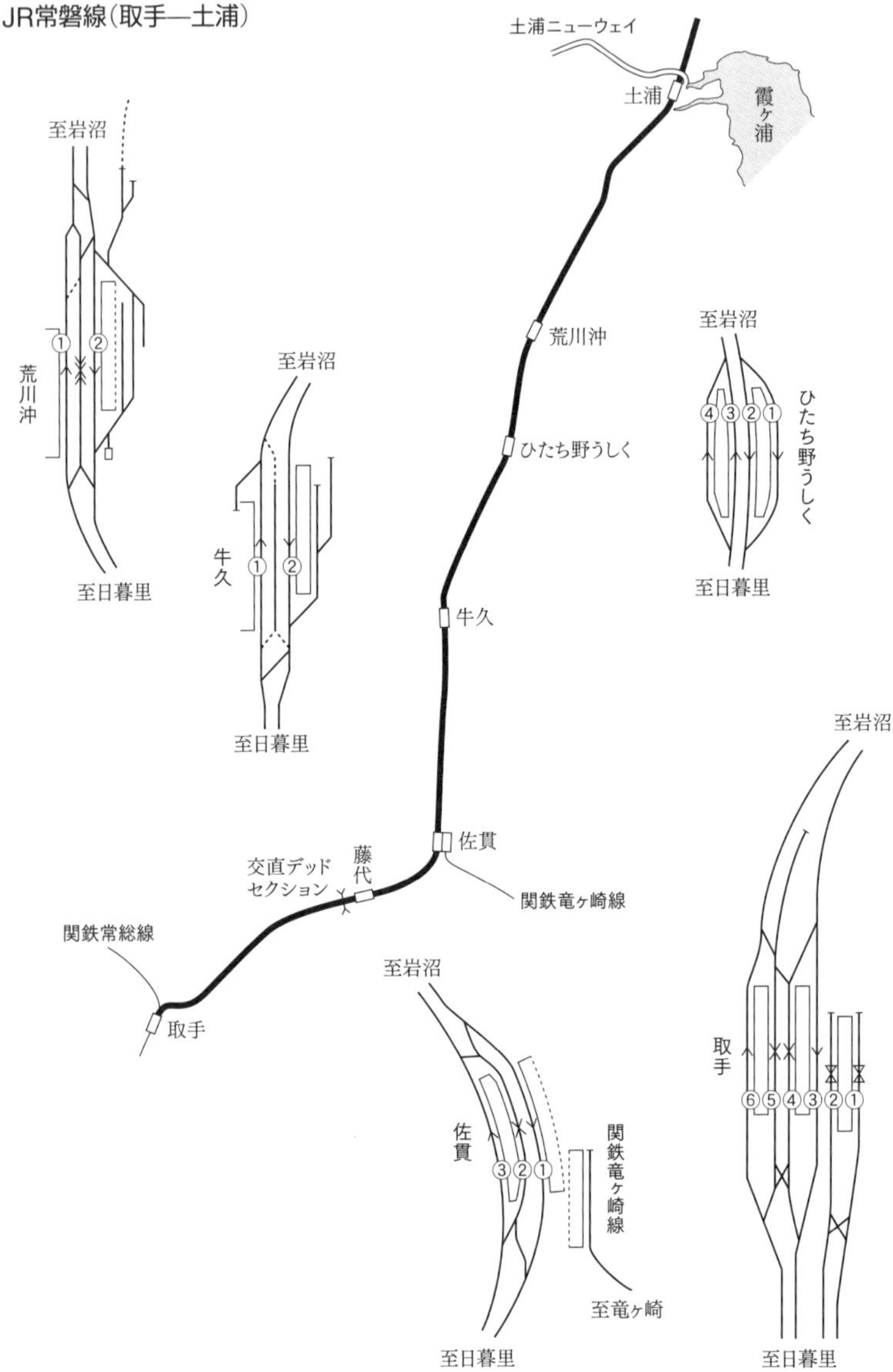
土浦ニューウェイ
土浦
霞ヶ浦
荒川沖
ひたち野うしく
牛久
佐貫
関鉄竜ヶ崎線
藤代
交直デッド
セクション
関鉄常総線
取手
至岩沼
①
②
荒川沖
至日暮里
至岩沼
①
②
牛久
至日暮里
至岩沼
④③②①
ひたち野うしく
至日暮里
至岩沼
③②①
佐貫
関鉄竜ヶ崎線
至竜ヶ崎
至日暮里
至岩沼
取手
⑥⑤④③②①
至日暮里

標高は22・8mである。その先で10・0‰の連続下り勾配で降り、花室川《はなむろがわ》を45mの塚田川《つかだがわ》橋梁で渡ると今度は10・0‰の上り勾配になる。少し登ったあとまた10・0‰の下り勾配になり、114mの第1佐倉川橋梁で渡る。上下線別々の単線橋梁で、さらに貨物の入換線の橋梁もあり、土浦《つちうら》駅の構内として架けられている。

土浦駅の標高は3・4mと低い。西側が片面ホームで下り本線が面している。次に貨物待避線の中線、そして島式ホームの内側に上り本線、外側に上り1番副本線（上1線）、少し離れて貨物着発線の上2線がある。下り本線と中線は水戸方向だけ出発でき、他は両方向に出発できる。

土浦駅の先で下り本線の左手に引上線2線があり、上下線間に2線の土浦電留線への入出庫線が並行する。その先の土浦電留線は上下本線に囲まれた抱込み式車庫で、13線（3～15番線）の留置線がある。

次の神立《かんだつ》駅はJR形配線、150mの恋瀬川《こいせがわ》橋梁を渡った先にある高浜駅、そして石岡駅もJR形配線だが、片面ホームと島式ホームの間に中線があった。

石岡駅で連絡する、かしてつバスは日暮里寄り西側にある石岡駅西口バスターミナルから発車する。鹿島鉄道の路盤を流用したバス専用道路BRTの見どころは「石岡南台駅」バス停である。鉄道線時代の駅舎とホームが残されており、当時を思い出させてくれる。

羽鳥駅はJR形配線になっている。友部駅は水戸線の分岐駅だが、水戸線が水戸鉄道として先に開通していたので直線で友部駅に進入、常磐線は半径800mと1000mで右カーブして進入している。

南側に片面ホームに面した上り本線の1番線があり、次に貨物着発線の中1番副本線（中1線）と中2線があるが、中2線は使用停止している。次に島式ホームの南側に面した下り本線の2番線、北側に面した水戸線上り本線の3番線、続いてもう一つの島式ホームの南側に面した水戸線下り本線の4番線、北側に下1線の5番線、そして貨物ヤードがある。中1線と3～5番線は水戸方面と日暮里・小山《おやま》方面の両方向に出発ができ、すべてのホームは10両編成が停車可能である。

貨物ヤードは、北側にある日本たばこ産業友部工場と太平洋セメント友部サービスステーションへの専用線とつながっていたが、貨物取扱は中止になり専用線

JR常磐線(土浦—水戸)

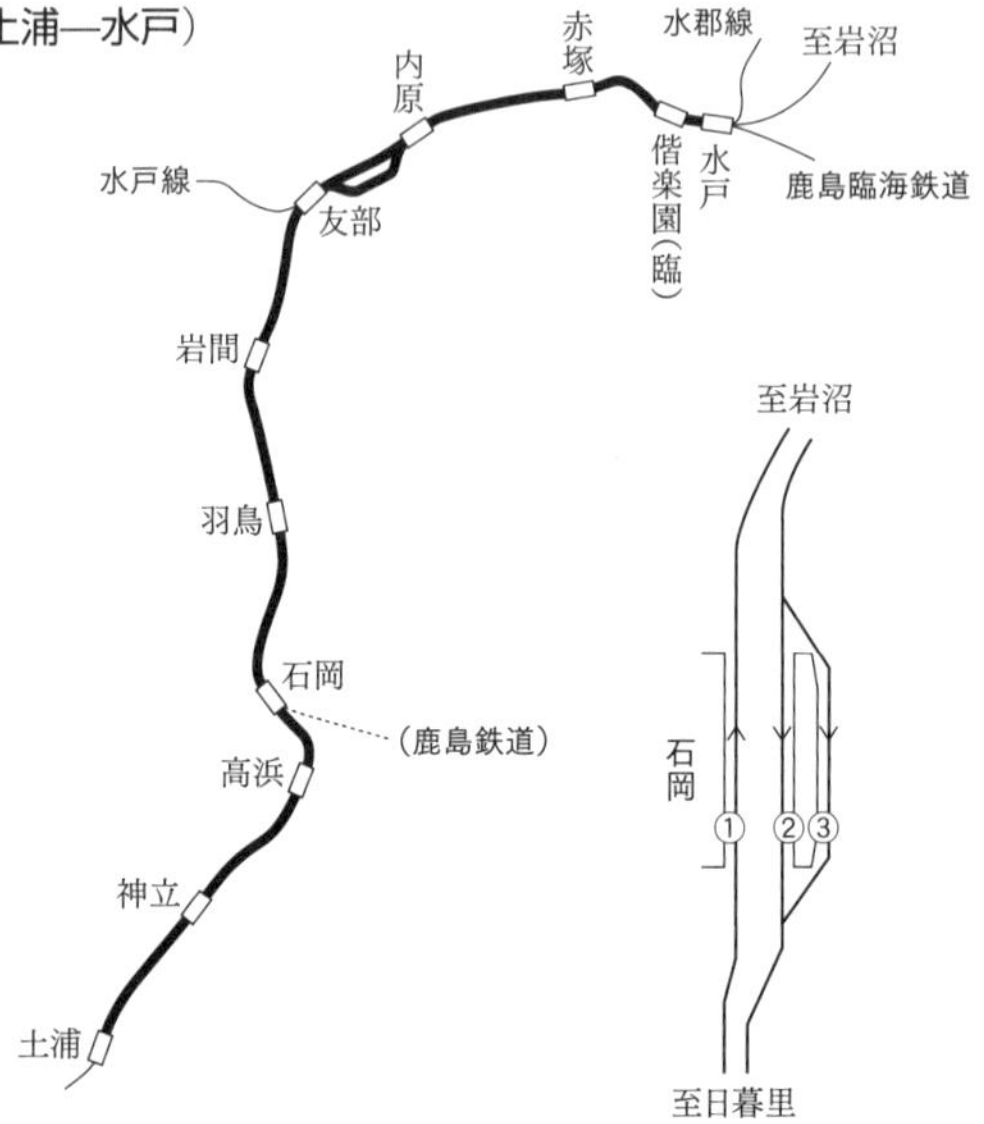
赤塚
水郡線
至岩沼
内原
鹿島臨海鉄道
水戸線
偕楽園(臨)
水戸
友部
岩間
羽鳥
石岡
(鹿島鉄道)
高浜
神立
土浦
至岩沼
石岡
①②③
至日暮里

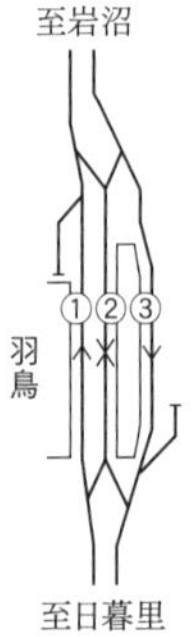
至岩沼
①②③
羽鳥
至日暮里

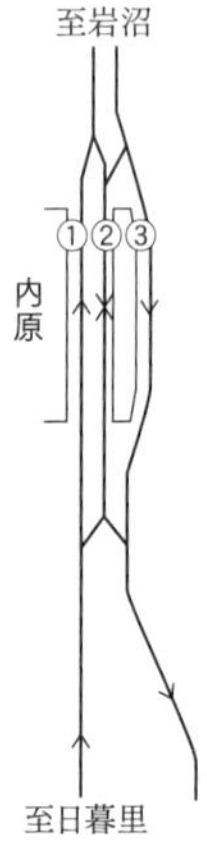
至岩沼
①②③
内原
至日暮里

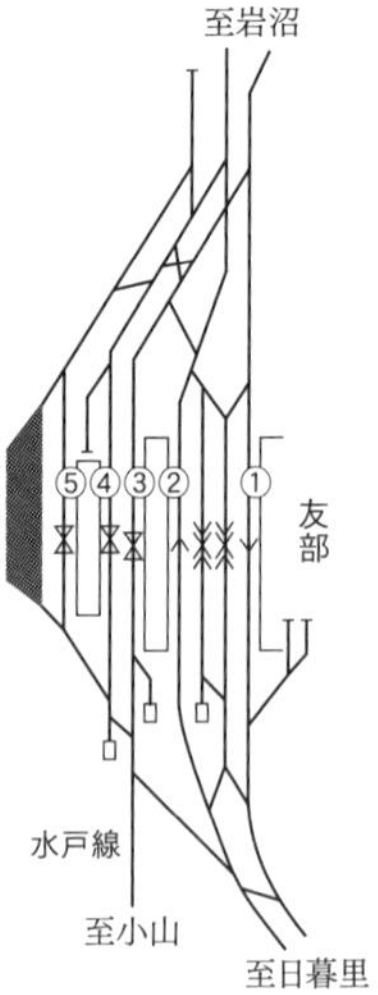
至岩沼
⑤④③②
①
友部
水戸線
至小山
至日暮里

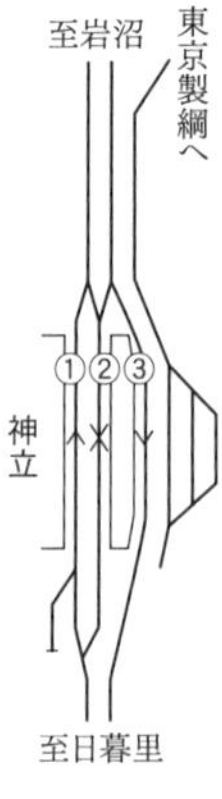
至岩沼
東京製綱へ
①②③
神立
至日暮里

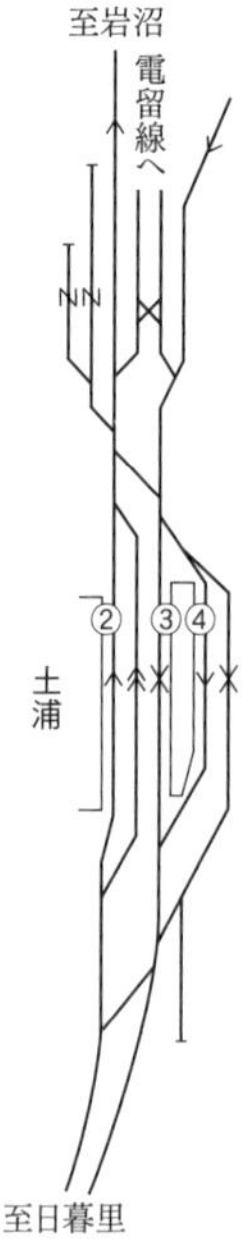
至岩沼
電留線へ
②
③④
土浦
至日暮里

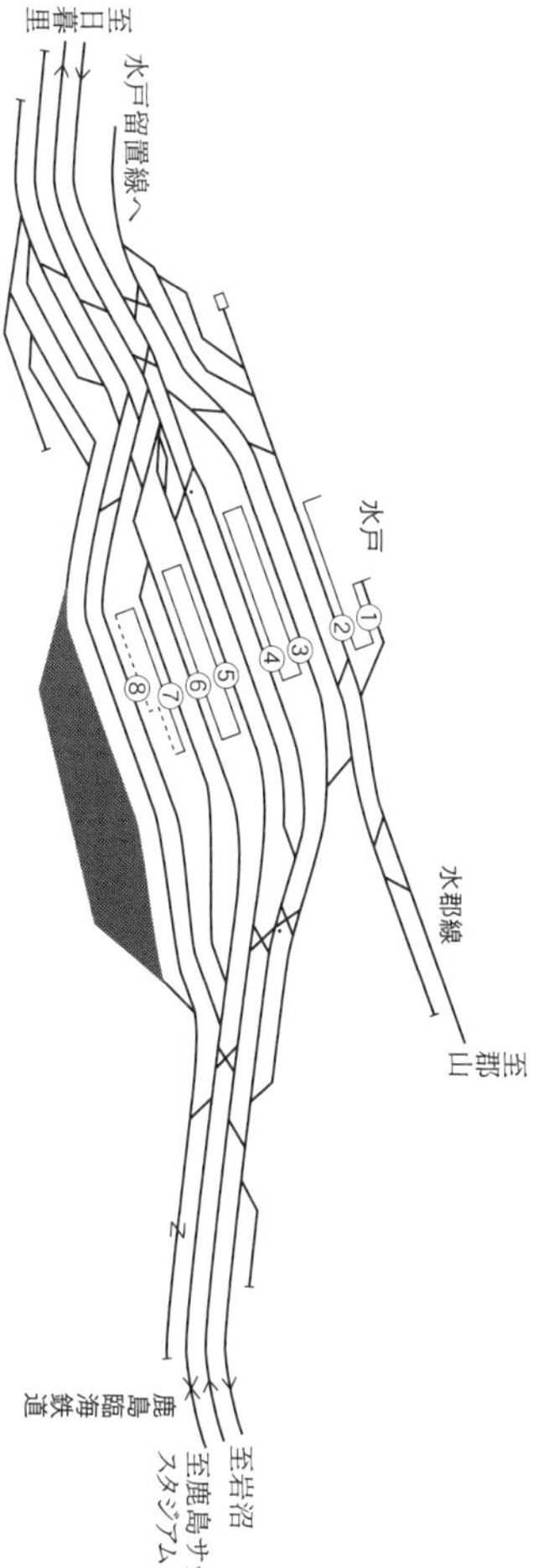

はすべて廃止されている。

友部駅の標高は47・1mで、日暮里—水戸間で一番標高が高い。

友部駅を出てしばらく走ると上下線が広がっている区間がある。国鉄時代に抱込み式の大規模貨物操車場を設置する予定だった区間で、操車場の設置は中止になり、現在は8線しかない小規模な内原電留線と保守訓練設備が置かれている。

内原駅と赤塚駅はJR形配線で、10‰の連続下り勾配になり偕楽園《かいらくえん》の裾を走る。下り線には梅の花が咲く季節だけ開設する偕楽園臨時駅のホームがある。左手に偕楽園、右手に千波湖《せんば》がある。

その先の左手に非電化の気動車用の水戸留置線があり、半径569mで左にカーブした先に水戸駅がある。水戸駅の標高は8・3mである。

東側の切欠きホームに面して水郡線本線1番線、片面ホームに面した水郡線本線2番線、そしてホームに面していない貨物着発線の下1線、島式第2ホームの北側に面した下2線の3番線、南側に中1線がある。さらに、ホームに面していない中2線、島式第3ホームの北側に上り本線の5番線、南側に上1線の6番線、第3ホームの北側に上2線の7番線、南側に鹿島臨海鉄道本線の8番線がある。

水郡線本線は水郡線の発着線で、常磐線勝田《かつた》方面には行けない。中2線と上3線は勝田方面、鹿島臨海鉄道本線は同線発着線、上2線と上4線は友部方面、他は両方向に発車できる。

●乗客の流れは牛久駅から

駅発着状況は牛久駅から記載されている。ひたち野うしく→牛久間の乗車客は、定期外が1万9076人、定期が2万1292人である。

牛久駅の降車は定期外が670人、定期が1553人、乗車は定期外が2728人、定期が8834人で、牛久→佐貫間の乗車客は定期外が2万1134人、定期が2万8573人である。定期比率は58％と低い。

平成7年度の牛久→佐貫間の乗車客は定期外が2万6312人、定期が3万9449人、定期比率は60％である。定期外客も定期客も大幅に減っているのは、まさに少子高齢化と人口減の影響である。

佐貫駅での降車は定期外が607人、定期が1463人、関東鉄道竜ヶ崎線へは定期外が4人、定期が2334人、当駅乗車は定期外が2704人、定期が8491人、竜ヶ崎線からは定期外が26人、定期が366人である。

藤代→取手間の乗車客は定期外が2万4224人、定期が3万9331人、定期比率は62％である。

平成7年度では定期外が2万8814人、定期が5万3501人、定期比率は65％である。定期外、定期とも大幅に減っており、少子高齢化と人口減の波をまともに受けている。

平成12年度では定期外が2万9025人、定期は5万3051人と、定期外が少し増え定期は少し減っている。13年度から定期外、定期ともに減少に転じている。19年度は定期外が2万6431人、定期が4万4140人、23年度は定期外が2万2168人、定期が4万1331人と減り続けている。

少子高齢化がはじまったのは平成12年ごろのようである。少子高齢化とともに長距離通勤に嫌気がさして都心回帰による移転者が増えた。平成13年に取手―勝田間が東京近郊区間となり、スイカ利用ができるようになったものの途中下車ができなくなった。16年に普通は三河島駅と南千住駅に停車して少し遅くなった。平成18年にそれまで朝ラッシュ時上りに運転していた通勤快速（土浦まで各駅、同駅から牛久、取手、柏、松戸、日暮里停車）を廃止して不便になった。利用客が減ったから通勤快速を廃止したのか、廃止したから乗客が減ったのかはっきりしないが、おそらく相乗効果で減ったものと思われる。

藤代以北でつくばエクスプレスの開通による減少もあるにはあるが、両線は離れているから大きく影響はされていない。

取手駅の上野方面乗車客は定期外が5735人、定期が1万5229人、関東鉄道常総線からの乗換客は定期外が87人、定期が2124人である。

平成7年度の乗車客は定期外が8967人、定期が3万1148人、関東鉄道からの乗換客は定期外が1192人、定期が4555人だから平成25年度は大幅に減少している。

要因はつくばエクスプレスの開通によるところが多いが、少子高齢化も影響している。

我孫子駅での成田線からの上野方面への流入は定期外が4330人、定期が1万1437人である。

平成7年度は定期外が4831人、定期が1万7391人だったので、やはり減っている。

柏駅で東武野田線からの乗換客があって増加するが、これも平成7年度にくらべると減っている。柏↓南柏間の乗車客は平成7年度では定期外が7万387人、定期が22万3112人だったのが平成25年度は定期外が6万358Ⅰ人、定期が15万2723人と大幅に減っている。つくばエクスプレスの影響が大きい。

北小金↓新松戸間の乗車客は定期外が6万8145人、定期が17万6715人、新松戸↓馬橋間では平成25年度の定期外が6万7553人、定期が17万7531人となっている。

両区間では武蔵野線への乗換客と武蔵野線からの乗換客の人数はほぼ拮抗しており、乗換で降りた客で減ってもほぼ同じくらいの客が乗ってくる。

松戸駅で新京成線などからの乗換客があり、亀有《かめあり》↓綾瀬間の乗車客は定期外が8万9195人、定期が25

万7075人、定期比率は74％になる。平成7年度の定期外は7万8295人、定期は34万4914人、定期比率は81％である。

定期外客が増えたものの、定期客は大幅に減っている。郊外の少子高齢化が進んでいることとつくばエクスプレスの開通によるものである。

三河島→日暮里間の乗車客は定期外が6万7046人、定期が15万4625人、定期比率は64％である。平成7年度の定期外は6万4368人、定期が17万5589人、定期比率は73％で、同区間でも定期客が大きく減っている。

平成25年度の日暮里駅での降車客は定期外が3280人（5％）、定期が3333人（2％）、京浜東北・山手線乗換客を含む東北本線乗換は定期外が6万3663人（95％）、定期が15万2611人（97％）と大半が乗換客である。定期の残り1％は日暮里・舎人ライナーと尾久支線への乗換客である。

最混雑区間は緩行線が亀有→綾瀬間、輸送人員は5万1660人で10両編成24本が走り、輸送力は3万3600人、混雑率は154％である。

快速線は松戸→北千住間で輸送人員は6万9500人、中距離電車のグリーン車を除く13両編成が9本、快速用15両編成が10本運転され、輸送力は3万8852人、混雑率は157％である。セミクロスシート車や10＋5両編成による乗務員室の多さなどを修正してみても混雑率は変わらない。

最混雑時間帯は緩行線が7時23分から8時23分、快速線が7時18分から8時18分である。

昼間時は1時間毎に品川―土浦間に特快が走る。停車駅は日暮里まで各駅、北千住、松戸、柏以遠各駅である。日暮里―取手間の所要時間は29分、表定速度77・4キロである。

中距離電車は1時間に品川―土浦間が1本、上野―勝田間が2本の計3本の運転が基本である。快速は上野―取手間2本、上野―成田間1本の計3本の運転である。

緩行線は10分毎の運転で2本に1本は千代田線を通り抜けて小田急向ヶ丘遊園《むこうがおかゆうえん》まで直通する。我孫子―取手間の運転はない。

特急は「ひたち」と「ときわ」が走る。中央線と同

E657系の特急「ひたち」号

様に、「ひたち」が勝田以遠の運転で基本的に上野―水戸間はノンストップだが、一部は柏駅と土浦駅に停車、また朝上りと夕夜間下りは快適通勤、快適帰宅用に柏、佐貫、牛久、土浦、石岡、友部、赤塚停車がある。「ときわ」は上野―水戸間運転で、柏、土浦、石岡、友部に停車するが、朝上りと夕夜間下りには牛久、ひたち野うしく、荒川沖、赤塚にも停車する。早朝と夕夜間に上野―土浦間運転の「ときわ」がある。

基本的に上野発毎時0分が「ひたち」、30分が「ときわ」で、上野東京ラインに乗入れて品川が始終発駅である。

最速「ひたち」の上野―水戸間の所要時間は65分、表定速度108・5キロと100キロを超えている。最高速度130キロとなっている。新幹線が並行していないためにこんなに高速運転をしている。

夕ラッシュ時上りは快速と中距離電車が走る。上野発18時台でみると、快速が6本でうち1本が品川発取手行、もう1本が品川発成田行である。中距離電車は4本運転される。品川発水戸行、品川発勝田行、上野発土浦行、上野発勝田行が各1本である。

JR外房線・内房線

衰退した房総特急の再興を

JR外・内房線は房総《ぼうそう》半島を一周する路線である。外房《そとぼう》線は大網《おおあみ》駅を経て上総一ノ宮《かずさいちのみや》駅で太平洋側に出る千葉—安房鴨川《あわかもがわ》間93・3キロの路線、内房《うちぼう》線は東京湾側から木更津《きさらづ》駅、館山《たてやま》駅を経由する蘇我《そが》—安房鴨川間119・4キロの路線である。

外房線は千葉駅で総武線、蘇我駅で内房線と京葉《けいよう》線、京葉臨海鉄道（貨物線）、大網駅で東金《とうがね》線、大原《おおはら》駅でいすみ鉄道、安房鴨川駅で内房線と接続する。

内房線は蘇我駅で京葉線と外房線、京葉臨海鉄道と接続、五井《ごい》駅で小湊《こみなと》鉄道と連絡、木更津駅で久留里《くるり》線、安房鴨川駅で外房線と接続する。安房鴨川駅経由の外・内房線による循環列車の運転はない。

●外房線　千葉駅は総武快速線と外房線・総武緩行線とが扇状に広がっている。外房線の電車は3〜6番線から発着する。京成千葉線と並行して進む。京成の千葉中央駅の先に島式ホームの外房線本千葉《ほんちば》駅があるが、両駅は結構離れている。本千葉駅の先で京成千葉線に続く京成千原《ちはら》線が山側へ斜めに乗越していく。右手から京葉線が近寄ってきて外房線上下線の間に割り込んでくる。手前で外房線から貨物本線が海側（右側）に分かれて並行する。

蘇我駅は島式ホーム3面6線、中央のホームが京葉線発着線、その両側のホームが上下の外・内房線用である。京葉線と外・内房線を直通する電車は千葉寄りで転線できるだけでなく、安房鴨川寄りで京葉線ホームからも転線できる。海側に貨物着発線の上り1〜3番の副本線3線、それに2線の側線がある。

蘇我駅を出ると半径420mで左カーブして内房線と分かれる。蘇我駅の標高は3・6mと低い。ここから房総半島の付け根の丘陵地帯を登っていく。このため最急勾配20・0‰の上り勾配になる。最小曲線半径は600mである。

貼付け線増で複線化されたが上下線は通常よりもやや離れ、上り線は下り線より少し高くなっている。

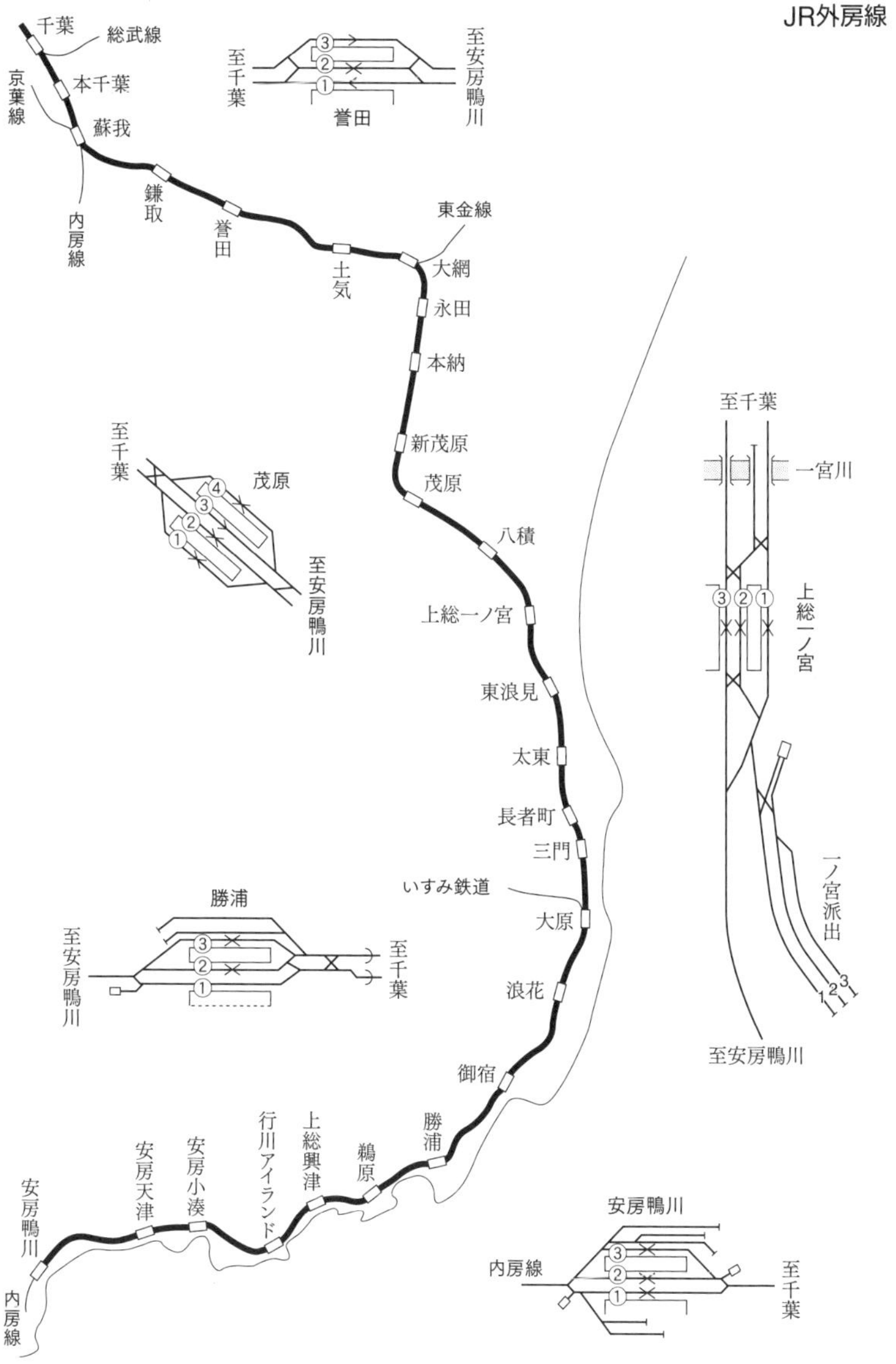
千葉
総武線
本千葉
京葉線
蘇我
内房線
鎌取
誉田
土気
東金線
大網
永田
本納
新茂原
茂原
八積
上総一ノ宮
東浪見
太東
長者町
三門
いすみ鉄道
大原
浪花
御宿
勝浦
鵜原
上総興津
行川アイランド
安房小湊
安房天津
安房鴨川
内房線
至千葉
至安房鴨川
誉田
茂原
勝浦
至千葉
一宮川
上総一ノ宮
一ノ宮派出
至安房鴨川
安房鴨川
内房線
至千葉

通常の複線になって京成千原線を乗越していく。その先はアップダウンが続くが、基本的に上り勾配基調になっている。また、カーブは少ない。

住宅街に隣接する土気《とけ》駅の標高は79・4m、この先にサミットがあり、標高は80・4mで外房線最高地点である。ここから20・0‰の連続下り勾配で降りていく。途中881mの土気トンネルをくぐる。

大網駅の手前で東金線への連絡線が分岐する。この連絡線は直線で島式の東金線ホームの4番線につながっている。3番線は頭端行止まりになっている。外房線のほうは半径600mで右に曲がって途中に相対式ホームがある。千葉駅と同様に扇状になっていて、その付け根に近いところに両線の連絡通路がある。

高架を降りて南向きになる。標高は10m程度である。JR形配線の本納《ほんのう》駅を過ぎると朽ちたヤードが左手に見える。JR貨物の新茂原《しんもばら》駅跡である。ところどころに線路は残っているが、外房線にはつながっていない。

街中に入り、旅客駅で島式ホームの新茂原駅があり、高架になって半径400mで左に曲がり南東向きになる。その先が島式ホーム2面4線の茂原駅となる。内側が本線、外側が副本線で千葉寄りにシーサスポイント、安房鴨川寄りに逆渡り線がある。副本線は両方向に折返ができる。

高架から地平になり、田園地帯を走る。上下線が広がり、下り線側に引上線が並行し、ともに100mの一宮川橋梁を渡る。上り線はやや離れて単独の橋梁を渡る。川を渡った先で引上線と下り線との間にシーサスポイントがあり、下り線が島式ホームの外側、中線が内側にある上総一ノ宮駅となる。上り本線は片面ホームに面している。安房鴨川寄りで3線の電留線（幕《まく》張《はり》車両センター一ノ宮派出）が分かれる。同派出にある安全側線は前頁の図のように1番線からの線路と2、3番線からの線路とをずらして4線軌にした特殊なものになっている。外房線はここからJR形配線の太東《たいとう》駅まで単線になる。

東浪見《とらみ》―太東間は地形がアップダウンしているため、外房線も10・0‰の勾配でアップダウンし、最小曲線半径400mで右に左に曲がる。九十九里《くじゅうくり》浜《はま》に近くなっているが海はまだ見えない。地形がなだらかになって147mの夷隅《いすみ》川橋梁を渡る。太東―長者町《ちょうじゃまち》間は複線である。

26mの新田川橋梁を渡ると右手からいすみ鉄道が近寄ってきて、並行してともに大原駅に滑り込む。大原駅は西側に片面ホームがあるJR形配線で、いすみ鉄道の頭端島式ホームが西側に置かれている。国鉄木原《きはら》線時代には外房線の片面ホームの反対側に発着線があった。東側に貨物着発線の下1線（4番線）、側線の下2～4の3線がある。

浪花《なみはな》駅までは地形がなだらかだが、この先は低山の間を縫って進む。7・6‰の勾配で登り、10・0‰で降りていく。下り勾配の途中に321mの久保トンネルがある。

御宿《おんじゅく》駅は島式ホームでここから複線になる。街外れまで貼付け線増だが、街から外れると海岸線に張り出した山を抜けていく。このためにたすき掛け線増で複線化された。

下り線は元からある線路で135mの第1浜、続いて第2浜、141mの部原、80mの第1新宮、362mの第2新宮、50mの第3新宮の6本のトンネルを抜ける。そして一度通常の複線になってから今度は線増線に移り250mの新勝浦トンネルを抜ける。

上り線は線増線で御宿駅から215mの新第1浜、535mの新第2浜、400mの新部原、916mの新新宮の4本のトンネルを抜け、旧線に入って156mの第1勝浦トンネルを抜ける。第2勝浦トンネルは放棄されている。その間、下り線は10‰の勾配で2回アップダウンをする。

勝浦駅は下り線側が片面ホームのJR形配線で片面ホームは副本線の下1線、島式ホームの内側は下り本線、外側が上り本線、そして安房鴨川寄りが行止まりになっている上1、上2の留置線がある。本線、副本線はいずれの方向にも出発できる。

勝浦駅から単線になり、いったん海岸に近寄るが、すぐに海岸からやや離れた山すそを走る。このためトンネルが多い。30mの上敷、42mの串浜、128mの船付山、56mの向日畑、85mの鯛ヶ谷、107mの西ヶ谷、328mの鵜原《うばら》など9本のトンネルを抜けて島式ホームの鵜原駅となる。

この先、安房天津《あわあまつ》駅まで、駅間は山の中、行川《なめがわ》アイランド駅を除く各駅は入江に面して駅がある。このため駅付近で海を眺めることができる。

鵜原駅の先でも110mの天王山、179mの守谷、76mの興津《おきつ》の3本のトンネルを抜ける。そして上総興津駅となる。勝浦駅から最急10・0‰の勾配でアップダウン、最小曲線半径300mで右に左にカーブする。

上総興津駅からは10‰の連続上り勾配で進む。途中に519mの浅間トンネルがある。勾配が5‰に緩むと片面ホームの行川アイランド駅となる。

行川アイランドは閉園になって久しいが、外房線の行川アイランド駅は駅名を変えていない。同駅の安房鴨川寄りすぐに340mのおせんころがしトンネルがある。このトンネルを出ると10・0‰の連続下り勾配に転じる。74mの大沢、888mの小湊、225mの内浦の3本のトンネルをくぐり、JR形配線の安房小湊駅となる。

なお、「おせんころがし」とは入道ヶ崎から小道集落にかけての崖淵のことで、江戸時代の房総東往還の難所だったところである。「おせん」という豪族の一人娘が、悪徳な父親を改心させるために身投げしたことが由来である。

さらに796mの大風沢トンネルを抜け47mの宮川橋梁を渡る。さらに320mの天津トンネルを抜ける。宮川橋梁の前後で10・0‰の勾配でアップダウンする。

相対式ホームの安房天津駅を出るとようやく海岸に迫っている山地から離れる。やや内陸を進み、39mの待崎川《まちざきがわ》橋梁を渡ると安房鴨川駅がある。同駅はJR形配線に3線の留置線がある。

●内房線

単線の京葉臨海鉄道とともに蘇我駅を出て、少しの間直線で進む。半径604mの右カーブが2か所あって南下するようになる。最初のカーブのところの右手（海側）に京葉臨海鉄道から分岐したJR貨物の千葉機関区がある。その先で京葉臨海鉄道が右に分かれていく。

五井駅まで勾配はほとんどなく、半径805mのカーブが島式ホームの八幡宿《やわたじゆく》駅の前後に各1か所あるだけである。

五井駅も島式ホームで、小湊鉄道とは線路はつながっていない。姉《あね》ヶ《が》崎《さき》駅は島式ホームで山側の1番線が下り本線、2番線が下1線、3番線が上り本線、4番線が上1線になっている。

島式ホームの袖《そで》ヶ《が》浦《うら》駅の標高は2・8mで、内房線で一番低い。木更津駅は2番目の2・9mである。

その木更津駅は島式ホーム2面5線になっている。

JR内房線

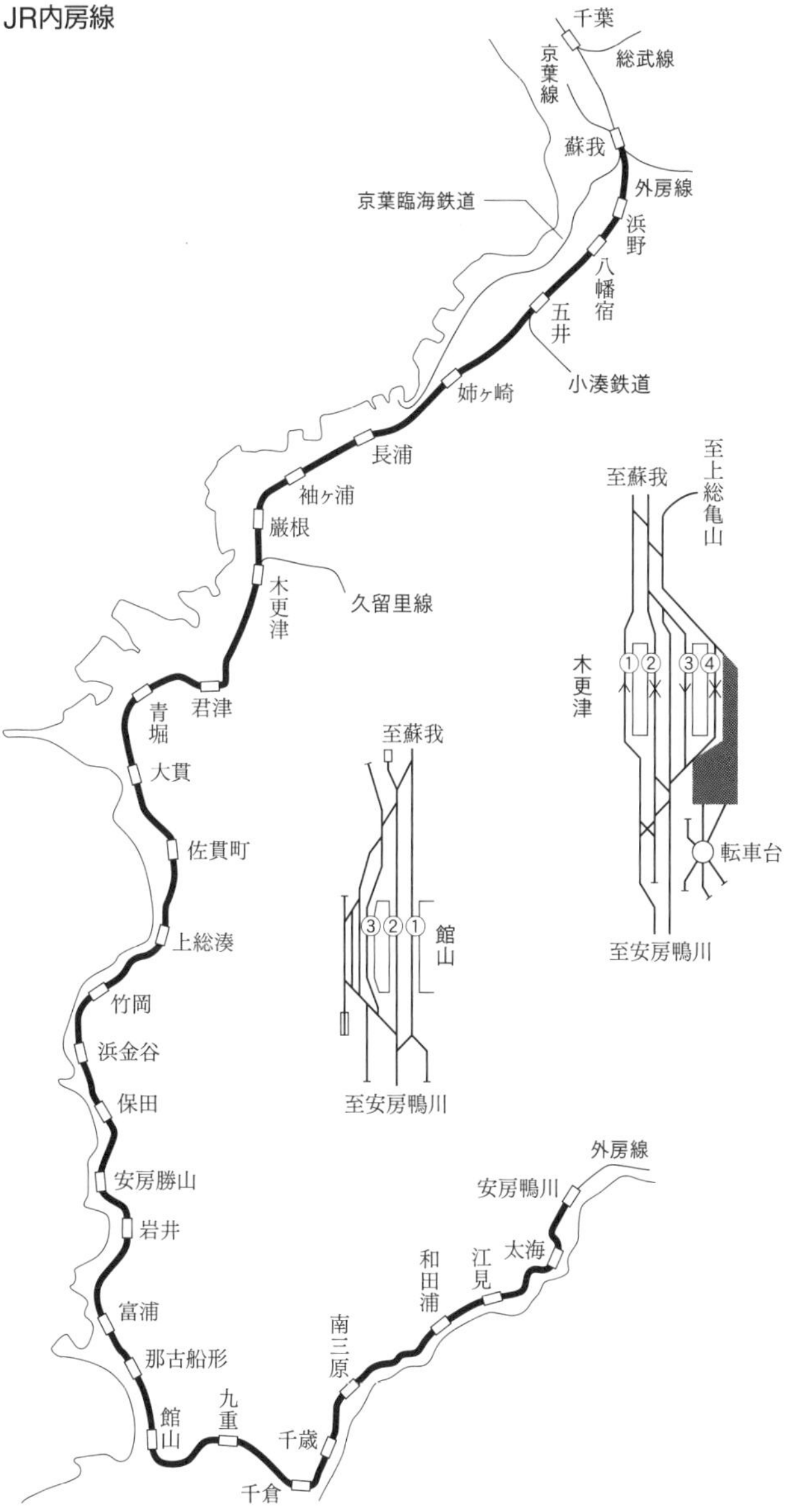

海側の1番線が上り本線、2番線が中1番線、そしてホームに面していない中2番線がある。3番線の下り本線、4番線の久留里線本線がある。その次に通路線と側線があり、安房鴨川寄りに転車台と車庫がある。

転車台は気動車の方向転換をするためにある。気動車は片方の台車にだけ駆動軸があるものが多く、どうしても車輪の踏面《とうめん》の片方が目減りしてしまう。目減りを均等にするために方向転換するのである。

木更津駅を出て進むと丘を抜ける。そのためはじめて10・0‰（少しだけ10・5‰）の勾配で登る。この区間はたすき掛け線増で複線化された。下り線が旧線となり、途中に149mの馬込トンネルがある。上り線は新線で442mの新馬込トンネルをくぐる。

39mの畑沢橋梁を渡ると今度は下り線が新線になって最急10・2‰の勾配で降りていく。途中に605mの新子安トンネルがある。旧線を通る上り線には303mの子安トンネルがある。

半径410mで大きく右カーブして西向きになって君津《きみつ》駅となる。

君津駅も島式ホーム2面4線だが、4番線にあたる下1線は側線なので営業列車は走れない。南側の島式ホームの内側が1番線の下り本線、もう一つの島式ホームの内側の2番線は副本線の中線、外側の3番線が上り本線である。その向こうに副本線の上1線がある。安房鴨川寄りに引上線がある。

さらに向こうに貨物ヤードが広がっていたが一部を残して撤去され、駐車場などに転用されている箇所もある。貨物ヤードをまたいで自由通路の跨線橋が設置されたために北口階段まで長い通路になっている。

ここから単線になる。館山駅までの各駅は竹岡駅の相対式ホームを除いて、すべて両側分岐の島式ホームになっている。海岸近くを走るとき対岸の横浜・横須賀が見え、天気がいい日には富士山も望める。

青堀駅の先で半径604mで左に大きく曲がって南下する。山が海岸まで迫っている地形を通るので最急10・0‰の勾配でアップダウンし、最小曲線も402mで右に左に曲がる。またトンネルも多い。大貫《おおぬき》―佐《さ》貫町《ぬきまち》間に127mの佐貫トンネル、佐貫町―上総湊《かずさみなと》間に145mの矢萩山、96mの小日焼、140mの西悪波の3本のトンネルがある。

上総湊―竹岡間はまず168mの湊川橋梁を渡り、天神山、120mの竹岡、126mの燈籠坂、津浜、46mの席田の6本のトンネルを抜ける。竹岡―浜金谷《はまかなや》間では高磯、洞口、丑山、129mの樽山、201mの芝崎山の5本のトンネルを抜ける。浜金谷―保田《ほた》間で鋸山《のこぎりやま》を眺め1252mの鋸山トンネルを抜ける。

保田―安房勝山《あわかつやま》間は地形がやや緩やかになるので43mの吉浜トンネルしかない。岩井―富浦間でまたアップダウンになり、222mの小浦、711mの岩富、尻無、165mの聖山など6本のトンネルをくぐる。

そして地形が緩やかになり113mの平久里川《へぐりがわ》橋梁を渡り、左手に6線の留置線が並行するとJR形配線の館山駅となる。安房鴨川寄りに引上線がある。

館山駅を出ると半径463mで左に曲がって東向きになり、少し進んで山地を避けるために805mの左カーブで大きく曲がる。次は右に曲がって東向きになって10・0‰でアップダウンする。サミットに198mの獄ノ堂トンネルがある。

千倉《ちくら》駅は半径605mの左カーブ上にあるJR形配線の駅である。南側が片面ホームに面した1番線、島式ホームの外側に面した3番線の向こうに貨物着発線の4番線がある。現在は留置線になっている。

海岸線に沿って北上するので海がよく見える。相対式ホームの和田浦駅の手前から山が海岸線に近寄ってくるので247mの和田トンネルを抜ける。和田浦あたりはお花畑があり、春には色づいて見ごたえがある。相対式ホームの江見《えみ》駅を過ぎるとまた山が海岸に迫るので、77mの蛇山、87mの山生、420mの鷹ノ巣、216mの波太の4本のトンネルがある。

太海《ふとみ》駅を出ると10・0‰でアップダウンする。下り勾配に転ずると775mの峰岡トンネルがある。降りきって94mの加茂川橋梁を渡ると市街地に入って安房鴨川駅となる。

●乗客の流れは外房線は誉田、内房線は浜野から

外房線は誉田《ほんだ》駅から乗降客の統計がある。土気→誉田間の乗車客は定期外が1万906人、定期が3万4306人、定期比率は76%と高い。

誉田駅の土気方面からの降車は定期外が188人、定期が340人、乗車は定期外が1438人、定期が4151人なので、誉田→鎌取《かまとり》間の乗車客は定期外が

1万2156人、定期が3万8117人となる。定期比率は76％のままである。

平成7年度の同区間の乗車客は定期外が1万2734人、定期が3万6070人、定期比率は74％だった。定期客が増え、定期外客が減っている。少子高齢化だと定期客が減り、定期外客が増える。外房線では逆の現象が起こっている。

平成7年度から25年度の18年の間に定期外客は増えたり減ったりしている。定期客は19年度に3000人増えた後に減少している。茂原あたりの宅地開発が遅れてなされ、その後に都心回帰と少子高齢化も遅れて現れた。また人気がある私立茂原北陵高校なので通学生の減少があまりないこともあろう。

鎌取駅で増えて、鎌取→蘇我間の乗車客は定期外が1万5537人、定期が4万9758人、定期比率は77％になる。

蘇我駅では定期外の降車客は1099人（7％）、内房線への乗換えは903人（6％）、京葉線乗換は2344人（15％）、通過が1万1187人（72％）である。定期の降車は1917人（4％）、内房線へは1987人（4％）、京葉線へは1万2634人（26％）、通過が3万2841人（66％）である。

定期外の乗車は5483人、内房線からの流入は1万2494人、京葉線から千葉方面への乗換は1528人である。定期客の乗車は9517人、内房線からの流入は3万27人、京葉線からは3151人である。

蘇我→本千葉間の乗車客は定期外が3万1019人、定期が7万5916人になる。本千葉駅で少し増えて本千葉→千葉間の乗車客は定期外が3万1118人、定期が7万8072人になる。

千葉駅での定期外の降車は1万1148人（33％）、総武線へ2万9770人（67％）、定期の降車は1万6227人（21％）、総武線へ6万1845人（79％）である。

一方、内房線は浜野駅から取り上げられている。八幡宿→浜野間の乗車客は定期外が1万6122人、定期が4万2258人、定期比率は73％とやはり高い。

浜野駅の八幡宿以遠からの降車は定期外が399人、定期が559人、乗車は定期外が1387人、定期が3407人なので、浜野→蘇我間の乗車客は定期外が1万7110人、定期が4万5106人、定期比率は73％である。

平成7年度の同区間の乗車客は定期外が2万99人、定期が4万8787人だった。内房線では少子高齢化と人口減少が早期に起こっている。

●列車ダイヤと車両

特急は、外房線が東京―安房鴨川・勝浦・上総一ノ宮間を走る「わかしお」、内房線が東京―君津間を走る「さざなみ」である。両特急は蘇我まで京葉線経由である。

不定期列車として行楽期に新宿―安房鴨川間を走る「新宿わかしお」が1往復、新宿―館山間を走る「新宿さざなみ」3往復がある。「新宿さざなみ」の1往復を除いて土休日にも運転される。

両不定期列車は御茶ノ水駅で中央快速線から総武緩行線に転線し、錦糸町《きんしちょう》駅で総武緩行線から総武快速線に転線する。御茶ノ水駅では方向別複々線の転線だから比較的スムーズに転線するが、錦糸町駅では線路別複々線の中、平面横断で転線するために信号待ちをすることが多い。

定期運転で東京―館山間を走る「さざなみ」は1本もなくなった。不定期のみ1往復が設定されている。東京―君津間の「さざなみ」朝上り3本、夜下り5本が走るだけである。しかも平日のみの運転である。これらは快適通勤用、つまりライナー的な特急である。

「わかしお」の東京―安房鴨川間の定期運転は1日6往復、東京発でみて10時0分から13時0分までは1時間毎に運転される。

東京―勝浦間運転の下りは朝1本、夕方以降2本、上りは朝、昼、夕、夜間に各1本走る。東京―上総一ノ宮間運転の下りは夕、夜間各1本、上りは朝と夜間に各1本走る。区間運転の「わかしお」も快適通勤用である。

「わかしお」の停車駅は錦糸町、蘇我、大網、茂原、上総一ノ宮、大原、御宿、勝浦、安房小湊としているが、海浜幕張《かいひんまくはり》駅に停車する「わかしお」は多い。上総興津停車も多い。朝と夕夜間に走る快適通勤用は土気にも停車する。また、夜間の安房小湊行2本は勝浦からは普通になる。

「わかしお」2号の上総一ノ宮→東京間の所要時間は58分、表定速度85・0キロと速い。京葉線で速いだけではなく、上総一ノ宮―大網間で高速化したこともある。

蘇我駅を出た特急「わかしお」号

外房線の平日朝上りには上総一ノ宮発京葉線経由東京行通勤快速が走る。停車駅は茂原、大網—蘇我間各駅、新木場、八丁堀である。所要時間は1時間15分、表定速度65・8キロと速い。しかし、4扉ロングシート車で長時間乗車には不向きである。

また、京葉線直通の快速、総武線直通の快速も走る。総武線直通快速は普通車の一部車両がセミクロスシートになっており、グリーン車も連結している。今後、山手線に続きE235系に置き換わるが、グリーン車を除いてオールロングシート車になる。

千葉止まりの普通は4扉車の209系だが、先頭車はセミクロスシートになっている。

昼間時は1時間に1本、京葉線直通の快速が走る。京葉線内は快速だが、外房線では各駅に停車する。また一部総武線直通快速が走る。こちらは大網—上総一ノ宮間では茂原駅のみ停車する。

夕方下りにも通勤快速と快速が走る。外房線内でも快速運転をする。

内房線にも朝下りに京葉線直通で君津発の通勤快速、快速が走る。内房線内は巌根《いわね》駅を除いて各駅に停車する。総武線直通快速も走る。こちらも巌根駅を除いて内房線内の各駅に停車する。

昼間時はおおむね1時間毎に君津発着の総武線直通快速が走る。やはり巌根駅を除いて各駅に停車する。夕方下りに君津行の京葉線直通と総武線直通の快速が走る。

国鉄時代は総武線東京駅から房総・総武方面にほぼ1時間毎に各種特急が走っていた。毎時0分に「わかしお」、30分に「さざなみ」、45分に銚子《ちょうし》行「しおさい」か鹿島神宮行「あやめ」が設定されていた。

現在は運転本数が減ってしまっている。とくに「さざなみ」は昼間時は走っていない。高速道路の整備で客が減ったことが要因だが、伊豆や甲府方面に走っている各特急にくらべて魅力が今一つである。

また、外・内房線を直通する循環列車は列車編成の方向が変わってしまうということで行っていないが、観光特急であれば例外として走らせてもいい。

もっと乗りたくなるような魅力ある車両、あるいは循環列車など魅力ある経路を通る列車の設定などで、観光客を集めるようにしたほうがいい。

内房線竹岡―浜金谷間を走る館山行普通

小湊鉄道　海士有木への京成千原線乗入れに期待

小湊《こみなと》鉄道は五井《ごい》―上総中野《かずさなかの》間39・1キロの単線非電化路線で、五井駅でJR内房《うちぼう》線に連絡し、上総中野駅でいすみ鉄道と接続する。観光列車として「里山《さとやま》トロッコ」号が走る。小湊鉄道の「小湊」は外房線の安房《あわ》小湊駅のことで、ここまで延ばすつもりだったが、国鉄木原《きはら》線（大原―上総中野間、現いすみ鉄道）が開通して上総中野駅で接続したために、延伸はあきらめた。それでも社名は小湊鉄道のままである。

信号保安装置は、五井―上総牛久《うしく》間が単線自動閉塞、上総牛久―里見《さとみ》間が票券閉塞、里見―上総中野間がスタフ閉塞である。

スタフ閉塞は、一つだけある「通票《つうひょう》」を搭載する列車しか走ることができない。これによって正面衝突を避けている。しかし、同じ方向に連続して走らせることはできず、通票を持った列車が往復して、通票を受け取らないと次の列車を走らせることができない。通票は円形の大きなメダルみたいな形状をしており、中心に穴があけてある。

スタフ閉塞の欠点は続行運転ができないことである。簡易な方法で続行運転をできるようにしたのが票券閉塞である。先行列車には通券を持たせ、後続列車に通票を持たせる。だが、先行列車は次の行違い駅に到着してもその先に進めず、折返しもできない。通票を持った後続列車は、先行列車の到着後に発車ができるが、その後続列車が到着してはじめてその先の閉塞区間に進む、あるいは折返すことができる。通券と通票をセットにして1列車として扱うのである。なお、1列車しか走らないときは通券は持たず、通票だけ持つスタフ閉塞と同じ扱いにする。

単線自動閉塞は左右のレールに信号電流を流し、列車が通ることによってショートさせて列車が走っているかを検知して、行違い駅間に1列車しか走れないように信号機を制御する。このため続行運転もできる。

五井駅は島式ホームで、頭端側に引上線があって五井機関区とつながっている。五井駅を出ると左に大きく曲がって、養老《ようろう》川に沿って内陸を進むようになる。

　行違いができる相対式ホームの上総村上駅、海士有《あまあり》木《き》駅と進む。海士有木駅には京成千原《ちはら》線が乗入れる予定だが、一向に話が進んでいない。

　海士有木駅を出ると右に曲がって南下する。相対式ホームの上総山田駅を過ぎ、長さ93mの第1養老川橋梁を渡る。島式ホームの光風台《こうふうだい》駅、相対式ホームの馬《うま》

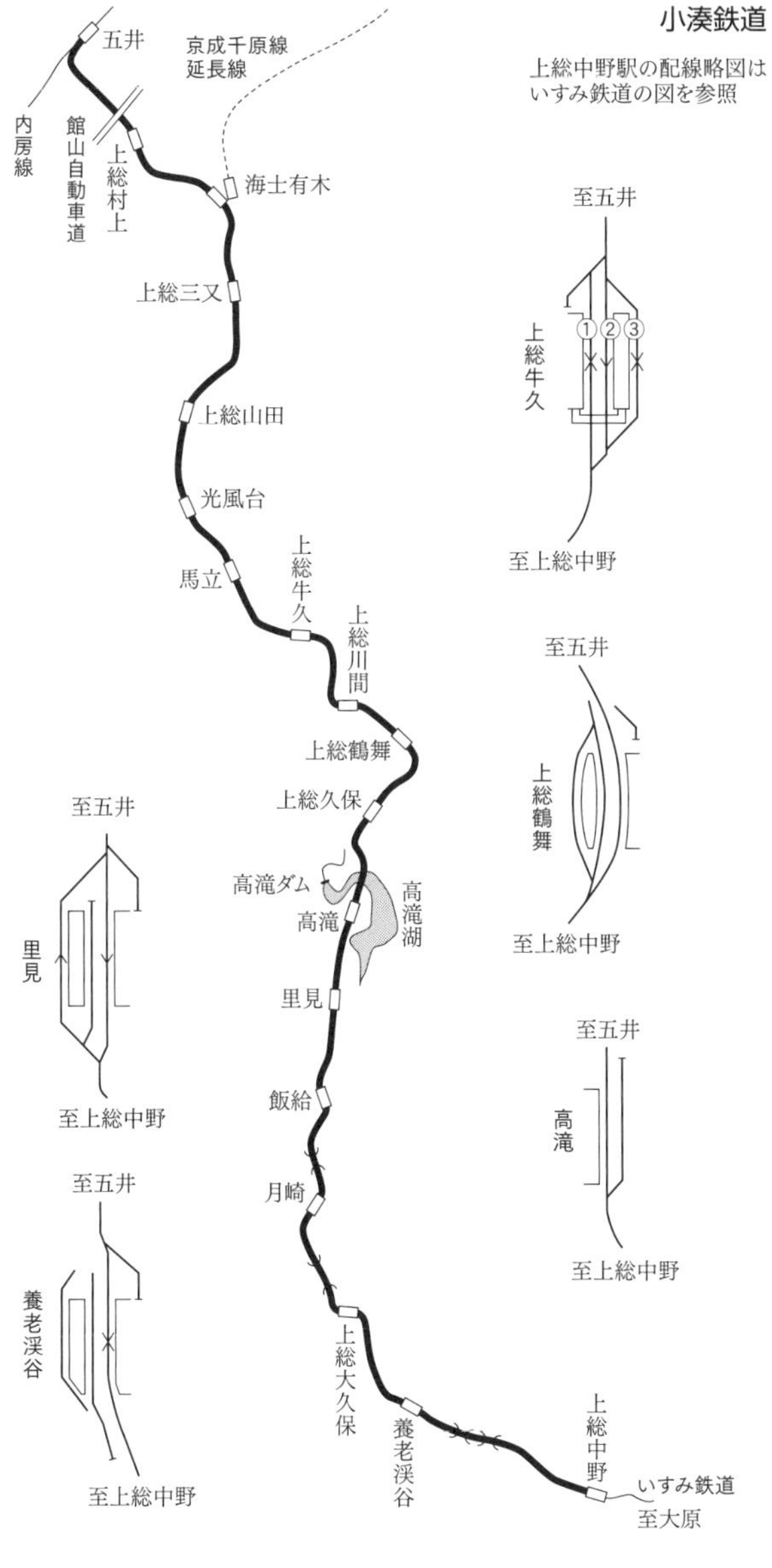

立《たて》駅と通って、59mの第2養老川橋梁を渡る。この先で左に大きく曲がり東向きになり上総牛久駅となる。

ここからは票券閉塞区間になる。通票と票券は基本的に駅助役を介して受取り・受渡しを行うので、同駅は有人駅である。南側が1番線の片面ホームのJR形配線となっており、島式ホームの外側は下り1番副本線で両方向に発車ができる。

五井駅の標高は3・1m、上総牛久駅は26・5mで少ししか登っていない。ここからは最急20・0‰の勾配線区間になり、急カーブも多くなる。

上総鶴舞《つるまい》駅はカーブ上にある。もともとはJR形配線だったが、片面ホーム側を残して他の線路は本線との接続ポイントを撤去している。島式ホームと線路は残っている。

片面ホームの上総久保駅の先で55mの高滝《たかたき》トンネルをくぐり、45mの第3養老川橋梁を渡る。高滝駅は相対式ホームだったが五井寄りのポイントは撤去され、元の下り線は側線になっている。

里見駅はJR形配線だったが、中線は五井寄りのポイントが撤去されている。平成10年に棒線化されたが、平成25年に上り線を復活して行違い駅化した。同駅には通票の交換と票券の授受のために助役が常駐している。行違い駅を交換駅といっているのは、通票の交換をするからである。通票の交換をする首都圏の駅はここと銚子電気鉄道笠上黒生《かさがみくろはえ》駅くらいしかない。

片面ホームの飯給《いたぶ》駅の先で134mの月崎《つきざき》トンネルをくぐる。月崎駅もJR形配線だったが上り線側の片面ホームを残して、島式ホーム側は本線との間のポイントを撤去している。その先で421mの大久保トンネルを抜ける。上総大久保駅の先で78mの第4養老川橋梁を渡る。同橋梁は登録有形文化財の指定を受けている。

養老渓谷駅もJR形配線だったが、島式ホーム側の線路とのポイントは撤去されている。五井寄りに貨物ホームがあり、そこへの線路は本線とつながっている。

20・0‰の連続勾配で登って2か所のトンネルを抜けると小湊鉄道の最高地点に達し、そこから20・0‰の連続勾配で下って上総中野駅となる。

同駅もかつてはJR形配線だった。小湊鉄道は駅舎側の片面ホームで発着する。いすみ鉄道は旧島式ホームの外側で発着し、さらに外側に小湊鉄道との連絡線が延びている。標高は84・1ｍである。養老渓谷駅は99・0ｍで養老渓谷駅のほうが高い。

五井―上総牛久間の区間列車が多数走る。同区間で朝の上りは最短17分の間隔になる。上総牛久以遠から五井行は1時間の間隔になる。間隔を詰めるために養老渓谷駅折返にしている列車もある。それでも40分ほどにしか詰められない。

昼間時は五井―上総牛久間は40〜60分毎、上総牛久―上総中野間は2時間余りの間隔になる。

夕方は五井―上総牛久間は30〜40分毎、以遠は約50分毎にするため養老渓谷駅折返がある。最終は里見駅折返である。

一般気動車は両運転台付2扉ロングシート車で、京成電鉄の初代３０００形や関西の阪神電鉄３３０１形などに似た正面貫通式になっており、塗色も似ている。要するに昭和30年代初期に流行っていたスタイルの気動車である。通常は単行（1両）で走るが、行楽期には3両編成で走ることもある。

「里山トロッコ」は、ドイツのコッペル社から購入した小湊鉄道開業時の4号機関車を模したディーゼル機関車、ＤＢ４号を養老渓谷寄り先頭にして、4両の小形客車を連結している。中央の2両がオープンカーで両端は控車である。最後部の控車には運転席があり、上り上総牛久行は機関車を最後部にして推進運転をする。転車台がないので機関車は方向転換をしない。上総牛久―養老渓谷間を昼間時に2往復（土日祝日は３往復）する。停車駅は里見、月崎、予約定員制でトロッコ整理券は５００円である。

輸送密度は１１７１人、輸送密度での定期比率は通勤が21％、通学が29％、合計の定期比率は31％である。

平均乗車キロは13・0キロ、行楽客は五井―養老渓谷・上総中野間を乗るが、沿線の利用者は主に上総牛久までの各駅と五井駅との間を利用する。

営業収支は償却前が81・1％、償却後が98・2％、１日1キロ当たりの営業収入は3万４９８７円、営業経費が3万４３４７円で６４０円、全線で2万５０２４円の黒字である。

里見駅を推進運転で発車する「里山トロッコ」号上総牛久行

上総中野駅に停車中の小湊鉄道五井行（右）といすみ鉄道大原行（左）

いすみ鉄道

小湊鉄道との直通運転で活性化を

いすみ鉄道いすみ線は大原《おおはら》―上総中野《かずさなかの》間25・8キロの単線非電化路線で、大原駅でＪＲ外房《そとぼう》線、上総中野駅で小湊《こみなと》鉄道と接続する。日曜日を中心に「レストラン列車」が走る。

大原駅はＪＲ改札口の北側に頭端島式ホーム１面２線が置かれている。大原駅を出ると半径３００ｍで左に大きく曲がる。この先、最小曲線半径３００ｍで右に左に曲がっていく。勾配は緩い。

上総東《あずま》駅は相対式ホームになっている。その先で国道４４２号と並行する。片面ホームの新田野《にったの》駅の手前には20・０‰の上り勾配、そしてすぐに25・０‰の下り勾配がある。

73ｍの第１夷隅《いすみ》川橋梁を渡ると半ば斜向かいになった相対式ホームの国吉《くによし》駅がある。大原寄りにＪＲから譲受した、木原《きはら》線・久留里《くるり》線で走っていたキハ30形62号と、腕木式信号機が保存されている。ホームには人が押して走らせる人車《じんしゃ》軌道を復元した車両も置かれている。

片面ホームの上総中川駅の先で89ｍの第２夷隅川橋梁、続いて89ｍの第３夷隅川橋梁を渡る。半径３００ｍで大きく回り込んで南向きになって大多喜《おおたき》駅となる。

東側に片面ホームと駅本屋が、西側の斜向かいに島式ホームがあるＪＲ形配線だが、島式ホームの西側の線路は留置線になっていて実質は片面ホームである。駅本屋の脇には検修庫がある。

右手に大多喜城が見え、大多喜駅を出ると99ｍの第４夷隅川橋梁、続いて91ｍの第５夷隅川橋梁を渡る。片面ホームの小谷松《こやまつ》駅付近から山岳線になり最急25・０‰の勾配でアップダウンする。最急曲線は２００ｍである。

久我原《くがはら》―総元《ふさもと》間で68ｍの第６夷隅川橋梁、99ｍの第７夷隅川橋梁を渡る。第７夷隅川橋梁の左手の橋の上には少し前までムーミンが釣りをしている人形があっ

いすみ鉄道

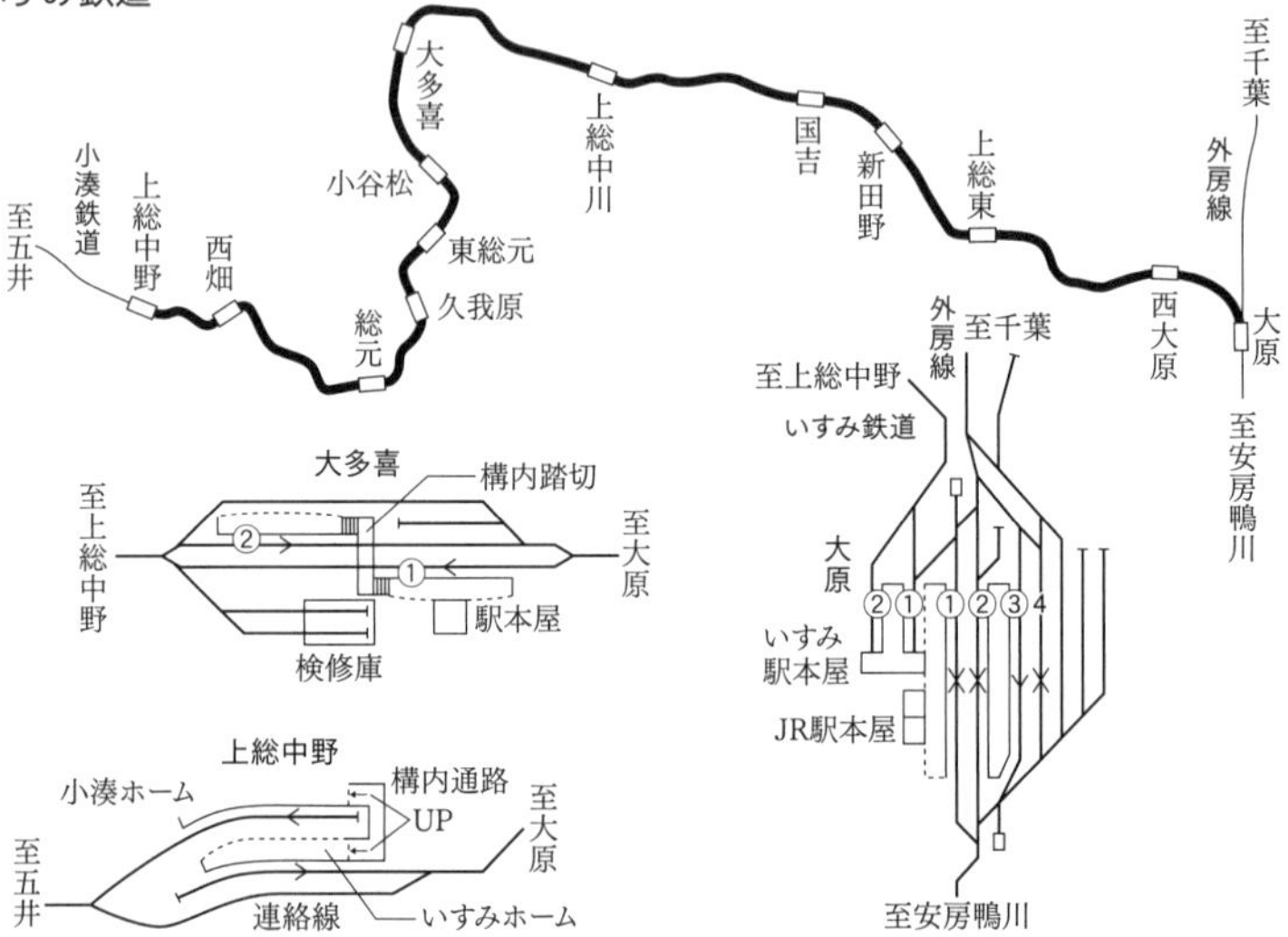

た。総元—西畑《にしはた》間には59mの第8夷隅川橋梁がある。

そして上総中野駅となる。上総中野駅の標高は84・1m、大原駅は7・9m、77mほど登っている。また大多喜駅は28・1mである。

一般車はセミクロスシートでトイレ付のいすみ300形とロングシートでトイレなしのいすみ350形、それに国鉄キハ20形を模したキハ20形1303号がある。キハ20形もセミクロスシートでトイレ付である。

レストラン列車は、全国各地で走っていた国鉄キハ28形の2346号を使用している。4人ボックスシートの片方にテーブルを設置した2人席である。運転席側に調理コーナーがある。

これに、最終的に大糸《おおいと》線で使用していたキハ52形125号を連結する。キハ28が大原寄り、キハ52が上総中野寄りに連結される。

土休日には2往復の急行が走る。日曜日を中心に走る急行がレストラン列車となる。レストランとして使用するのはキハ28で、キハ52は自由席である。大多喜駅を出て大原に向かい、折返し上総中野駅まで走る。この間に、伊勢エビを中心にした食事が提供される。

大多喜駅に停車中のレストラン列車

レストラン列車の座席に並べられた料理

レストラン列車利用料金にはいすみ鉄道一日フリー乗車券と急行料金、イタリアンランチの食事代、ウェルカムドリンク、お土産が含まれている。

急行料金は300円（小児150円）だが、普通よりも速いわけではない。ただ通過するだけである。レストラン列車として走っているときに各駅に停車するのもおかしいし、あまり他の客に乗ってほしくないので急行料金をとるということのようである。急行券は硬券《こうけん》なので、コレクションに欲しい人もいる。そういう意味の急行料金である。

平日朝は45分前後の間隔、昼間以降は1時間前後の間隔になっている。

輸送密度は566人、輸送密度での定期比率は通勤が4%、通学が43%と、通学生が多数を占めている。沿線の通学生にはなくてはならない路線である。定期外は53%である。

平均乗車キロは13・9キロで、大原駅と大多喜駅に向かう客が多いことを示している。

営業収支は償却前が254・8%、償却後が264・8%、1日1キロ当たりの営業収入は17万9832円、営業経費が45万8295円で27万8463円の赤字、全線で746万2809円の赤字である。

キハ28とキハ52の導入で鉄道ファンが乗りに来るようになった。両方とも今やいすみ鉄道にしか走っていない車両である。

しかし、故障も多く、修繕費もかかる。そのため特急用キハ82形気動車を新製する話もあったが、実現しなかった。

レストラン列車も好評だが、いい食材を使い、お土産も付けるので儲けは少ない。

もっとなにか光るものが欲しい。一番いいのは、小湊鉄道と直通する五井―上総中野―大原間の目玉列車の運転である。なにしろ大原駅は東京から遠い。特急「わかしお」利用で1時間10分余りかかる。五井駅なら近い。

目玉列車は新製のキハ82形2両編成で走らせるのがいいが、レストラン列車として本格食堂車付の新製車でもいい。できれば東京駅始発の特急として「さざなみ」に連結して五井駅で切り離すことで脚光を浴びよう。

ディズニーリゾートライン
日本では珍しい単線ループ路線

ディズニーリゾートラインは、東京ディズニーリゾートを、「リゾートゲートウェイ・ステーション」から単線の環状線で反時計回りに一周する5・0キロの日本跨座《こざ》式モノレールである。

東京ディズニーリゾートを運営する株式会社オリエンタルランドの100％子会社、舞浜《まいはま》リゾートラインが運営している。多くのモノレールは法規上「軌道」だが、ディズニーリゾートラインは「鉄道」である。

ＪＲ京葉線の舞浜駅に隣接するリゾートゲートウェイ・ステーションは地上4階にある。舞浜駅の東京ディズニーランド寄りにある2階のペデストリアンデッキに出て左手、商業施設のイクスピアリ横に改札口がある。南欧風の駅舎で大きな窓を備える。

相対式ホーム2面1線で軌道の両側にホームがあって、進行方向右側が乗車ホーム、左側が降車ホームである。4駅すべてにホームドアがある。

次の東京ディズニーランド・ステーションは2階に片面ホームがあり、ガラス屋根のビクトリア朝時代のデザインの駅舎になっている。

緩く左に曲がって南向きになる。左手に駐車場、右手に多くの東京ディズニーリゾートオフィシャルホテルが建ち並んでいる。

大きく左に曲がって東向きになるとベイサイド・ステーションとなる。北側に片面ホームがあり、ホームからは多数のオフィシャルホテルを眺められる。駅舎は海辺をモチーフにしたデザインになっている。

右に曲がってすぐに左に曲がるS字カーブを描いて進むと左手は東京ディズニーシーとなるが、土手や塀にさえぎられて、プロメテウス火山の頂上や各施設の屋根しか見えない。チラ見だが、乗客は早く東京ディズニーシーに入りたいと期待を込めて眺めている。

左カーブしながら東京ディズニーシーを回り込んで北東向きになる。東京ディズニーシーの駐車場を過ぎ、サウスパークエントランスなどを眺めながら再び

ディズニーリゾートライン

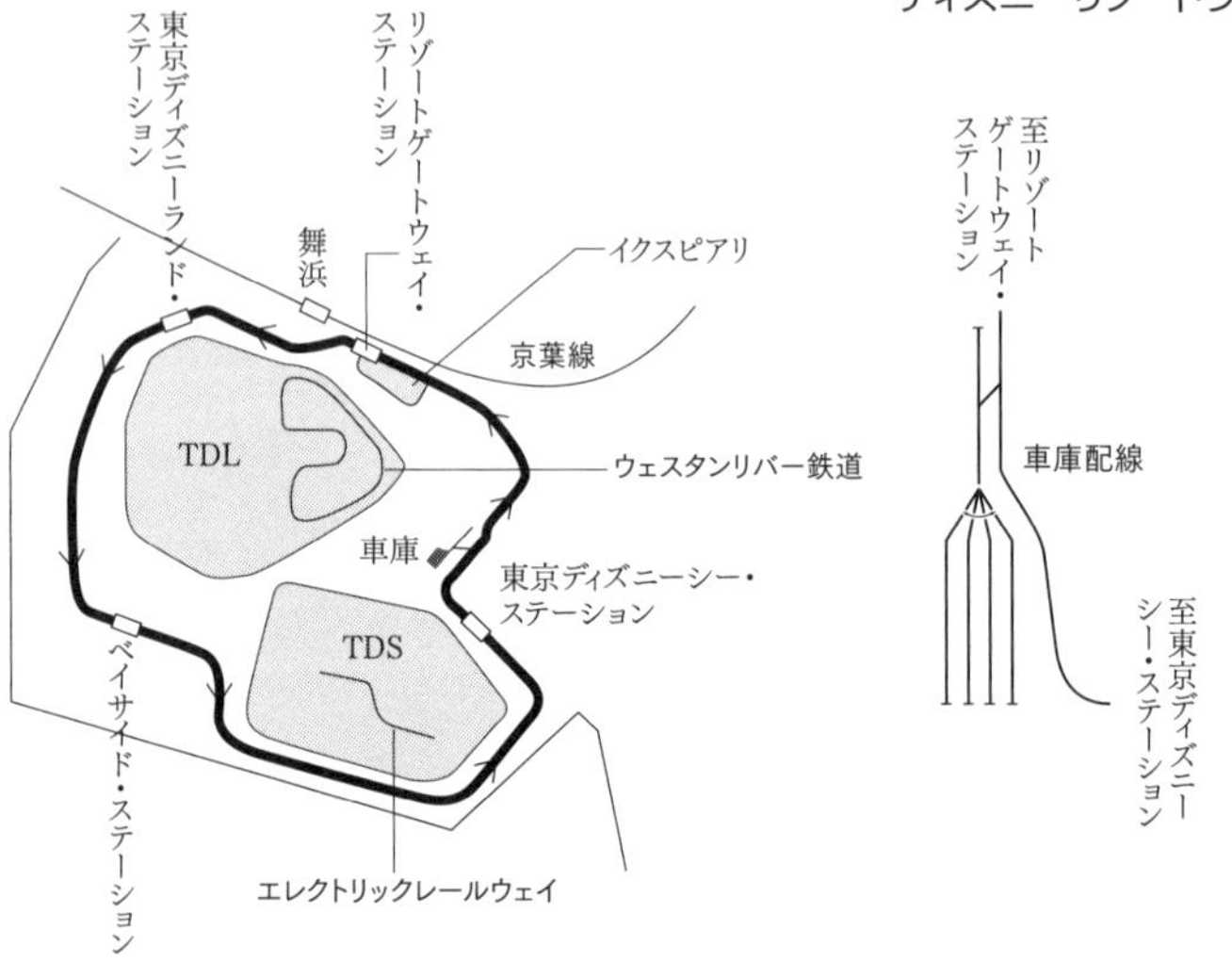

左に曲がって北西向きになると、東京ディズニーシー・ステーションとなる。

乗降分離の相対式ホーム1面2線で、イタリアのトスカーナ地方をイメージした駅舎になっている。

東京ディズニーシーのノースパークエントランスを見て右カーブする。眼下にはバスロータリーがある。左手はモノレールの検修ピット1線と留置線3線の計4線がある。いずれの軌道も6両編成2本が縦に並べられるので8本の電車を収容できる。4線はトラバーサー式分岐器で1線になって引上線につながっている。引上線と本線とは順渡り線でつながっている。

駐車場のところで左にカーブし、京葉線が右手から近づいてきて並行すると、起終点のリゾートゲートウェイ・ステーションになる。

10形車両の6両編成で、ATOによる自動運転をしている。

ちなみに、東京ディズニーシーにあるディズニーシー・エレクトリックレールウェイも、アトラクションだがATOによる自動運転である。東京ディズニーランドにある蒸機列車、ウェスタンリバー鉄道は自動閉

東京ディズニーシー・ステーションを出発したディズニーリゾートライン

塞による手動運転である。

リゾートゲートウェイ・ステーションの乗車は定期外が1万6948人、定期が114人、周回列車の継続乗車は定期外が1万849人、定期はゼロである。定期客は各ホテルの従業員である。

リゾートゲートウェイ・ステーション→東京ディズニーランド・ステーション間の乗車客は2万7796人である。

東京ディズニーランド・ステーションの降車は定期外が9197人、定期はゼロ、乗車は定期外が1万37人、定期はやはりゼロである。

ベイサイド・ステーションの降車は定期外が8763人、定期が114人、乗車は定期外が8037人、定期が76人である。

東京ディズニーシー・ステーションの降車は定期外が2万1363人、定期が年間120人、乗車は定期外が2万1114人、定期が年間240人である。

そしてリゾートゲートウェイ・ステーションの降車は定期外が1万6813人、定期が77人で、周回継続乗車は前述のように1万849人である。

輸送密度は2万9263人、うち通勤定期は223人である。

平成15年度と16年度に通学定期が1・1人、17年度は2・7人あった。

沿線には住宅地も学校もない。通学定期は居住地駅から学校の最寄り駅の間でしか発売しない。住宅がないから小中学生の通学定期ではない。

実は、ベイサイド・ステーションなどにある東京ディズニーリゾートのオフィシャルホテルで実務研修をする観光関係の専門学校の実習生が、通学定期券を購入しているのである。利用は春休みが多く、1か月定期など短期間の通学定期券購入である。

平成25年度では通学定期利用は統計に出るほどはなかった。

営業収支率は償却前で50・4%、償却後で69・6%、1日1キロ当たりの営業収入は316万9276円、営業経費は220万6128円、96万3148円、全線で481万5740円の黒字である。

令和2年春から、新しいデザインの新車が順次投入される。

東京ディズニーシー・ステーションに進入中。側窓はミッキーマウスを模している

東京さくらトラム

魅力ある観光トラムを導入したい

東京さくらトラムとは都《と》電《でん》荒川《あらかわ》線の新しい愛称で、正式には東京都交通局荒川線である。三ノ輪橋《みのわばし》―早稲田《わせだ》間12・2キロの軌道線だが、併用軌道区間は王子《おうじ》―飛鳥山《あすかやま》間と大塚駅前付近のわずかな区間しかない。

町屋駅前―梶原間では道路の中央を走るが、センターリザベーション化しており、軌道と道路の間は仕切られていて軌道にクルマは進入できない。また町屋《まちや》駅前―熊野前《くまのまえ》間、小台《おだい》―梶原間はバラスト（砕石）軌道にしてクルマが走れないようにしている。

各ホームは嵩上げして中床になっていて、車両も中床なので段差はない。

三ノ輪橋電停は常磐線の北側にある。最寄りの鉄道駅は東京メトロ日比谷線の三ノ輪駅で、国道4号沿いに進み常磐線をくぐった先で狭い路地を左折し、少し進んだ左手にある。片面ホームは歩道と連続した高さにあり、ホームの反対側も歩道になっているので、ホームというよりも歩道に面して乗り場がある。ここは乗車ホームで、複線になった早稲田寄りの右側に降車ホームがある。

バラスト敷きの専用軌道で北西に進んでいく。やや斜向かいになっている相対式ホームの荒川二丁目電停から北向きになる。

西側には東京都下水道局の北部下水道事務所があり、処理施設の上は荒川自然公園になっている。赤レンガの建物は「旧三河島汚水処分場喞筒《ポンプ》場施設」で、国の重要文化財として保存展示されている。

荒川七丁目電停は左カーブ上にある。京成本線をくぐった先に町屋駅前電停がある。

電停の三ノ輪橋寄りにスプリングポイントの逆渡り線が置かれている。スプリングポイントは、常に下り線（三ノ輪橋方面）から上り線（早稲田方面）に行くように向いている。まっすぐ進むときは、車輪がポイントを押して進む。押された後、バネの力でまた元の

東京さくらトラム

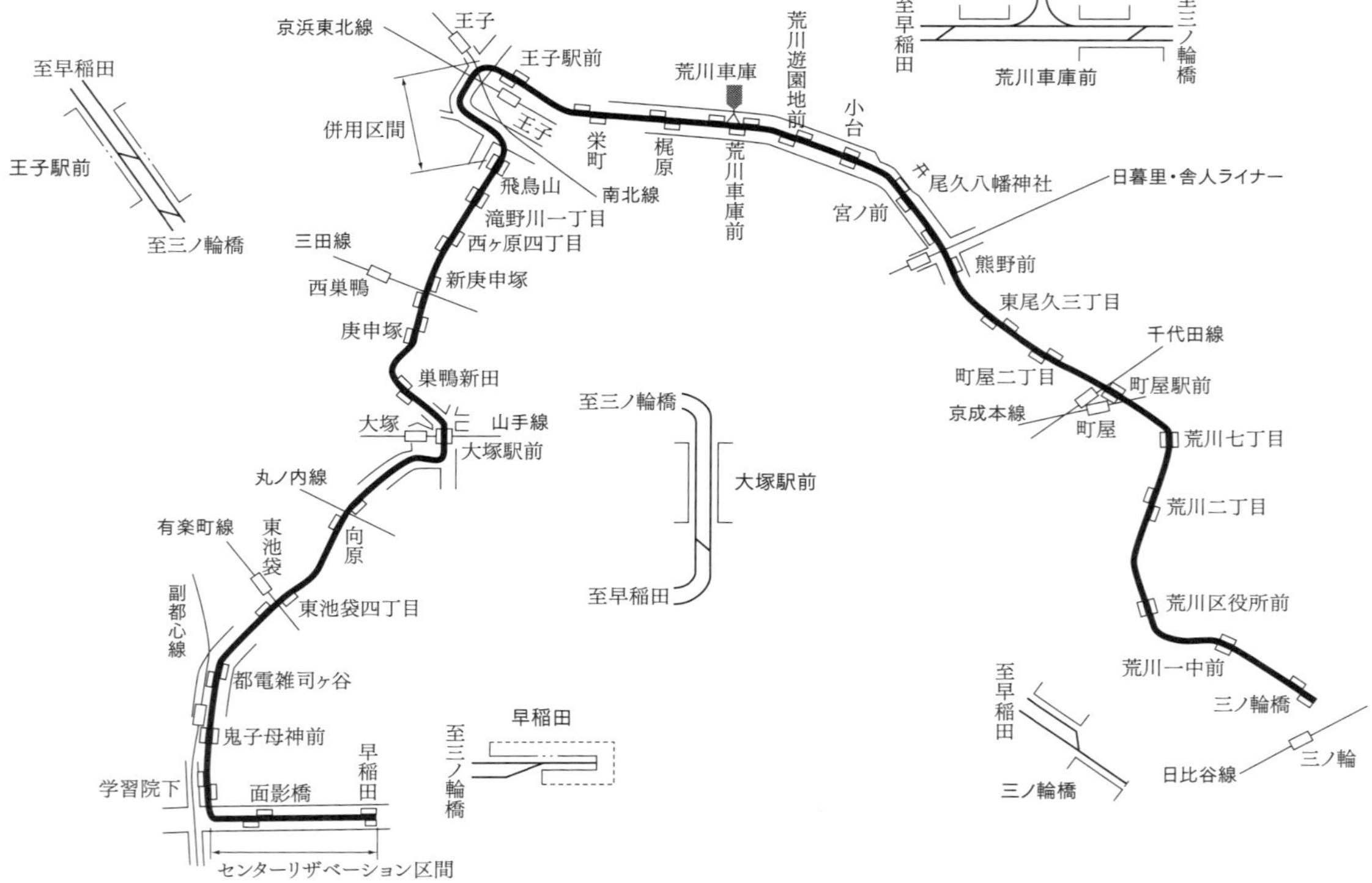

王子
京浜東北線
王子駅前
至早稲田
王子駅前
至三ノ輪橋
併用区間
王子
飛鳥山
南北線
滝野川一丁目
西ヶ原四丁目
三田線
西巣鴨
新庚申塚
庚申塚
巣鴨新田
大塚
山手線
大塚駅前
丸ノ内線
向原
有楽町線
東池袋
東池袋四丁目
副都心線
都電雑司ヶ谷
鬼子母神前
学習院下
面影橋
早稲田
センターリザベーション区間
早稲田
至三ノ輪橋
至三ノ輪橋
大塚駅前
至早稲田
荒川車庫
栄町
梶原
荒川車庫前
荒川遊園地前
小台
宮ノ前
尾久八幡神社
日暮里・舎人ライナー
熊野前
東尾久三丁目
千代田線
町屋二丁目
町屋駅前
京成本線
町屋
荒川七丁目
荒川二丁目
荒川区役所前
荒川一中前
三ノ輪橋
至早稲田
至三ノ輪橋
荒川車庫前
至早稲田
三ノ輪橋
日比谷線
三ノ輪

方向に向くようになっている。よって、下りの折返電車がスプリングポイントを通過して、バックすると上り線に転線する。

町屋駅前電停からは、両側を道路に挟まれたセンターリザベーション区間になる。熊野前電停は、上を日暮里《にっぽり》・舎人《とねり》ライナーが走る尾久橋通りと交差する熊野前交差点にあり、交差点の三ノ輪橋寄りに下り線のホーム、早稲田寄りに上り線のホームがある。

熊野前電停から先もセンターリザベーション区間だが、軌道と道路の間は低い縁石で区切っているだけであり、軌道も平たい敷石でカバーされている。軌道両脇の一方通行の道路が狭く、やむをえないとき交差点では軌道へ進入できる。また、架線を吊るす方式は、上下線間に支柱を建てたセンターポールにして、景観を良くしている。

小台電停からまたバラスト軌道になる。荒川遊園地前電停はホームが斜向かいになっている。北側に、あらかわ遊園の運動場、スポーツハウス、子どもプールと続いて、隅田川の手前にあらかわ遊園の本園がある（リニューアル工事のため令和3年夏まで休園中）。

次の荒川車庫前には字のごとく、都電唯一の車庫がある。下りホームは早稲田寄りに降車ホームがあり、車庫への入出庫線が三角状に分かれ、その先の三ノ輪橋寄りに乗車ホームがある。上り線は2両ぶんの長いホームで、下り線の乗車ホーム側の向かいにある。逆渡りのスプリングポイントが、下り線降車ホームと乗車ホームに面して各1組置かれている。車庫の各留置線、検修線の移動はトラバーサーによっている。

車庫に隣接して「都電おもいで広場」があり、昭和29年（１９５４）に登場した防振無音で高性能な電車とされる〝ＰＣＣカー〟５５００形と、昭和37年登場の７５００形が保存展示されている。

ホームが斜向かいにある梶原電停を過ぎると、北側にだけ道路が走るようになる。その道路もなくなり、専用軌道になって斜向かいホームの栄町《さかえちょう》電停がある。

ＪＲ東北新幹線、東北本線などが前方をふさぐので、右に曲がって新幹線の高架橋の下を走り、王子駅前電停になる。上下線とも2両分以上の長いホームがあり、その中央に逆渡りのスプリングポイントがある。また、三ノ輪橋寄りにもそれがある。

左カーブして明治通りに出る。ここから道路併用区間、要するに路面区間になる。JRのガードをくぐると左カーブして急坂を登る。左手には飛鳥山公園があり、そこへの無料モノレール「アスカルゴ」が通っている。

登りきる手前から、明治通り（南行）は右折レーンと直進レーン2車線ずつの4車線になる。右折レーンの中央寄りは完全に都電の上り線の中にある。電車がここを通るときには車は進入しないようにするという暗黙の了解がある。

明治通りは飛鳥山交差点で右に曲がる。都電は少し直進して明治通りと分かれてから、斜め右に曲がって専用軌道区間に入る。

庚申塚《こうしんづか》電停は青面金剛《しょうめんこんごう》を祀る庚申塚が近くにあるため、電停もその名になっている。旧中山道と交差する。旧中山道には、とげぬき地蔵尊があるため巣鴨《すがも》駅まで巣鴨地蔵通りと呼ばれて商店街が並んでいる。

左に曲がって西南向きになり巣鴨新田《しんでん》電停がある。新田の名は付いていても、街の中で、水田など全くない。大塚北口駅前広場を避けるように回り込んで山手線大塚駅の東端の高架下に大塚駅前電停がある。

山手線をくぐるとスプリング式逆渡り線があり、南口駅前を回り込むように右にカーブしながら坂を上っていく。軌道は平たい縁石に覆われているが、センターリザベーションなので、緑色に塗装された横断用のゾーン以外、人は立ち入れない。

次の向原《むこうはら》電停の右斜め前方にサンシャイン60が見える。北側の大塚台公園にはC58形407号蒸気機関車が保存展示されている。

東池袋四丁目は副駅名として「サンシャイン前」が付けられている。東京メトロ有楽町線東池袋駅との乗換駅である。

都電雑司ヶ谷《とでんぞうしがや》電停の左手に雑司ヶ谷霊園がある。左右の道が狭いセンターリザベーションになっていたが、右手地下に東京メトロ副都心線が通っていることで、右側の道路は拡幅されて眺めがよくなった。しかし、下町の風情は感じられなくなっている。

鬼子母神前《きしぼじんまえ》電停は、北にある子育ての神様の鬼子母《きしも》神《じん》堂からきている。東京メトロ副都心線の雑司が谷駅との乗換駅である。明治通りが下、目白通りが上で立体交差している横を通って明治通りと並行する。片サイドリザベーションで進む。正面やや斜め右に新宿の高層ビル群が見える。

神田川を渡り左にほぼ直角に曲がって新目白通りをセンターリザベーションで走り、面影橋《おもかげばし》電停になる。左側に神田川が流れ道路橋の面影橋が架かっている。

終点早稲田電停は左側に降車ホーム、右側に乗車ホームがある。降車ホームは複線から単線になった先まで長く延びている。乗車ホームは短いが、乗車ホーム側に電車が停車していても続行電車は降車ホームで客を降ろすことができる。乗車ホーム側に電車がいないときは、終点側まで行って客を降ろしている。

三ノ輪橋―早稲田間全線の所要時間は51分、表定速度は14・4キロである。早朝夜間は2～20分毎になっている。2分になっているのは入出庫時の続行運転のときである。

朝夕ラッシュ時は4～7分毎、昼間時は3～8分毎である。

輸送密度は9678人、輸送密度での定期比率は通勤が40％、通学が6％、定期外が54％である。平均乗車キロは2・6キロと短いが、運賃は170円（小児90円、ICカードは168円、84円）の均一制なので、平均乗車キロが短くても収益はいい。一日乗車券は400円（小児200円）で、車内でも購入できる。

営業収支率は償却前で84・7％、償却後で109・7％、1日1キロ当たりの収益は61万4846円、経費は67万4399円で5万9553円の損失、全線で72万591円の赤字である。運賃を10円値上げすれば黒字になる。

両端の起終点電停が他の鉄道路線と連絡していないことから、東池袋四丁目から池袋駅までの枝線の建設が構想されているが、全く動きはない。ほかに三ノ輪橋電停から近くの三ノ輪駅までや、荒川区役所前から南千住駅、早稲田から江戸川橋駅への延伸構想もあるが、構想にとどまっている。

パート1で述べたように、観光トラムを走らせるのもいい。運賃のほかに特別料金をとれば収益を得ることができる。ウィーンの観光トラムは12ユーロ、日本円（120円換算）にして1440円もする。それでいてほぼ満員の盛況になっている。

飛鳥山から見た併用軌道区間。左はアスカルゴ

宮ノ前電停付近のセンターリザベーション区間。架線柱はセンターポールになっている

用語解説

1線スルー　単線路線では駅や信号場で行違いをするとき複線となるが、片側あるいは両側とも速度制限を受ける（通常は45キロ制限）。その駅に停車するならそれでもかまわないが、通過列車が速度を落とすのでは時間の無駄である。片方を直線にして、通過列車は上下線ともそこを走らせれば、速度制限を受けないですむ。これが1線スルー方式である。

VVVFインバータ制御　通常の電車は回転速度の幅が大きく制御しやすい直流モーターを使う。交流モーターは周波数により回転数がほぼ決まっており、電圧による回転数の大小幅は狭かった。インバータは周波数と電圧を自由に変化させる制御装置（Variable Voltage Variable Frequency）であるが、大容量のものも開発され、これを交流モーターの制御に採用した電車がインバータ電車である。直流モーターにくらべてメンテナンスが楽であり、車体の下にある制御機器の数が減る。また、空転が起こりにくいので加速性能を上げることができる。

運賃・料金　運賃は普通運賃や定期運賃、貨物運賃などをいい、料金は特急料金や指定席料金、寝台料金といった付加価値を供する料金。

運転停車　行違いなどで停車駅でない駅などに停車すること。

営業キロ　運賃を計算するときに設定したキロ程。必ずしも実際の線路延長と合致しない。

営業係数　１００円の収益を上げるのにかかった経費。当然１００円を超えると赤字である。

回生ブレーキ　電気ブレーキで発生した電力を架線に戻し、他の電車の加速に使えるようにしたもの。

緩急接続ダイヤ　優等列車が緩行等を停車して追越して、それぞれが相互に乗換えができるようにした接続方法。

緩急分離ダイヤ　優等列車が緩行等を通過して追越す。これによって優等列車が混まないようにする。

緩行　各駅停車電車のこと。急行の反対語。

カント　左右のレールに高低差をつけて乗り心地をよくする。

機待線　仕訳された列車に連結するために機関車が待機する線路。

機回線　機関車牽引の列車は終点などで折返すとき、機関車を反対側に連結しなければならない。そうするには、切り離された機関車を先頭側に付けるための線路が必要で、これを機回線という。ただし運転関係の部署では機関士が機関車を回すから「機回し線」、施設関係の部署では管理する線路に機関車が回るから「機回り線」と読み方が異なっている。

機留線　機関車留置線の略。

均衡速度　駆動力と走行抵抗の力が同じになって、これ以上加速できない速度。

甲線、乙線、丙線　国鉄時代に定めた線路等級の区分。甲、乙、丙と簡易線の4段階に分けていて、甲線の規格が一番よく、幹線に当てられる。その後、湖西線などができると甲線より規格が上になるため特甲線が追加され、さらに甲線から簡易線までが1級線から4級線に変更された。

混雑率　輸送量を輸送力で割ったパーセンテージ。最混雑1時間と終日の二つの混雑率が公表されている。

シーサスポイント　シーサスクロッシングポイント。複線間の順方向と逆方向の渡り線を一つにまとめたもので、線路配線図には複線の間に×印で描く。

ＪＲ形配線　島式ホームと片面ホーム各1面に発着線が3線ある構造の駅。国鉄が好んで採用していた。基本的に片面ホーム側が駅本屋と改札口に面した1番線となっており、上下主要列車が停車して跨線橋などを通らずにすむようになっている。さらに単線路線での行違い用として島式ホームの外側に1番線とは異なる逆方向の本線をおき、内側の線路を待避や折返、それに機関車の機回線とした中線になっている。ただし、内側が本線で外側が中線になっているＪＲ形配線もある。

自動閉塞　鉄道路線ではある一定の間隔で閉塞区間を設け、一つの閉塞区間には一つの列車しか走ることができないようにして安全を保っている。自動閉塞は該当する列車が一つの閉塞区間に入った、あるいは出たことを軌道回路で検知する。軌道回路とは左右のレールに電流(これを信号電流という)を流し、車両の車輪でショートさせて電圧がゼロになったことで列車の出入りを検知する。そしてその閉塞区間の入口にある信号機を赤点灯の停止現示して、他の列車が入れないようにする。単線では前方の出口側にある対向列車のための信号機を停止現示にして正面衝突を防いでいる。

集中率　終日の輸送量のうち最混雑1時間に集中した輸送量の比。

上下分離方式　線路などインフラ部分を所有する会社や公的組織と、実際に運営する鉄道会社とを分ける方式のこと。鉄道を運営する会社はインフラの建設費などの償還に関わらないので、経営が楽になる。

線路別複々線　急行線と緩行線、それぞれの複線を並べた複々線。

第1種（第2種、第3種）鉄道事業（者）　第1種鉄道事業者は線路を自らが敷設して運送を行い、さらに第2種鉄道事業者に使用させることができる。第2種鉄道事業者は第1種鉄道事業者または第3種鉄道事業者が保有する線路を使用して運送を行う。第3種鉄道事業者は線路を敷設して第1種鉄道事業者に譲渡するか、第2種鉄道事業者に使用させ、自らは運送を行わない。

定期外客　定期券利用ではなく、普通乗車券や回数券、そしてスイカやパスモによって利用する乗客。

定期比率　定期券で乗っている乗客の比率。

電動制御車　電車において運転台とモーターがある車両を電動制御車、モーターがない車両を制御車、モーター付で運転台がない車両を中間電動車あるいは単に電動車、運転台もモーターもない車両を付随車と呼ぶ。

中線　基本的に上下本線の間に敷かれた副本線。

パターンダイヤ　10分とか30分を一つのサイクル（周期）にして、各種の列車の待避追越しを一体パターンにしたダイヤ。

表定速度　一定の区間での停車時間を含めた平均速度。

普通　電車区間内では一概に各駅に停車するとは限らない。

平均輸送キロ　乗客1人当たりの平均した乗車キロ数。

方向別複々線　同一方向の線路を並べた複々線。同じホームで乗換えができる。

棒線駅　ホーム1面1線でポイントがない駅。ポイントがない複線の駅でも言うときがある。

ボギー台車　一般的な鉄道で使用している台車。

優等列車　各停や普通より停車駅が少なく速い列車。

輸送人キロ　輸送人員と乗車キロを掛け合わせた延べ輸送量。

輸送密度　1日1㌔当たりの乗車人員。区間毎に算出する。

抑速ブレーキ　下り勾配で一定の速度を保って降りることができるブレーキ装置。

横取線　保守車両を収容する側線。

著者略歴――――
川島令三 かわしま・りょうぞう

1950年、兵庫県生まれ。芦屋高校鉄道研究会、東海大学鉄道研究会を経て「鉄道ピクトリアル」編集部に勤務。現在、鉄道アナリスト。小社から1986年に刊行された最初の著書『東京圏通勤電車事情大研究』は通勤電車の問題に初めて本格的に取り組んだ試みとして大きな反響を呼んだ。著者の提起した案ですでに実現されているものがいくつもある。著書は上記のほかに『全国鉄道事情大研究』(シリーズ全30巻)、『関西圏通勤電車徹底批評(上下)』『なぜ福知山線脱線事故は起こったのか』『東京圏通勤電車 どの路線が速くて便利か』『鉄道事情トピックス』『最新 東京圏通勤電車事情大研究』『関西圏鉄道事情大研究(将来篇、ライバル鉄道篇)』『首都圏鉄道事情大研究(将来篇、ライバル鉄道篇)』(いずれも草思社)、『全線・全駅・全配線』(シリーズ全52巻)、『日本vs.ヨーロッパ「新幹線」戦争』『鉄道配線大研究』『全国通勤電車大解剖』(いずれも講談社)など多数。

首都圏鉄道事情大研究
観光篇

2020年2月25日 第1刷発行

著　者 川島令三
装幀者 板谷成雄
発行者 藤田　博
発行所 株式会社 草思社
〒160-0022 東京都新宿区新宿1-10-1
電話 営業 03(4580)7676 編集 03(4580)7680

組版・図版 板谷成雄
印刷・製本 中央精版印刷株式会社

ISBN978-4-7942-2438-5 Printed in Japan 検印省略

造本には十分注意しておりますが、万一、乱丁、落丁、印刷不良などがございましたら、ご面倒ですが小社営業部宛にお送りください。送料小社負担にてお取替えさせていただきます。